高等职业教育"十四五"规划旅游大类精品教材专家指导委员会、编委会

专家指导委员会

总顾问　王昆欣
顾　问　文广轩　李　丽　魏　凯　李　欢

编委会

编　委（排名不分先后）

李　俊　陈佳平　李　淼　程杰晟　舒伯阳　王　楠　白　露
杨　琼　许昌斌　陈　怡　朱　晔　李亚男　许　萍　贾玉芳
温　燕　胡扬帆　李玉华　王新平　韩国华　刘正华　赖素贞
曾　咪　焦云宏　庞　馨　聂晓茜　黄　昕　张俊刚　王　虹
刘雁琪　宋斐红　陈　瑶　李智贤　谢　璐　郭　峻　边喜英
丁　洁　李建民　李德美　李海英　张　晶　程　彬　林　东
崔筱力　李晓雯　张清影　黄宇方　李　心　周富广　曾鸿燕
高　媛　李　好　乔海燕　索　虹　安胜强　刘翠萍

高等职业教育"十四五"规划旅游大类精品教材
湖南省优质教材

总顾问 ◎ 王昆欣

康养旅游服务与管理

Health and Wellness Tourism Services and Management

主　编 ◎ 胡扬帆　李玉华
副主编 ◎ 聂瑞希　谌　玲　黄双双　向　巍
参　编 ◎ 刘湘霞　廖亚萍　秦一瑄　常志彬
　　　　 蒋东林　杨梨园　唐　晔　邓辉军
　　　　 苗雨婷

华中科技大学出版社
http://press.hust.edu.cn
中国·武汉

内 容 提 要

《康养旅游服务与管理》一书全面梳理了康养旅游的基本概念、特点、种类及发展趋势；重点介绍了森林康养旅游、气候康养旅游、田园康养旅游、滨水康养旅游、温泉康养旅游、中医药康养旅游六种主要康养旅游类型，结合案例阐述了康养旅游产品设计开发的原则与要求；梳理了康养旅游的服务要点与技巧、康养旅游服务管理的重点内容及关键环节。通过学习本书，读者可以全面了解康养旅游服务与管理的核心知识，为在康养旅游领域从业或创业提供有力的理论与实践支持。

图书在版编目(CIP)数据

康养旅游服务与管理/胡扬帆，李玉华主编.--武汉：华中科技大学出版社，2024.6(2025.7重印).--(高等职业教育"十四五"规划旅游大类精品教材).--ISBN 978-7-5772-0945-6

Ⅰ.F592.3

中国国家版本馆CIP数据核字第2024GS1657号

康养旅游服务与管理
Kangyang Lüyou Fuwu yu Guanli

胡扬帆　李玉华　主编

总 策 划：李　欢	
策划编辑：王　乾	
责任编辑：贺翠翠　洪美员	
封面设计：原色设计	
责任校对：刘　竣	
责任监印：周治超	
出版发行：华中科技大学出版社(中国·武汉)	电话：(027)81321913
武汉市东湖新技术开发区华工科技园	邮编：430223
录　　排：孙雅丽	
印　　刷：武汉科源印刷设计有限公司	
开　　本：787mm×1092mm　1/16	
印　　张：15.5	
字　　数：333千字	
版　　次：2025年7月第1版第2次印刷	
定　　价：49.80元	

本书若有印装质量问题，请向出版社营销中心调换
全国免费服务热线：400-6679-118　　竭诚为您服务
版权所有　侵权必究

总序

习近平总书记在党的二十大报告中深刻指出,要"统筹职业教育、高等教育、继续教育协同创新,推进职普融通、产教融合、科教融汇,优化职业教育类型定位","实施科教兴国战略,强化现代化建设人才支撑","坚持教育优先发展、科技自立自强、人才引领驱动","开辟发展新领域新赛道,不断塑造发展新动能新优势","坚持以文塑旅、以旅彰文,推进文化和旅游深度融合发展",这为职业教育发展提供了根本指引,也有力地提振了旅游职业教育发展的信念。

2021年,教育部立足增强职业教育适应性,体现职业教育人才培养定位,发布了新版《职业教育专业目录(2021年)》,2022年,又发布了新版《职业教育专业简介》,全面更新了职业面向、拓展了能力要求、优化了课程体系。因此,出版一套以旅游职业教育立德树人为导向、融入党的二十大精神、匹配核心课程和职业能力进阶要求的高水准教材成为我国旅游职业教育和人才培养的迫切需要。

基于此,在全国有关旅游职业院校的大力支持和指导下,教育部直属的全国重点大学出版社——华中科技大学出版社,在党的二十大精神的指引下,主动创新出版理念、改进方式方法,汇聚一大批国内高水平旅游院校的国家教学名师、全国旅游职业教育教学指导委员会委员、全国餐饮职业教育教学指导委员会委员、资深教授及中青年旅游学科带头人,编撰出版"高等职业教育'十四五'规划旅游大类精品教材"。本套教材具有以下特点:

一、全面融入党的二十大精神,落实立德树人根本任务

党的二十大报告中强调:"坚持和加强党的全面领导。"党的领导是我国职业教育最鲜明的特征,是新时代中国特色社会主义教育事业高质量发展的根本保证。因此,本套教材在编写过程中注重提高政治站位,全面贯彻党的教育方针,"润物细无声"地融入中华优秀传统文化和现代化发展新成就,将正确的政治方向和价值导向作为本套教材的顶层设计并贯彻到具

体项目任务和教学资源中,不仅仅培养学生的专业素养,更注重引导学生坚定理想信念、厚植爱国情怀、加强品德修养,以期落实"立德树人"这一教育的根本任务。

二、基于新版专业简介和专业标准编写,权威性与时代适应性兼具

教育部2022年发布新版《职业教育专业简介》后,华中科技大学出版社特邀我担任总顾问,同时邀请了全国近百所职业院校知名教授、学科带头人和一线骨干教师,以及旅游行业专家成立编委会,对标新版专业简介,面向专业数字化转型要求,对教材书目进行科学全面的梳理。例如,邀请职业教育国家级专业教学资源库建设单位课程负责人担任主编,编写《景区服务与管理》《中国传统建筑文化》及《旅游商品创意》(活页式);《旅游概论》《旅游规划实务》等教材为教育部授予的职业教育国家在线精品课程的配套教材;《旅游大数据分析与应用》等教材则获批省级规划教材。经过各位编委的努力,最终形成"高等职业教育'十四五'规划旅游大类精品教材"。

三、完整的配套教学资源,打造立体化互动教材

华中科技大学出版社为本套教材建设了内容全面的线上教材课程资源服务平台:在横向资源配套上,提供全系列教学计划书、教学课件、习题库、案例库、参考答案、教学视频等配套教学资源;在纵向资源开发上,构建了覆盖课程开发、习题管理、学生评论、班级管理等集开发、使用、管理、评价于一体的教学生态链,打造了线上线下、课内课外的新形态立体化互动教材。

本套教材既可以作为职业教育旅游大类相关专业教学用书,也可以作为职业本科旅游类专业教育的参考用书,同时,可以作为工具书供从事旅游类相关工作的企事业单位人员借鉴与参考。

在旅游职业教育发展的新时代,主编出版一套高质量的规划教材是一项重要的教学质量工程,更是一份重要的责任。本套教材在组织策划及编写出版过程中,得到了全国广大院校旅游教育教学专家教授、企业精英,以及华中科技大学出版社的大力支持,在此一并致谢!

衷心希望本套教材能够为全国职业院校的旅游学界、业界和对旅游知识充满渴望的社会大众带来真正的精神和知识营养,为我国旅游教育教材建设贡献力量。也希望并诚挚邀请更多旅游院校的学者加入我们的编者和读者队伍,为进一步促进旅游职业教育发展贡献力量。

王昆欣
世界旅游联盟(WTA)研究院首席研究员
高等职业教育"十四五"规划旅游大类精品教材总顾问

党的二十大报告明确提出"把保障人民健康放在优先发展的战略位置",并对加快医疗卫生事业高质量发展做出部署,大健康产业越来越成为社会发展的重要领域。作为幸福导向型产业,旅游产业越来越和健康、医疗、大数据融合,旅游中的康养功能越来越受到游客和供给方的重视。旅游高等教育,尤其是应用型旅游高等职业教育,要尽快适应旅游产业和生活发展的新需求,培养康养旅游服务与管理的高层次、应用型人才是旅游高等教育转型的必然趋势。长期以来,旅游高等职业教育局限于传统的三大领域——导游、旅行社、酒店的人才需求,忽视了行业交叉融合——旅游与大健康——旅游康养的变革,在课程设置、教材建设、教学环节等方面都明显落后于现实。基于现实和未来的需要,编写高等职业院校《康养旅游服务与管理》教材,显得相当必要和紧迫。

本教材旨在全面介绍康养旅游的概念、发展历程、现状与发展趋势,主要康养旅游产品类型,康养旅游服务方式及管理模式等内容,为康养旅游服务与管理领域的从业人员和学习者提供系统、全面、实用的参考。

本教材共分为3个模块12个项目:模块一是理论模块,包括项目一,从康养旅游的基本概念和特点入手,介绍康养旅游的发展历程和市场需求及未来发展趋势;模块二是场景模块,包括项目二至项目七,介绍市场常见的康养旅游类型,包括森林康养旅游、气候康养旅游、田园康养旅游、滨水康养旅游、温泉康养旅游和中医药康养旅游;模块三是技能模块,包括项目八至项目十二,主要介绍康养旅游服务方式及管理模式,包括康养旅游饮食服务管理、康养旅游住宿服务管理、康养旅游心理服务管理、康养旅游客户关系管理和康养旅游应急服务管理。

在本教材编写过程中,我们参考了大量的相关文献和研究成果,并对其进行了整理和归纳。同时,我们还结合了康养旅游服务与管理领域的最新发展趋势和案例,力求使本教材既具备学术性和科学性,又具有实用性和操作性。

本教材内容丰富、系统完整,旨在为康养旅游服务与管理领域的从业人员和学习者提供权威、实用和有价值的参考,以促进康养旅游服务与管理的理论研究和实践应用,为康养旅游服务与管理的提升和优化贡献一份力量。同时,我们也欢迎广大读者对本教材提出宝贵的意见和建议,以便我们不断完善和改进。

模块一　理论模块

项目一　认知康养旅游　　　　　　　　　　　　　　　　　　　　　/002

　　任务一　康养旅游概述　　　　　　　　　　　　　　　　　　　/004
　　任务二　康养旅游发展背景　　　　　　　　　　　　　　　　　/011
　　任务三　康养旅游发展现状与未来趋势　　　　　　　　　　　　/018

模块二　场景模块

项目二　森林康养旅游　　　　　　　　　　　　　　　　　　　　　/032

　　任务一　森林康养旅游概述　　　　　　　　　　　　　　　　　/034
　　任务二　森林康养旅游产品开发　　　　　　　　　　　　　　　/041
　　任务三　森林康养旅游的产品案例分析　　　　　　　　　　　　/049

项目三　气候康养旅游　　　　　　　　　　　　　　　　　　　　　/053

　　任务一　气候康养旅游概述　　　　　　　　　　　　　　　　　/054
　　任务二　气候康养旅游产品开发　　　　　　　　　　　　　　　/059
　　任务三　气候康养旅游的产品案例分析　　　　　　　　　　　　/067

项目四　田园康养旅游　　　　　　　　　　　　　　　　/072

　　任务一　田园康养旅游概述　　　　　　　　　　　　/074
　　任务二　田园康养旅游产品开发　　　　　　　　　　/076
　　任务三　田园康养旅游的产品案例分析　　　　　　　/088

项目五　滨水康养旅游　　　　　　　　　　　　　　　　/095

　　任务一　滨水康养旅游概述　　　　　　　　　　　　/096
　　任务二　滨水康养旅游产品开发　　　　　　　　　　/103
　　任务三　滨水康养旅游的产品案例分析　　　　　　　/111

项目六　温泉康养旅游　　　　　　　　　　　　　　　　/115

　　任务一　温泉康养旅游概述　　　　　　　　　　　　/117
　　任务二　温泉康养旅游产品开发　　　　　　　　　　/122
　　任务三　温泉康养旅游的产品案例分析　　　　　　　/127

项目七　中医药康养旅游　　　　　　　　　　　　　　　/132

　　任务一　中医药康养旅游概述　　　　　　　　　　　/134
　　任务二　中医药康养旅游产品开发　　　　　　　　　/140
　　任务三　中医药康养旅游的产品案例分析　　　　　　/146

模块三　技能模块

项目八　康养旅游饮食服务管理　　　　　　　　　　　　/152

　　任务一　康养旅游饮食服务概述　　　　　　　　　　/154
　　任务二　康养旅游饮食服务管理的内容　　　　　　　/160

项目九　康养旅游住宿服务管理　　　　　　　　　　　/168

任务一　康养旅游住宿服务概述　　　　　　　　　　/169
任务二　康养旅游住宿服务管理的内容　　　　　　　/174

项目十　康养旅游心理服务管理　　　　　　　　　　　/181

任务一　康养旅游心理服务概述　　　　　　　　　　/183
任务二　康养旅游心理服务管理的内容　　　　　　　/188

项目十一　康养旅游客户关系管理　　　　　　　　　　/198

任务一　康养旅游客户关系管理概述　　　　　　　　/200
任务二　康养旅游客户关系维护策略和方法　　　　　/204
任务三　康养旅游客户沟通技巧与投诉处理技巧　　　/209

项目十二　康养旅游应急服务管理　　　　　　　　　　/217

任务一　旅游安全风险概述　　　　　　　　　　　　/219
任务二　旅游应急救援基本知识　　　　　　　　　　/223
任务三　常见康养旅游意外事故处理方法　　　　　　/226

参考文献　　　　　　　　　　　　　　　　　　　　/230

模块一
理论模块

项目一
认知康养旅游

项目描述

认知康养旅游,从康养旅游的基本概念和特点入手,介绍康养旅游的种类,康养旅游发展的背景及原因、发展历程和市场需求及未来发展趋势。

学习目标

知识目标

1. 了解康养旅游的概念、种类及特点。
2. 了解康养旅游兴起的原因。
3. 了解康养旅游的发展历程。
4. 了解世界康养旅游发展趋势。

能力目标

1. 能够准确区分康养、康复、疗养概念的异同。
2. 能够根据产品资源特色界定康养旅游所属类别。
3. 能够准确理解康养旅游的特点及发展趋势。
4. 通过学习国内外康养旅游发展经验,具备借鉴和参考的能力。

素养目标

1. 具备良好的健康观念和养生意识,能够自觉关注自身身心健康和全面素养的提升。
2. 具备审美情趣和艺术欣赏能力,能够在康养旅游中获得更高层次的精神享受和文化熏陶。
3. 具备绿色低碳环保意识和可持续发展理念,能够关注并参与康养旅游的生态保护和可持续发展。

项目一　认知康养旅游

知识导图

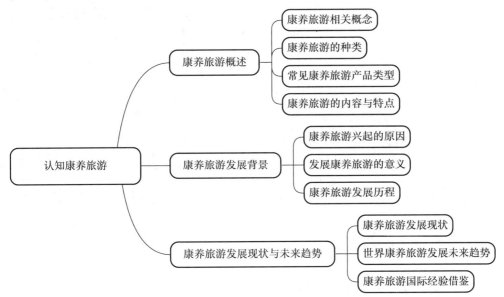

项目引入

市场规模直冲万亿，康养旅游为何如此火？

美国著名经济学家保罗·皮尔泽在《财富第五波》一书中预言："大健康时代是继机械化时代、电气化时代、计算机时代与信息网络时代之后的全球财富第五波，大健康产业将会达到万亿美元规模。"如今，预言已近现实，康养旅游作为大健康产业的重要组成部分，已然正成为万亿美元赛道里的新掘金地。全国旅游标准化技术委员会2022年5月发布的《康养旅游机构服务指南（征求意见稿）》编制说明显示，2015—2019年康养旅游的年均复合增速高达20%左右，2021年随着疫情逐步好转，行业恢复增长，中国康养旅游市场规模接近900亿元。

康养旅游为何如此火？你认为康养旅游火的原因有哪些？你会选择康养旅游吗？如果选择此类产品，你的关注点主要在哪些方面？

（资料来源：搜狐网，2023-08-26。）

任务一　康养旅游概述

任务描述：
本任务对康养旅游相关概念、康养旅游种类及特点进行全面的介绍。

任务目标：
了解康养旅游相关概念，能准确陈述康养、康复、疗养概念的异同，熟悉康养旅游的划分标准及种类，掌握康养旅游的内容与特点。

一、康养旅游相关概念

（一）健康、康养、康复、疗养的概念认知

1. 健康的概念

随着社会的变迁、生产力水平的提高和人类健康观念的变化，健康的定义也在不断演变。在1948年以前，人们普遍认为"个体无病，即健康"。1948年，世界卫生组织（WHO）在联合国第一届世界卫生大会上提出健康的概念，"健康是身体、心理和社会适应的健全状态，而不只是没有疾病或者虚弱现象"。此后，1978年世界卫生组织在国际初级卫生保健大会上发表的《阿拉木图宣言》中重申：健康不仅是没有疾病或不虚弱，且是身体的、精神的健康和社会适应良好的总称。1989年世界卫生组织又进一步定义了健康新概念，即"一个人在身体健康、心理健康、社会适应健康和道德健康四个方面皆健全"。

身体健康是指身体各部位的结构正常、功能健全，没有疾病和缺陷。心理健康是指个体能够正确认识自己，与他人建立良好的人际关系，保持积极乐观的心态，对生活充满热情和信心。社会适应健康是指个体能够适应社会环境的变化，与他人和谐相处，承担社会责任并获得良好的社会适应。道德健康是指个体具有正确的道德观念和良好的道德行为，能够遵守社会规范和伦理道德，尊重他人并维护公共利益。

健康是人类生存和发展的基础和前提，保持健康是每个人的基本权利和责任。

2. 相关概念辨析

康养、康复和疗养是三个与健康相关的概念，虽然它们有共同点，但也存在一些区别。

（1）概念属性不同。

康养（wellness）：通过一系列的健康管理和自我关爱方法，维持和促进身心健康的状态。它强调在个人生活和行为中追求健康和幸福的全面目标，通过饮食、运动、心理

等多方面的管理和调整,推动人的全面发展和健康成长。

康复(rehabilitation):通过医疗、康复训练和治疗等手段,恢复因疾病、损伤或残疾而受到的身体功能和生活能力的丧失或受限。它着重于帮助患者恢复或改善功能,提高生活质量,促进身体功能最大限度地恢复。

疗养(recuperation):在自然环境或专门设立的疗养机构中,通过休息、调养、治疗等手段,帮助人们缓解身心疲惫,远离日常压力和工作,以达到身心舒缓、恢复精力的目的。

(2)概念边界不同。

康养与康复的边界:康养注重促进全面健康,强调自我调节和自我管理,侧重于预防和改善健康状态;而康复则主要面向已经受损的身体机能,通过专业医疗手段进行干预,帮助患者尽量恢复或改善功能。

康养与疗养的边界:康养注重推动个人的全面发展、提升幸福感和生活质量,不需要特定的场所或设施;而疗养则通常需要在特定的环境中进行,如疗养院或度假村,提供具有特殊功能的设施和服务,以达到身心舒缓和恢复的治疗效果。

虽然康养、康复和疗养有一些差别,但它们都与促进健康和改善生活质量有关。在实际应用中,这些概念可能会相互交叉和综合运用,目的是达到人们身心健康的最佳状态。

(二)康养旅游相关概念的辨析

1.康养旅游的概念

对于康养旅游的概念和内涵,目前学术界的认知尚不统一,尤其是健康旅游、疗养旅游、康养旅游、医疗旅游以及养生旅游等相关概念常被交叉混用。全球康养研究院在《全球康养经济观察报告》中提出,康养旅游是指为达到保养身体、增进健康的目的而进行的旅游活动的总和。在国内,王赵(2009)对康养旅游的内涵进行了概括,他认为康养旅游是一种建立在自然生态环境、人文环境、文化环境的基础上,结合观赏、休闲、康体、游乐等形式,以达到延年益寿、强身健体、修身养性、复健等目的的旅游活动。杨振之(2016)认为,康养旅游是指能够促进旅游者身心健康且使其感到幸福快乐的一种专项旅游,包括康养基础、康养需要和栖居地三个层次。国家旅游局2016年发布的《国家康养旅游示范基地》(LB/T 051—2016)将康养旅游定义为"通过养颜健体、营养膳食、修心养性、关爱环境等各种手段,使人在身体、心智和精神上都达到自然和谐的优良状态的各种旅游活动的总和"。目前,该定义在国内得到了较为广泛的认可。

2.相关概念辨析

(1)健康旅游(health tourism)。在康养旅游产生之前,西方更多地采用健康旅游这一概念。健康旅游最早源于古希腊,随着社会的变迁、生产力水平的提高和人类健康观念的变化,健康旅游的内涵与表现形式也一直处于变动之中。部分学者认为康养旅游属于健康旅游的范畴,也有学者认为康养旅游包含了健康旅游,但不管二者之间的关系如何,我们在谈论康养旅游概念时,必定会追溯到健康旅游。现代意义的健康旅游的定义最早出自Goodrich,他认为健康旅游是指通过推销其健康服务和设施吸引游客前往旅游目的地的旅游活动。

（2）疗养旅游(cure tourism)。这一概念形成于特定的历史时期,具有较为突出的社会福利性质,与西方国家的社会医疗保险制度具有紧密的联系,偏重医疗康复功能,主要针对老年人等特定人群,不能满足无明显病征人群对于健康的需求。

（3）医疗旅游(medical tourism)。这一概念出现于20世纪90年代医疗成本与医疗技术全球不均衡的背景之下,是指经长途旅行前往国外接受医疗服务,并顺便完成度假和观光的行为。

二、康养旅游的种类

（一）按照资源类型分类

1. 文化型康养旅游

文化型康养旅游主要是指围绕项目地的历史文化、民风民俗、宗教传统等,结合市场需求和现代人的休闲生活需求,综合打造的集康养与旅游、文化体验于一体的康养旅游项目。比如依托宗教资源、古镇资源、少数民族文化等打造的康养旅游项目。

2. 生态型康养旅游

生态型康养旅游主要是依托目的地的生态环境资源,以健康养生、休闲旅游为发展核心,开发集养生养老、休闲度假、风景观赏、文化娱乐、生态种植等于一体的康养旅游项目。这类旅游方式主要分布在自然生态环境较好、风景优美的地方,依托良好的生态环境,可以给游客带来良好的康养体验。

（二）按照市场目标分类

1. 养身康养旅游

养身康养旅游强调对身体的保养,通过保健、养生、运动、休闲、旅游等产品或服务,旨在保持或锻炼康养消费者的身体,满足康养消费者的健康需求。

2. 养心康养旅游

养心康养旅游关注心理健康,通过提供心理咨询、文化影视、休闲度假等对人的心理状态有影响的产品或服务,使康养消费者有一个轻松、健康、积极的心理体验。

3. 养神康养旅游

养神康养旅游侧重于滋养精神,是对人的思想、信仰、价值观等精神层面的维护,旨在保证个人精神世界的健康和舒适。以养神为基础的康养行业具体涉及安神养心产品、宗教旅游、艺术品鉴赏收藏服务、冥想服务等。

(三)按照活动内容分类

1.运动康养旅游

运动康养旅游以体育健身项目为主导,让游客参与其中,达到锻炼身体的目的,同时还能提高游客的心肺功能,增强身体素质,改善心理状态。

2.美食康养旅游

美食康养旅游以地方特色美食为主导,让游客在品尝美食的同时,了解其背后的文化和历史,增加游客的文化认知和情感联系。

3.医疗康养旅游

医疗康养旅游以医疗保健为主题,提供温泉、按摩、SPA等理疗服务以及专门的医疗检查和康复治疗服务。

(四)按照地理位置分类

1.海滨康养旅游

海滨康养旅游主要在海滨城市或海岛进行,游客可以在这里观赏海滨的美景,体验丰富的海滨活动,如沙滩运动、海水浴等。

2.山区康养旅游

山区康养旅游主要在山区进行,游客可以在这里呼吸清新的空气,欣赏美丽的山景,体验各种户外运动项目,如登山、徒步、溯溪等。

3.乡村康养旅游

乡村康养旅游主要在乡村进行,游客可以在这里享受乡村的宁静和自然风光,同时还可以体验乡村生活和各种农业活动。

(五)按照消费群体年龄构成分类

1.青年康养旅游

青年康养旅游主要针对18~35岁人群,以健康旅游、运动旅游、文化旅游等为主,以自然环境、户外活动和健康食品等为特色。

2.中年康养旅游

中年康养旅游主要针对35~60岁人群,以休闲旅游、康复旅游、养生旅游等为主,以温泉、SPA、森林等自然环境和医疗康复服务为特色。

3.老年康养旅游

老年康养旅游主要针对60岁以上人群,以养生旅游、康复旅游、文化旅游等为主,以温泉、SPA、康复医疗等为特色,注重服务质量和安全保障。

另外值得注意的是,随着社会和家庭对妇孕婴幼群体重视程度的不断提升,以及该群体消费逐渐多元化,妇孕婴幼群体的健康需求不再局限于医疗保健,更多母婴健康产品和服务持续涌现。

三、常见康养旅游产品类型

(一)生态养生康养旅游

生态养生康养旅游主要通过利用旅游目的地丰富的资源和良好的生态环境,开发养生保健设施和项目,达到增进游客身心健康的目的。常见的有森林康养旅游、温泉康养旅游、滨水康养旅游、田园康养旅游、气候康养旅游等。

(1)森林康养旅游。这类旅游主要是依托优质的森林资源,通过森林植被净化空气,为游客提供新鲜空气,帮助他们恢复体力,舒缓压力。

(2)温泉康养旅游。这类旅游主要利用温泉的保健和疗养功效,让游客通过泡温泉祛除湿气和寒气,达到疗养身心、增进健康的效果。

(3)滨水康养旅游。这类旅游主要以湖泊、湿地、海洋等水资源为依托,结合当地的养生文化和医疗资源,帮助游客放松身心,达到康养的效果。

(4)田园康养旅游。这类旅游主要是为了让工作繁忙和生活压力大的人群回归自然,享受生命,修身养性,度假休闲,舒缓人体的疲倦,让他们有愉快的心情,从而更好地投入工作和生活。

(5)气候康养旅游。这类旅游以良好的生态气候资源条件为依托,将气候资源转化为旅游资源、生态资源和经济资源,在满足康养消费者对特殊环境气候的需求下,提供各种健康、养老、养生、度假等相关产品和服务。如利用高海拔地区清新的空气、宜人的气候和优美的自然环境,开展登山、徒步、瑜伽等活动,达到锻炼身体、修身养性的目的;利用充足的阳光照射,吸引有骨质疏松等病症的游客。此外,还可根据不同的气候条件,选择适宜的气候环境开展康养旅游活动,如海南三亚冬季养生旅游、广西桂林秋季养生旅游等。

(二)运动休闲康养旅游

运动休闲康养旅游主要以各地的运动资源或大型运动活动为依托,让游客参与运动或观赏体育赛事,同时享受配套的休闲和养生设施与项目,以达到促进身体健康的目的。这类康养旅游产品以消费者参加赛事或活动组织为主要形式,消费群体主要为身心健康水平较高、对生活质量追求较高的游客。

(三)休闲度假康养旅游

休闲度假康养旅游的主要消费产品是休闲娱乐设施以及高度人性化和个性化的康养旅游服务。消费人群一般利用闲暇时间参与该类型的康养旅游活动,通过体验、参与,实现与自然环境的亲近,实现身体和心灵的放松。这类康养旅游产品的特征是游客一般在康养旅游目的地的逗留时间较长,游客的主要消费需求就是休息和享受生活。

(四)医疗保健康养旅游

医疗保健康养旅游的主题是疾病的预防与护理、身体的康养与修复,主要依托康养旅游目的地的医疗保健设施和机构,利用当地的医疗保健资源,吸引消费者到康养旅游目的地进行医疗护理、医疗保健、体检、康复等消费活动。该类型的康养旅游产品对旅游目的地有着很高的医疗水平要求。目前我国较为推广的是以传统中医资源为依托的中医药康养旅游。中医药康养旅游通常与自然环境相结合,以中医药文化为核心,通过传统的中医理论,如阴阳五行、脏腑经络等,以及中药材和中医治疗方法,为游客提供健康管理和养生服务。中医药康养旅游目的地通常配备专业的健康管理师,为游客提供个性化的健康咨询和养生建议。这些服务包括健康状况评估、中医体质辨识、饮食调整建议、中药调理建议等。

(五)文化养生康养旅游

文化养生康养旅游的显著特征是具有浓郁的养生文化,康养旅游目的地充分挖掘当地养生文化,以自然生态环境和自然资源为依托,充分整合资源与文化,实现提升生活质量和养生的目标。这类康养旅游产品以非物质的传统养生文化资源为依托,如禅修、道教及佛教养生文化,以此类养生文化是产品的核心和灵魂。

四、康养旅游的内容与特点

(一)康养旅游的内容

康养旅游是指以调理身心健康为目的,通过旅游度假的形式,实现健康管理的一种旅游模式。康养旅游的内容主要包括以下几个方面。

1. 健康管理

康养旅游强调通过系统的方式进行健康管理,包括改变生活习惯、进行体能训练、锻炼意志力等,以促进身体健康和心理健康。

2. 医疗保健

康养旅游通常会结合医疗保健,包括接受有益的健康指导、检查和治疗,以提升健康水平。

3. 学习养生知识

康养旅游者可以在旅游目的地学习养生知识和技能,了解如何保持身体健康。

4. 体验康养活动

康养旅游者可以在实践中体验康养活动,如温泉SPA、瑜伽冥想、森林呼吸等,享受身心的放松与愉悦。

5.探索自然景观

康养旅游通常会探索自然景观,包括山水、森林、湖泊等,让旅游者感受大自然的美丽和宁静。

6.文化交流体验

康养旅游者可以通过文化交流体验,了解当地的历史文化、民俗风情等,丰富自己的知识面和拓宽视野。

(二)康养旅游的特点

1.高度依赖外部自然和人文环境

寻求健康、舒适、快乐是康养旅游的基本出发点和主要目标,影响健康和快乐感受的因素很多,主要包括环境、设施、产品和项目内容、服务及组织管理等。其中,除了环境是天然的、人为干预效果有限之外,其他都是可以人为干预决定的。因此,环境是康养旅游目的地选择和建设的第一资源。首先是天然的自然生态环境,包括舒适的环境温度和湿度、清新的空气、清洁健康的饮用水、充沛的地表水和地下水,以及优美的自然景观,如温泉、冰雪、湖泊、溪流、海水、沙滩、森林、草原、山岳等。其次是人文社会环境,包括当地居民好客、和睦、亲近、文明礼貌的特性以及当地风俗,整体社会环境应包括舒缓的生活节奏、富有内涵的生产劳动和风俗文化,并且可从多个角度体现出来,游客能够参与体验和真实感受。

2.高度重视产品的质量及性价比

除要对自然和人文环境进行外部甄选,康养旅游作为一种专项旅游,其自身的特色和产品的品质也极为重要。首先,结合外部的自然生态环境和人文社会环境,策划开发具有特色的康养旅游活动是拓展市场、形成竞争优势的关键。特色可以来自独特的资源禀赋,也可以来自有创意的策划与整体性开发,如医疗旅游、体育休闲旅游等。其次,康养旅游策划应坚持资源与市场导向相结合的原则,注重产品价格和质量的匹配度、项目配置安排的合理性、人性化服务的细节性、文化内涵展示与挖掘的程度、区位和交通的便利性等内容。

3.旅游行为的高度黏性和重复性

与观光旅游和其他专项旅游相比较,康养旅游的淡旺季差异并不明显。观光旅游作为单次消费产品,季节差异性明显,游客在旅游目的地停留时间较短。摄影、观鸟等专项旅游虽然可以实现重复性消费,但是在市场规模和效益提升方面仍然有所欠缺。康养旅游以追求健康快乐和身心愉悦为目的,旅游动机泛化,旅游者会在一个理想的目的地停留较长时间,且会不定期地前往,偏好重复多次的深度消费,容易形成高度的客户黏性。因此,旅游目的地的相关项目策划、基础设施配套、专业接待服务与全方位的组织管理等各环节都必须经得起旅游者的长期评价。

知识活页

养生自然疗法:发掘大自然的疗愈力量

慎思笃行

塞罕坝精神：民族精神在林业行业的具体体现

塞罕坝精神，植根于塞罕坝140万亩的土地，源于成百上千名塞罕坝务林人的奉献奋斗，成长于塞罕坝日益辉煌的绿色事业之上，由几代塞罕坝人用心血、汗水和生命凝结而成。

2021年8月23日，习近平总书记来到河北省塞罕坝机械林场月亮山，察看林场自然风貌，听取河北统筹推进山水林田湖草沙系统治理和林场管护情况介绍，看望护林员。随后，总书记来到尚海纪念林，实地察看林木长势，了解林场弘扬塞罕坝精神、推动高质量发展等情况。

20世纪60年代的塞罕坝，集高寒、高海拔、大风、沙化、少雨五种极端环境于一体，自然环境十分恶劣。通过塞罕坝两代人50多年的艰苦奋斗，在极端困难的立地条件下，成功营造了112万亩人工林，创造了一个变荒原为林海、让沙漠成绿洲的绿色奇迹。森林覆盖率由建场初期的11.4%提高到80%，林木总蓄积量达1012万立方米。塞罕坝人在茫茫荒原上成功营造起全国面积最大的集中连片的人工林林海，谱写了不朽的绿色篇章。

如今，建场时营造的树苗，已经变成了浩瀚林海，正发挥着无可替代的效益，造福着当地，泽被着京津，恩及着后世。

依托百万亩森林资源积极发展绿化苗木等生态产业，塞罕坝机械林场实现了从无到有、从小到大、从弱到强、从贫到富。据中国林科院核算评估，现在塞罕坝机械林场森林资产总价值超过了200亿元。

塞罕坝机械林场的成功实践雄辩地证明，对于生态脆弱、生态退化地区，只要科学定位，久久为功，自然生态系统完全可以得到修复重建，让沙地荒山变成绿水青山；只要坚持绿色发展，完全可以将生态优势转化为经济优势，让绿水青山成为金山银山。

（资料来源：求是网，2021-08-25。）

知行合一

任务二 康养旅游发展背景

任务描述：

本任务对康养旅游兴起的原因、发展康养旅游的意义、康养旅游发展历程进行了全面介绍。

> **任务目标：**
> 了解康养旅游兴起的原因，掌握发展康养旅游的意义，能准确描述国外及中国康养旅游的发展历程。

一、康养旅游兴起的原因

康养是物质生活已经满足的条件下，衍生出来的精神层面的深度体验乃至享受，已经不单是生活质量提高问题，而是生命质量提升问题。康养旅游是一种以健康和养生为主题的旅游活动，它可以帮助人们在旅游的同时保持身心健康，提高生活质量，增强幸福体验。康养旅游以其独特的魅力，吸引了越来越多的人。

康养旅游为人们提供舒适、放松的环境，使人们可以远离日常工作和生活的压力与疲劳。在旅游过程中，人们可以通过参加各种休闲活动和体育锻炼、享受温泉SPA等方式来达到放松身心的目的，从而有效缓解压力和疲劳；通过健康饮食、适当的锻炼和良好的睡眠，人们可以改善身体机能，增强身体的抵抗力；通过与自然环境接触、参与文化活动、享受宁静的生活方式等，人们可以提升心理幸福感，提高生活满意度。此外，人们还可以在旅游过程中结识新朋友，建立良好的社交关系，社交互动可以丰富人们的生活，提升生命质量。

康养旅游的兴起可以归因于以下多个因素。

（1）人口结构和健康观念的变化。随着人口老龄化的加剧，越来越多的老年人注重养生和健康，他们希望通过旅游活动来保持健康。同时，整体上，人们对健康观念的重视也推动了康养旅游的发展。

（2）旅游消费模式的转变。传统的旅游消费模式已不能满足人们的需求，人们更注重旅游的文化内涵和人生体验，以及与健康相关的经验。康养旅游提供了更多的养生服务和保健活动，能够满足游客的多元化需求。

（3）自然环境和资源的优势。一些地区拥有得天独厚的自然环境和资源，如宜人的气候、清新的空气、优美的风景等，这些优势吸引了大量游客前来休闲度假。

（4）旅游产业升级和创新。旅游产业处在不断地发展升级过程中，康养旅游逐渐成为新的增长点。不少旅游目的地开始推出康养旅游项目，将养生、健康和旅游相结合，不断创新发展模式，以满足游客对健康和养生的需求。

（5）社会文化和经济发展的推动。社会文化和经济的发展也推动了康养旅游的兴起。人们更加注重生活质量，希望通过旅游来提高生活品质。同时，旅游业也在不断转型升级中，推动了康养旅游这一新兴业态的发展。

二、发展康养旅游的意义

发展康养旅游的意义主要体现在以下几个方面。

（1）促进社会健康和谐发展。康养旅游不仅有益于个人的身心健康，提高人们的生活质量和健康水平,也有助于促进社会的和谐发展。通过参与康养旅游,人们可以放松身心,减轻压力,增加社交互动,提升幸福感。同时,康养旅游还有助于提升全民健康意识,推动健康文化的普及。

(2)保护和传承优秀传统文化,增强民族文化自信和认同感。发展康养旅游,可将当地的自然景观、历史遗迹、民俗文化等元素融入康养旅游项目,既增加了旅游产品的吸引力,又有助于保护和传承当地的文化遗产。

(3)促进一二三产业融合发展,实现区域经济一体化发展。康养旅游的发展需要整合多个产业领域,如医疗、文化、农业、林业和体育等,从而打破了传统旅游产业的边界,实现了跨产业的发展和创新。通过不同产业之间的融合,康养旅游不仅可以实现资源的共享和优化配置,推动旅游业的转型升级,还可以带动其他产业的发展,实现区域经济的协调发展。

(4)促进乡村振兴和区域产业结构转型。发展康养旅游,必须加强乡村基础设施建设,提高旅游服务的标准和品质,这有助于改善乡村生活环境,提高当地居民的生活质量。通过开发康养旅游项目,乡村地区可以吸引更多的游客,从而促进当地经济的发展,增加就业机会,并提升当地社会的整体生活水平。在开发康养旅游资源的过程中,充分利用当地的环境、文化和社会资源,开展多种形式的旅游活动,为游客提供丰富的旅游体验,这不仅能够满足游客的需求,还能带动相关产业的发展。总之,通过发展康养旅游,可以推动乡村地区的经济发展,提升乡村的吸引力和竞争力,实现经济、社会和环境的可持续发展。

(5)可实现生态保护与可持续发展。康养旅游强调在自然和宁静的环境中放松身心,这有助于促进环境保护。在发展康养旅游的过程中,需要对当地的自然环境进行保护和治理,避免过度开发和破坏自然生态。这样可以实现经济与环境的双重发展,实现可持续发展。

三、康养旅游发展历程

(一)国外康养旅游发展历程

1. 第一阶段:萌芽期——19世纪以前

康养旅游源自健康旅游,西方康养旅游的概念起源于古希腊时期的温泉疗法。古希腊时代的希波克拉提斯就曾使用温泉进行疾病治疗,并专门研究温泉对人体机能的治疗功效。温泉疗养SPA于罗马帝国时期开始在民间盛行,当时罗马兴修了大量的温泉浴场用于公共沐浴,兼具保健和社交的功能,当地人通过沐浴温泉来治疗各种疾病,这也标志着健康旅游的形成。一直到18世纪,健康旅游依然以温泉资源的简单利用为主,相继形成了英国巴斯、德国巴登·巴登等温泉胜地。

此时的健康旅游主要依托温泉资源,与其他旅游形式没有太大的区别,没有向其他资源拓展,也没有发展出新模式。究其原因,除了人们认识的局限性,也与当时人类开发利用自然资源的能力有限有关。

2. 第二阶段：雏形塑造期——19世纪

到了19世纪，伴随着工业革命的完成，人类改造自然的能力大幅提升，同时也带来了一系列问题，如环境问题、气候问题等。为了解决这些问题，许多健康服务项目应运而生，如海滨疗养、SPA疗养、森林疗养、农场养生等，这些都为康养旅游的发展奠定了基础。此阶段的标志性事件就是19世纪40年代德国的巴特·威利斯赫恩镇创立了世界上第一个森林浴基地，并先后建立了350处森林疗养基地，也逐渐开始有人专门从事此类研究。如法国的De La Bonnardiere医生于1869年提出"海洋疗法"（thalassotherapy），即利用天然的海水、海泥、海沙、海藻、海风及海滨的日光等要素预防和治疗疾病。

在该阶段，人们对康养旅游的探索从单一走向多元，开始利用森林、农场、海滨等更多资源创造出更丰富的服务项目，同时开始有人从事相关研究，引入了体验、休闲等概念。

3. 第三阶段：演变期——20世纪

在此之前，西方国家一直把以疗养为目的的旅游称为健康旅游，直到20世纪60年代，美国医生Halber Dunn创造了组合词"wellness"，也就是我们现在所说的"康养"，这一概念随后迅速在欧美国家得到广泛应用。从概念上讲，康养旅游不是对传统疗养旅游的颠覆，而是它的继承和发展，是顺应时代发展而产生的新的旅游模式。20世纪90年代，经历了经济危机的部分欧洲国家开始修改健康保险法案，在保险报销名目中剔除了温泉酒店和疗养机构，这导致众多以浴疗法为主营业务的温泉酒店和疗养机构损失了大量顾客。为应对这一变革，这些温泉酒店和疗养机构寄希望于迅速发展的康养旅游，开发了一系列健康产品，如健康餐饮、美容、按摩、心理疗养和医疗护理等各式各样能满足顾客健康需求的配套项目，以吸引新客源。

这一时期实现了从传统疗养旅游向康养旅游的转变。与传统疗养旅游不同的是，康养旅游不要求顾客接受某项特定的医疗服务，取而代之的则是高品质的接待服务和餐饮服务，康养旅游的受众也随之变得更广泛。与此同时，在医疗成本和医疗技术全球不均衡的背景之下，又兴起了医疗旅游，其与康养旅游的区别在于医疗旅游的重点在于医治疾病或改变原有的生理状态，而康养旅游强调通过具有预防性的保健行动使人保持健康的状态。

4. 第四阶段：百家争鸣期——现阶段

随着整个产业的发展壮大，康养旅游更加注重产业特色。世界各地依据自身的资源禀赋和文化特点，开发出具有核心竞争力的康养旅游产品以及各具特色的康养旅游发展模式。

（1）欧洲地区。欧洲地区不仅是康养旅游的起源地，也是目前康养旅游人数较多的地区。如法国的庄园康养旅游，是一种以农业为依托，以乡村、庄园为载体，主要依靠酒文化展示、水果采摘、品酒、酿酒体验、购物等形式来吸引游客的旅游形式。被誉为"世界医疗养生之都"的瑞士蒙特勒小镇,借助四季宜人的地中海气候以及温泉等自然资源,以细胞活化免疫、羊胎素抗衰老等世界先进技术为核心,同时配备完善的休闲度假设施,成为服务于国际高端人群的世界著名医疗康养旅游胜地。匈牙利是接待欧洲各国牙科患者人数较多的欧洲国家,形成了特殊的"牙齿观光产业",每年都吸引着超过本国人口两倍的外国游客。

(2)北美地区。北美作为康养旅游支出金额较高的地区,比较著名的康养旅游项目有美国太阳城的社区养老旅居和墨西哥坎昆的滨海康养旅游。美国太阳城是世界上著名的专供老年人居住和疗养的社区,是世界著名的CCRC模式的典型代表。这里气候条件优越、阳光充足,建有专为老年人服务的综合性医院、专科医疗诊所、疗养院等,还配有高尔夫球场等各类娱乐设施,创造了一种老年人退休以后的新型生活方式。墨西哥坎昆位于尤卡坦半岛东北端,区位上接近北美客源市场,这里自然条件优越,气温适宜(年平均温度在27℃左右),具有海滨疗养必备的"3S"资源——阳光、沙滩和海洋。坎昆依托其独特的滨海资源和区位优势,目前已经发展成为集气候养生、海洋温泉SPA、运动康养、海钓静养、海产食养于一体的滨海康养旅游胜地。

(3)亚太地区。作为目前康养旅游人数增长较快的地区,受惠于古老而神秘的东方文化、得天独厚的自然资源、迅速发展的医疗保健技术和更低廉的成本,泰国、日本、韩国成为举世闻名的康养旅游度假目的地。泰国因其得天独厚的自然资源和泰式按摩而闻名,身、心、灵"三位一体"的养生哲学使得泰国的康养项目多以组合式康养为特色,包括泰式按摩、泰式瑜伽、排毒、体重管理、健身方案定制、水疗护理等服务,旨在保持游客的健康状态,传播健康的生活方式。日本各地政府结合当地的观光资源进行温泉旅游产品再开发,目前已经形成了各具特色、注重顾客体验的温泉康养旅游模式。此外,1948年日本颁布《温泉法》,使得日本温泉资源的开发和管理有了法律层面的支持。除此之外,韩国医疗美容康养旅游闻名于世,韩国政府牵头制定了一系列有利于该产业发展的医美旅游政策,形成了囊括美容手术、肌肤管理、美体营养餐配置等在内的一系列以全身健康为中心的产品服务体系,让来自世界各地的消费者在观光度假的同时,享受到身心的修复。

(二)中国康养旅游发展历程

中国传统中医已有2000多年的历史,古代文献记载有使用草药和矿物质进行各种治疗。此外,强调与自然和谐相处和精神健康的道教和佛教文化爱好者经常在僻静的山间寺庙和寺院中修行。如今,在中国各地仍然有许多古庙和山林旅游区提供康养体验,如陕西的华山、浙江的千岛湖、四川的峨眉山等地都有着颇具特色和历史文化底蕴的康养旅游资源。

我国现代意义的康养旅游起步较晚,总体而言,到目前为止,我国康养旅游发展与我国旅游业发展进程基本一致,经历了三个阶段。

1.萌芽阶段——疗养接待(1949年—20世纪80年代初期)

这一阶段以行政事业疗养接待为特色,经营主体主要是全国各级工会系统开办的疗养院(所)，严格意义上不能算作康养旅游范畴。这一时期的疗养接待主要有温泉疗养、森林疗养、滨海湖疗养等，以公有性质为主，亦有少量民营性质的疗养场所，到1982年底全国各级各类疗养院、疗养所合计达5931家，床位87794张。

2. 初步发展阶段——养生健身(20世纪80年代中期—2011年)

我国康养旅游的起源可以追溯到20世纪80年代中期，随着改革开放的全面推进，我国旅游业也开始进入初步发展阶段。国家开始对疗养业推行市场化，经营机制也发生了较大的转变，业态以养生、度假、康复、保健、体检等综合化服务为主。1982年，国务院批准阳泉市开发滑雪场，标志着中国开发山地旅游资源开启新篇章。之后，一些山地景区开始引进日本和欧美的温泉度假方式，探索康养旅游的发展，如长白山度假村、庐山温泉等，尽管这一时期还没有形成成熟的康养旅游产业，但人们开始意识到康养旅游的开发潜力和重要性。进入21世纪后，随着人们生活水平的提高和健康意识的增强，康养旅游开始受到更多关注。一方面，国内经济水平的提高和人们生活方式的改变，使得更多的人注重健康养生和休闲放松。另一方面，政府也加大了对旅游业的投资力度，不断推出各种政策措施，为康养旅游的发展提供了良好的环境。2009年国务院发布的《关于加快发展旅游业的意见》中提出，要"大力推进旅游与文化、体育、农业、工业、林业、商业、水利、地质、海洋、环保、气象等相关产业和行业的融合发展"。此外，各地政府也积极推出康养旅游项目和产品，如广西的巴马、吉林的长白山等。

3. 快速发展阶段——康养旅游(2012年至今)

自2012年起，中国康养旅游进入快速发展阶段。自2012年攀枝花率先提出发展"康养旅游"以来，全国都在快速推进这一产业，为做强做优森林康养产业，洪雅县在四川省率先单设"健康产业办公室"；吉林森工集团成了中国第一家康养旅游集团。2013年国务院发布了《关于促进健康服务业发展的若干意见》，2015年国家中医药管理局和国家旅游局联合下发了《关于促进中医药健康旅游发展的指导意见》，提出了开发中医药健康旅游产品、打造中医药健康旅游品牌、壮大中医药健康旅游产业等重点任务，2016年国家旅游局发布了《国家康养旅游示范基地》(LB/T 051—2016)，其他各相关部委、省市也相继出台一系列的鼓励政策，国内康养旅游正式进入规范化全新发展时期。康养旅游的产品和服务更加丰富，产业链不断完善。在这个阶段，康养旅游开始出现一些新模式、新业态，如养生养老与旅游的结合、医疗旅游、森林康养等。

慎思笃行

"淄博烧烤"、贵州"村超"节庆活动对旅游目的地的影响

2023年，恢复和促进消费的政策举措持续显效，上半年国内旅游收入(旅游总花费)2.30万亿元，比上年同期增加1.12万亿元，增长94.9%。各地围绕促消费组织开展了各类节庆活动、会议展览，产品服务不断创新，旅游相关话题多次登上热搜,旅游消费对国内经济恢复做出了重要贡献。仅上半年以"淄博烧烤"、贵州"村BA"、贵州"村超"等为代表的多个热点活动事件"火爆出圈",点燃了旅游经济发展的新高潮,产生了良好的经济价值,市场出现了消费驱动与政策助力的良好共振协同模式,将"节庆+"与多产业协同融合发展蹚出了新模式。

"淄博烧烤"、贵州"村BA"、贵州"村超"以民间发起、政策开路、网络传播的协同方式将美食、体育等产业与旅游深度融合,掀起了消费新高潮,加快了疫情后消费市场经济复苏。

1.以美食为吸引内容驱动目的地城市旅游发展

美食作为旅游六大要素之一,对游客具有重要的影响作用。淄博因当地政府与大学生的一场邀约而点燃了故事的传播性,而真正引发"淄博烧烤"火爆的关键在于烧烤过程中蘸酱、卷肉、放葱、撸串给"吃货们"带来了新鲜感,烧烤过程中的仪式感被网友利用火车票等比拟方式进行传播,同时与亲朋好友聚在一起谈天说地吃烧烤的氛围感让游客获得满足感。在整个过程中淄博政府的人性化管理措施也给游客留下了非常好的印象,让游客在体验过程中感受到极大地被尊重。此外,成都、丽江、重庆、西安等知名旅游城市的发展中,美食对吸引游客也发挥了极大的作用。艾瑞咨询数据显示,85.2%的网民表示会特地品尝旅游地当地的美食。从消费心理角度来看,怕"踩坑"、"宰客"、口感差成为主要担忧,游客更加关注产品的性价比和特色。

2.以体育赛事及民俗节庆活动为要素,衍生旅游服务内容

以贵州"村BA"、贵州"村超"为代表的体育赛事活动及民俗活动与旅游深度融合,将"体育+旅游""节庆+旅游""乡村文化+旅游"模式创新升级,吸引了大批潜在游客前往。贵州"村BA"及"村超"作为民间自发组织的节庆活动,引发了人民网、新华社、澎湃新闻等各大媒体的广泛关注及报道,网络渠道通过图文、直播、短视频等形式实现上亿次曝光。在以上两个主要活动中,接地气的奖品,以及来自各个民族的舞蹈、非遗表演、民俗文化、农特产品展示将当地乡村文化大餐呈现在观众面前,带动了当地交通、住宿、餐饮等旅游服务产业。相关数据显示,在贵州"村BA"赛事期间,台江县接待游客18.19万人次,实现旅游综合收入5516万元,带动黔东南苗族侗族自治州旅游预订量同比增长140%。贵州"村超"自举办以来,截至6月25日,榕江县共吸引游客79.66万人次,实现旅游综合收入2.85亿元,当地住宿业同比增长352%,餐饮业同比增长386%。

从以上案例来看,各地发展旅游业不应该局限于是否具有优质旅游资源,是否为旅游城市,各地政府部门及旅游企业不应局限在发展旅游就需要投资建设景区的固有观念上,可以从消费者需求及行为要素角度来思考如何在服务环节大胆创新,抓住消费者心理。

(资料来源:搜狐网,2023-09-16,见https://travel.sohu.com/a/721040107_104297。)

知行合一

任务三　康养旅游发展现状与未来趋势

任务描述：
本任务对康养旅游发展现状、世界康养旅游发展的未来趋势、中国康养旅游发展中存在的问题及康养旅游国际经验借鉴进行全面介绍。

任务目标：
了解康养旅游发展现状，了解康养旅游未来发展趋势，能结合康养旅游国际经验思考中国未来康养旅游的发展方向。

一、康养旅游发展现状

受2020年疫情影响，全球旅游业受伤极大，并引发了有史以来最严重的旅游危机。联合国世界旅游组织公布的数据显示，2020年全球国际旅游人数下降74%。2021年全球旅游产业较2020年上涨4%，复苏进程缓慢。2022年全球旅游总人次达到95.7亿人次，全球旅游总收入达到4.6万亿美元，分别恢复至2019年的66.1%和79.6%。

虽然疫情对旅游业产生了巨大冲击，但疫情过后健康旅游市场呈现快速发展的大趋势。一方面，从市场来看，公众的健康意识由此得到前所未有的提高，疫情促使人们更加关注大健康领域的生活理念、产品消费和生活方式。在这种背景下，注重健康生活、旅游体验和医疗的健康旅游业将在一定程度上恢复和快速发展。另一方面，从供给来看，疫情也促使社会各界更加关注健康旅游业的发展，促进健康旅游产品形式的多元化创新，促进产品融入当代人的健康需求，以及充分利用互联网技术实现健康旅游产品模式的创新。

（一）国外康养旅游发展现状

国外康养旅游起源于健康旅游，即health tourism，14世纪初温泉疗养地SPA的建立标志着健康旅游的形成。健康旅游倡导高科技与现代健康生活理念的融合，使人们在自然环境中放松身心。健康旅游是世界上发展较快的旅游形式之一，但同时面临各地发展不均衡的现状。

1. 世界康养旅游呈指数级增长

近年来，健康旅游和医疗旅游呈指数级增长。从2014年到2019年全球健康旅游入境人数的复合年增长率为41%。2019年，全球康养旅游市场的估值为7384亿美元。健康概念正在改变旅游业的几乎所有领域，康养旅游业在未来会增长更快，因为它位于两个巨大、蓬勃发展行业的强大交叉点：2.6万亿美元的旅游业市场和4.2万亿美元的健康市场。

2.世界各大地区的康养旅游服务存在巨大差异

世界各地的康养旅游服务因地区和文化的不同而各具特色。

（1）北欧。北欧地区以其自然美景和宁静的环境而闻名，是许多人向往的康养旅游胜地。北欧国家如挪威、瑞典、丹麦和芬兰等提供了一系列康养旅游服务，包括各种休闲和娱乐场所。这些场所通常融入大自然中，让游客可以在宁静的环境中享受身体和心灵的放松。

（2）南欧。南欧地区拥有地中海气候和美丽的海滩，是保健和美容旅游的热门目的地。西班牙、意大利、希腊和葡萄牙等国家提供了大量的保健酒店和度假村，以满足游客对健康和美容的需求。这些酒店和度假村通常提供各种服务和治疗，如温泉、按摩、美容护理和饮食疗法等。

（3）中欧。中欧地区以其医疗旅游的历史和文化而闻名。德国、瑞士和奥地利等国家提供了许多医疗酒店和诊所，以满足游客对高质量医疗服务的需求。这些酒店和诊所通常与当地医院合作，提供专业的医疗服务，如手术、诊断和治疗等。

（4）北美。北美地区的外科诊所发挥着重要的作用，特别是在美国和加拿大。这些诊所通常提供一系列的专业医疗服务，如整形外科、美容外科、心胸外科和神经外科等。此外，北美地区还提供各种水疗中心和健身中心，以满足游客对身体保健的需求。

（5）中美。中美地区以其热带气候和水上活动而受到欢迎。这里的水疗和康养游轮成为重要的康养旅游服务。游客可以在舒适的环境中享受各种水上活动，如划皮艇、帆板、冲浪和潜水等。此外，中美地区还提供各种健康和养生服务，如瑜伽、冥想、按摩和营养餐等。

（6）亚洲。亚洲拥有丰富的文化遗产和古老的养生文化，传统养生文化与现代养生理念相结合，形成了独特的亚洲康养旅游文化魅力和优势。例如，日本的温泉文化和印度瑜伽在康养旅游服务中得到了广泛应用。在中国，游客可以在养生旅游目的地体验茶保健、温泉疗养以及中医药调理等服务。

（7）非洲。非洲以其独特的自然景观，从草原到沙漠、从森林到沼泽，为康养旅游提供了壮丽的背景。同时，非洲也是野生动物的天堂，游客可以在这里观赏到大象、狮子、长颈鹿、斑马等野生动物，这些活动能够让游客回归自然、放松身心。另外，非洲还有许多著名的温泉和疗养胜地，如肯尼亚的蒙巴萨、坦桑尼亚的阿鲁沙等。非洲的金字塔、沙漠游牧文化、草原部落文化等可以满足游客对异域文化的探索和求知欲望。

（8）澳洲。澳洲拥有世界级的自然环境，包括壮观的海滩、丛林、沙漠和山脉。澳大利亚是众多野生动物的家园，包括袋鼠、考拉、海狮、海豚和蝴蝶等，加之澳洲的健康生活方式、高端酒店和度假村、丰富的文化和历史遗产以及户外活动，可为游客提供独一无二的康养旅游体验。

(二)中国康养旅游发展现状

新时期实施健康中国战略和大力发展现代服务业的背景下,我国康养旅游产业迅速崛起,逐渐成为重要的旅游经济业态。这既是旅游市场消费需求升级和旅游产业转型的必然结果,也是新时期内外环境变化的必然趋势。

1.在市场需求方面,中国康养旅游市场需求呈现出快速增长的趋势

市场对健康与旅游的双重需求推动了康养旅游市场迅猛发展。

(1)人口老龄化趋势驱动。人口结构是影响旅游发展格局的重要因素。中国是世界上老年人口数量较多的国家之一,根据国家统计局的数据,截至2022年底,中国60岁及以上老年人口达到2.8亿人,占全国总人口的19.8%。根据联合国发布的《世界人口展望2022》报告,未来几十年中国老年人口将持续增长。预计到2050年,中国60岁及以上老年人口将达到4.2亿人,占总人口的29.5%;65岁及以上老年人口将达到3.2亿人,占总人口的23.1%。人口老龄化趋势加强,越来越多的老年人开始关注如何通过旅游来提高生活质量,康养旅游作为养老准备和养老生活的重要组成部分,受到了老年人的广泛关注和欢迎,为康养旅游产业发展造就了潜在的巨大市场空间。

(2)亚健康人群数量递增。随着社会发展,工作压力增大,生活节奏加快,亚健康状态人群的数量逐渐增加,世界卫生组织的一项全球调查显示,真正健康的人仅占5%,患疾病的人占20%,而处于亚健康状态的人则占75%。中国国际亚健康学术成果研讨会公布的数据显示,中国人口中只有15%属于健康人群,70%属于亚健康人群。亚健康人群的旅游需求更注重身心健康,他们希望通过旅游来缓解或改善身体和心理的不适,寻求更健康、更放松、更有趣的旅游体验。康养旅游通过提供养生、保健、康复等服务,可以帮助人们改善亚健康状态,提高生活质量。

(3)中青年人群需求爆发。阿里健康研究院发布的《2021天猫养生趋势新洞察》显示,有近三成的白领选择消费中医理疗科技产品,中青年是最钟爱中医保健的人群。2021年天猫"双11"公布的数据显示,相较于2020年同期,2021年"双11"期间天猫健康类商品"95后"活跃用户增加了102%,"95后"购买健康类商品的人均金额增加了18元,"00后"购买健康类商品的人均金额也增加了近10元。

康养成为中青年人群关注的热点主要有三个原因。一是因为疫情。2020年初开始的疫情席卷全球,人们更关注健康和日常生活的有机融入。二是中青年群体对"康养"有了新的认识,他们认识到康养不再只是养老,而是"以养为手段、以康为目的"的生活方式,是结合外部环境改善人的身心神,并使其不断趋于最佳状态的行为活动。三是亚健康已然成为中青年群体的顽症。数据显示,31~40岁的亚健康群体占总人数的比例最高,且"80后""90后"的白领人群更是亚健康的大群体。这与该年龄段人群的膳食结构、睡眠、运动、生活工作压力和健康管理等都有着密切的关系。

在生理和心理的双重负担下,中青年人群必须寻找积极有效的释放途径,预防、缓解身心亚健康状态。特别是随着社会经济体系发生改变,消费观念也随之改变,中青年舍得投资自己,懂得借助外力解决身心潜在风险。因此,有了中青年群体的入圈,康养市场的需求激增。

百度指数显示,康养相关的关键词搜索以中青年群体为主,其中20~29岁的群体对该项目的关注度最高,更愿意为康养付出时间和金钱成本。

央视《中国美好生活大调查》数据显示,2023年,18~35岁年轻人的消费榜单前三位的是旅游(32.77%),电脑、手机等数码产品(31.67%)和保健养生(31.04%)。显然,健康养生消费进入"后浪时代"。

2.在外部环境方面,康养旅游产业政策支持力度达到高峰

继提出建设"美丽中国"之后,2015年"健康中国"被首次写入政府工作报告,并上升为国家战略,与"美丽中国""平安中国"一起成为"十三五"规划的三大关键词,开启了"大健康"时代。康养旅游政策上升到国家层面以来,中央出台了一系列建设性发展意见,涉及投资、审批、税费、土地等多方面,形成市场引导机制,大大助推了康养旅游产业的发展(见表1-1)。

表1-1　国家发布的康养旅游相关政策统计(2016年1月—2023年10月)

发布时间	政策文件
2016.01	《国家康养旅游示范基地》(LB/T 051—2016)
2016.01	《关于大力推进森林体验和森林养生发展的通知》
2016.02	《关于启动全国森林体验基地和全国森林养生基地建设试点的通知》
2016.04	《中国生态文化发展纲要(2016—2020年)》
2016.05	《林业发展"十三五"规划》
2016.10	《关于加快美丽特色小(城)镇建设的指导意见》
2016.10	《"健康中国2030"规划纲要》
2016.12	《关于深入推进农业供给侧结构性改革 加快培育农业农村发展新动能的若干意见》
2017.05	《关于促进健康旅游发展的指导意见》
2017.05	《关于推动落实休闲农业和乡村旅游发展政策的通知》
2017.07	《关于开展健康旅游示范基地建设的通知》
2018.01	《中共中央 国务院关于实施乡村振兴战略的意见》
2018.01	《生态扶贫工作方案》
2018.08	《关于建立特色小镇和特色小城镇高质量发展机制的通知》
2018.10	《文化和旅游部关于做好冬季旅游产品供给工作的通知》
2018.11	《关于促进乡村旅游可持续发展的指导意见》
2018.12	《海南省建设国际旅游消费中心的实施方案》
2019.03	《关于促进森林康养产业发展的意见》
2019.08	《关于进一步激发文化和旅游消费潜力的意见》
2020.09	《文化和旅游部对十三届全国人大三次会议第7214号建议的答复》
2021.04	《"十四五"文化和旅游发展规划》

续表

发布时间	政策文件
2021.11	《关于高质量打造新时代文化高地推进共同富裕示范区建设行动方案(2021—2025年)》
2021.12	《"十四五"国家老龄事业发展和养老服务体系规划》
2022.03	《关于推动文化产业赋能乡村振兴的意见》
2022.05	《巴蜀文化旅游走廊建设规划》
2022.07	《国民旅游休闲发展纲要(2022—2030年)》
2022.08	《"十四五"文化发展规划》
2022.10	《户外运动产业发展规划(2022—2025年)》
2023.02	《质量强国建设纲要》
2023.02	《关于推动非物质文化遗产与旅游深度融合发展的通知》
2023.10	《关于释放旅游消费潜力推动旅游业高质量发展的若干措施》

国家层面涉及康养旅游的政策重在发展健康服务新业态、打造健康的服务环境、解决关系人民健康的重大问题,通过积极促进健康与养老、旅游、健身休闲、食品等产业的融合,催生健康相关新产业。自2016年1月《国家康养旅游示范基地》(LB/T 051—2016)发布以来,各省、直辖市、自治区都出台了多个康养旅游专项政策。

3.在产业供给端方面,内部竞争驱使康养旅游产业转型升级

2020年是我国康养旅游行业市场规模减小的一年,但康养旅游行业企业注册数量却呈现爆发式增长。数据显示,2020年我国康养旅游行业注册企业数量达1623家,较上年同比增长43.25%。主要原因在于疫情背景下人们对健康生活的重视度提高,相关企业嗅到商机加速入局。新经济环境下康养旅游企业面临的压力也越来越大,有来自替代竞争对手的竞争压力、潜在竞争对手的竞争压力以及供应商和购买者的压力,康养旅游企业要不断进行自我更新和改进以适应市场需求的变化并追求更大的利润。

4.区域性康养旅游特色鲜明

中国是一个历史悠久、文化丰富的国家,不同区域的旅游资源禀赋各有特色,康养旅游产品和模式也呈现出差异性(见表1-2)。

表1-2 中国不同区域特色资源要素及康养旅游特色和品牌

区域	特色资源要素	康养旅游特色和品牌
东北地区	森林资源、草原资源、中医药资源、冰雪资源	重点发展休闲养生度假旅游、医养旅游
华北地区	特色地域文化、森林资源、温泉资源、滨海资源	在北京及周边形成短途的康养旅游目的地
华中地区	温泉资源、森林资源、湖泊资源	森林和温泉康养旅游继续成为其未来主要发展方向

续表

区域	特色资源要素	康养旅游特色和品牌
华东地区	经济发达、森林资源、气候适宜、温泉资源、中医药资源、海岛资源、医疗设施、文化资源	康养旅游示范基地集聚区
华南地区	热带亚热带区域、气候适宜	"候鸟式"康养已经成为其旅游市场的主要特点
西南地区	海拔高、山地多、森林资源、气候差异大、其他地方资源	发展康养旅游的其他资源条件也相对多元
西北地区	人文资源、自然资源	体育赛事等康养旅游是其发展的一大方向

二、世界康养旅游发展未来趋势

近年来,康养旅游作为旅游行业的新业态、新模式,其发展潜力加速释放,成为未来旅游行业发展的趋势。

(一)大数据引领健康产业发展,共享医疗预约成为趋势

世界卫生组织发布的《数字健康全球战略(2020—2024)》,指出数字技术的战略性和创新性应用将确保更多的人受益于"全民健康覆盖"。据风险投资公司(venture capital)的消息,2020年上半年,仅行为健康科技(behavious health-tech,即专注于预防保健和健康生活方式的技术)就筹集了5.88亿美元的风险投资。在过去的10多年里,医疗保健行业以惊人的速度增长,并在数量、速度和多样性方面生成了大量数据。医疗保健中的大数据方法不仅可以增加业务价值,还能促进医疗服务的改进。

随着大数据技术的有效应用,共享医疗预约快速发展。共享医疗预约是指为了减轻卫生系统的压力,让具有类似病情的患者一起咨询他们的医生。提供共享医疗预约服务的供应商提到,生产力提高,人们可获得的服务范围扩大,等待时间缩短,医疗效果更好。许多国家越来越多地将数字技术应用到共享医疗预约中,提高了现有远程医疗平台的容量,缓解了医疗供给和医疗需求之间的矛盾。

(二)能量医学逐渐兴起

科学研究人员在对西医和古代医学(如中医、阿育吠陀)的研究中发现,人体是一个复杂的生物场,该生物场是我们身体和精神功能的控制中心。未来的医疗和健康领域,将通过新工具和新技术优化人类生物场,以预防疾病和促进健康。

在超网络化的世界里,电磁污染将是新的公共卫生问题。随着5G网络的普及,人类受电磁波的"轰炸"日益频繁。未来,诸多保护人类免受生物电磁污染的解决方案将大量涌现,更多的康养旅游目的地将走向"高能":提供更多古老的能源药物、更多尖端的能源技术,以干预电磁、光和声音。例如,建筑师所设计的家庭、学校和工作场所,更加关注保持健康的人类生物场。健康度假村和房地产开发商已经开始采取行动:在德

国的斯蒂芬妮别墅(Villa Stephanie)，只需轻按按钮就可以将房间的电磁和Wi-Fi阻断；特隆太平洋的豪华住宅在卧室墙壁安装了屏蔽电缆，以防客人暴露在电磁场中。

(三)"健康休假"持续升温

随着时代的快速发展，工作变得"永不停歇"，人们的休息时间大幅缩短，现实是很多人迫切需要深度的健康休息，人们开始憧憬"工作＋健康"的休假模式，由此产生一个新的旅游概念——"健康休假"。它是指康养旅游目的地积极地、创造性地把工作和健康融合在一起。在健康休假期间，人们每天既安排有效的工作时间，又安排丰富的日常健康体验(如健康的食物、运动、睡眠、人际关系等)。健康休假强调至少持续三个星期，因为这是改变生活方式和恢复精神状态所需的最短时间。

泰国的卡玛拉酒店(Kamala)推出一项福利休假计划(它最少停留21天)，其特色是每天的康复体验是围绕客人的工作日程灵活设计的。印度的Vama推出了一项为期30天的健康休假计划，在休假期间人们既可以办公又能享受健康服务。在墨西哥的普尔塔牧场，高管们入住配有私人游泳池和办公室的疗养院，他们在工作的同时，可以沉浸在全方位的健康服务中。

"健康休假"的核心就是把工作与健康融合在一起。"健康休假"概念在未来将影响更多旅游目的地，预测将会有更多的顶级健康度假村，把1～2周的住宿时间扩展到21天灵活的工作健康休假。

(四)生育保健日益流行

未来，游客对生育保健类健康旅游的兴趣日益浓厚，康养旅游目的地也将更加关注生育保健领域。在过去十多年里，生育保健领域在多个方面取得了巨大进步：各种应用程序如经期追踪器，平台和可穿戴设备大量涌现；许多国家扩大了医疗保险范围，将辅助生殖医疗费用纳入其中；硅谷的一些初创企业得到资助，试图解决影响男女生育能力的问题。

今天的消费者是寻求体验和情感幸福的消费者，因此生育保健领域既致力于帮助人们增加受孕机会，又试图让受孕过程愉快。未来，生育诊所将焕然一新，试管授精等治疗就像水疗体验，让人享受愉快的服务。此外，生育保健还包括"婴儿期"旅游。"婴儿期"旅游为了让孕妇放松身心，一般会避免长途旅行、避免压力，会考虑医院的距离和菜单的适宜性等方面。最典型的"婴儿期"旅游住宿是选择海滨综合楼、健康酒店和乡村山区，旅游套餐包括按摩服务、豪华住宿、产前培训、浪漫晚餐、产前治疗等。

(五)心理健康技术将成为主流

心理健康是一个广泛的范畴，既包括精神疾病和神经系统疾病，也包括焦虑、压力和绝望等新范畴。目前，心理健康治疗的障碍仍然是耻辱感、时间、成本和可用性，相关技术的应用将有效应对这些问题。

硅谷发布了一系列心理健康数字解决方案，以确保更多的人得到谨慎和灵活的护理。目前市场上有近1万个心理健康应用程序。TalkSpace等价格合理的虚拟治疗应用程序使患者能够根据自己的日程表合理安排与专业顾问进行电话、短信和视频联系的时间;聊天机器人是按需收听的朋友;可穿戴设备可以全天监控用户的生理信息,以防止危险的发生;一些初创企业甚至将心理健康治疗游戏化,如近100万人玩过的Super Better,该应用程序让玩家通过在紧张的环境中坚持下来、完成呼吸练习和改掉坏习惯来累积积分。

未来,消费者对心理健康治疗的接受度以及对自我保健的兴趣将大幅提高,心理健康技术将成为主流,无论是心理医疗领域还是初级保健领域,远程医疗的普及率将大幅上升。

(六)可持续性将成为健康旅游的关键标准

随着游客对绿色、生态、可持续的健康旅游产品重视度的提升,可持续性逐渐成为健康旅游的一种规范和关键标准。因此,在健康旅游业的发展、规划和管理中采取可持续的方法是非常重要的。健康旅游的许多子类别是以可持续性为基础的。

(1)生态友好是健康酒店的常态。大多数健康酒店必须拥有更具吸引力的"绿色政策",游客们期待酒店使用可再生能源和低碳环保材料。

(2)设计更多的运动元素。倡导健康的旅游目的地要设计具有吸引力的人行道、行道树、长凳、自行车车道和停车位。在室内设计新颖且位置优越的楼梯,引导人们远离电梯。

(3)提倡积极健康的生活方式。完善基础健康设施,使各个年龄段和收入水平的人都能广泛享用,如健身中心、养生课程和节目等。

(4)利用大自然的力量改善人的心理健康状态。通过仿生设计和打造充足的绿色、开放空间来增强人们的认知能力和积极情绪,促进康复,减少压力、攻击性和消极情绪。

(七)健康地产助力打造健康社区

现在很多人意识到,居住环境会影响我们的健康。研究表明,疾病风险大都是外部因素和环境因素造成的。一个以健康为中心的建筑环境有益于我们的健康和福祉,所以要尽量减少环境对人类健康的不利影响。健康地产和社区主要通过以下方式帮助人们减轻环境的有害影响。

(1)减少接触有毒元素。一是过滤空气和水中的污染物;二是尽量减少有害材料和物质在家中的使用(如不合格的油漆、阻燃剂、密封剂、地板和绝缘材料等)。

(2)通过健康的照明和隔音促进更好地睡眠、休息和减压。

(3)追求生态环保。如使用可回收的、天然的或可持续的建筑材料,增加本地植物绿化面积,避免在社区内使用化肥和杀虫剂。

此外,健康地产通过鼓励社交打造健康社区,因为社交可以对抗孤独感,增强人们的社区感、地方感和归属感等积极感受。鼓励社交的设计有助于营造社区意识,许多规划、分区和设计元素已经被证明可以激励更多公众聚集、自发会面和社会交往,如混合使用空间、住房多样性、有限的街道退让、战略位置的停车场和公共交通、步行学校和社区便利设施、公共广场和公园等。

(八)"健康音乐"萌发并成为一种趋势

科学研究表明,音乐对人的情绪有着巨大的影响。现在音乐治疗方法正在被新技术彻底革新。"健康音乐"萌发,并逐渐成为健康领域较热门的趋势之一。

主流音乐产业正转向"健康音乐",Spotify 等大型流媒体网站上的健康音乐(减压、睡眠等音乐)播放列表激增。"生成性"音乐的兴起,表明应用程序可以提取用户的生理、心理和情绪数据,为用户量身定做,随时改变音景,改善用户的心理健康。冥想应用程序正在演变为健康音乐应用程序。新的播放器 Wave 摒弃了旧的低语,引导冥想的全健康音乐平台结合振动摇枕,提供多频率冥想。大型冥想应用程序 Calm 逐渐发展为健康音乐平台。"睡眠"频道最受欢迎,其特色是把摇滚明星创作的作品设计成成人摇篮曲。

未来的康养旅游目的地,将打造一批健康音乐和声音体验项目。健康度假村已经推出了诸多音响浴,这些声音体验将影响健康旅行。"深度倾听大自然"具有很大的发展前景。亚马逊热带雨林的"交互式声音之旅",会让你恢复失去的动物警觉,享受360°沉浸式听觉体验,还能通过"深度倾听练习"来识别你周围自然的"鼓声、小提琴演奏、雨滴和合唱"。

(九)从"关注睡眠"到"关注生理健康"

近几年,我们受到了一系列普通睡眠产品的冲击。智能床垫、冥想睡眠头带、睡眠疗养院、睡眠补充剂以及"睡眠冰激凌"的陆续出现,推动了市场规模超过4320亿美元的"睡眠经济"。但我们仍然觉得睡不好,这是因为我们的现代生活和大多数的睡眠解决方案违背了生物规律。

人类进化到对太阳的24小时周期极度敏感,有规律的光/暗周期是我们每天重置生物钟所需的"时间线索"。昼夜节律控制着我们身体中的每一个系统:从我们的入眠—觉醒周期到我们的免疫和新陈代谢系统。但今天多数人的生活已经在自然太阳时间和社交时间之间产生了根本脱节:黄昏后我们用越来越亮、令人上瘾的电子产品,屏幕发出的蓝光刺激我们的大脑,结果是生理周期和睡眠被中断。

未来的健康状况将发生重大变化:人们不再关注针对睡眠的解决方案,而更强调生物钟的健康优化。这样不仅有益于睡眠,还能促进由生物钟控制的大脑/身体系统的恢复。越来越多的人倾向购买可调亮度的灯泡,把基于昼夜节律的照明带到家里,在白天自动发出明亮的蓝光,在黄昏时发出更暗、更温暖的光。酒店、健康度假村和航空公司将为游客提供所有能想象到的便利设施。现代康养旅游将超越睡眠按摩,科学的生物钟将改变康养旅游业。

三、康养旅游国际经验借鉴

(一)中国康养旅游发展中存在的问题

中国康养旅游目前态势良好,但问题依然存在,归纳起来有以下几个方面的内容。

1. 相关政策法规以及服务标准的出台较为滞后

为促进康养旅游发展,国家有关部门出台了多项政策制度,但这些政策的发布往往落后于实际发展速度,在政策预见性和行业指导性方面未能充分发挥作用。各省、自治区、直辖市发展康养旅游时要与国家政策文件做好衔接,出台具体的康养旅游基础设施建设和服务标准以及监管制度,注重发挥政府作用,在土地、基础设施建设等方面给予优惠政策,还要引导社会、企业等各类资金的支持。此外,康养旅游的快速发展过程中出现了服务质量参差不齐的现象,主要原因就是缺少服务标准的引导,从而降低了康养旅游市场的服务满意度,影响整体的效益水平。

2. 基础设施供应不足

发展康养旅游,需要旅游资源作为支撑条件,相关的康养配套设施也必不可少。但目前许多地方未将"旅游"和"康养"融合在一起,医院、疗养院、健身场所这些地方的配套资源不是很完善。

3. 康养旅游专业人才匮乏

在康养旅游业快速发展的形势下,具有康养和旅游专业知识技能的复合型人才需求的紧迫性问题尤为突出。医疗保健康养行业的专业人才既需要有专业的医学相关知识,还要有旅游专业技能,这对相关工作人员的要求极高,发展医疗保健康养要尤其注重这一问题。我国大部分高校开设了旅游管理及其相关专业,但是这些专业的设置普遍大众化,特色较少,专业细分也不够精细,此种培养模式与现实需求严重脱节。现代旅游业的变化日新月异,出现了新业态、新模式,而旅游人才的培养方式并没有很好地跟上需求变化的速度,并且旅游相关专业毕业的学生大部分缺乏实战经验,他们在学校的学习更加侧重于理论层面。人才是产业发展的内生增长驱动力,因此最重要的就是要制定好康养旅游人才培养方案,不同地区的学校可以根据当地的资源特色、相关的产业发展规划等有针对性地开展专业的实践教学,探索具有地方特色的康养旅游人才培养模式。

4. 康养旅游产业结构不够健全

由于我国康养旅游业的发展还处于起步阶段,发展模式粗放,产品类型比较单一,康养小镇以及其他康养旅游综合体项目的成功发展经验较少,大多还在摸索中前进,当前我国康养旅游业与其他衍生和关联产业融合发展的"康养+"模式还未成熟,没有构成高度化、合理化的完整康养旅游全产业链,缺乏精细化的完善服务。另外,我国康养旅游类型分布及地区分布不均衡,目前森林康养旅游、温泉康养旅游、休闲运动康养旅游等发展较好,尤其是近期森林康养旅游一枝独秀,国家林业和草原局也在大力鼓励发展森林康养旅游,多次下发文件指导全国建设森林康养基地。其他类型的康养旅游还在探索中。

(二)国际经验借鉴

1.加快培育康养旅游新业态

随着人们对美好生活的向往越来越强烈,国民对健康旅游产品的需求也越来越大。国务院发布的《"健康中国2030"规划纲要》指出,要积极促进健康与养老、旅游、互联网、健身休闲、食品融合,催生健康新产业、新业态、新模式。在健康中国战略下,健康产业进入了快速发展的黄金时期,成为新常态下经济增长的重要引擎。发展康养旅游,要积极推动康养旅游与休闲农业、体育、医疗养老的融合创新,促进健康旅游新业态的出现和拓展,使其迸发出新的活力。一方面,依托当地优质自然资源,开发多元化的康养旅游项目和产品,如健康小镇等,走各具特色的发展道路;另一方面,大力发展康复疗养旅游、中医健康旅游、高端医疗旅游等旅游新模式,通过产业融合促进地方经济快速发展。

2.推进康养旅游数字化进程

随着科技的飞速发展,云计算、人工智能、物联网、大数据等新技术层出不穷,改变了康养旅游业的供给和消费方式,推动了康养旅游业的转型升级。一方面,新技术广泛应用于医疗卫生领域,不仅带来了新的诊疗模式,如精确体检、干细胞治疗、心脏搭桥手术等,也加速了健康游客的医疗卫生数据的采集和整合。另一方面,随着美容技术、康复抗衰老和体育健身器材的出现,健康旅游的服务质量不断提高。

此外,数字化战略也给康养旅游带来了巨大的发展机遇。康养旅游产业数化应用仍有很大的提升空间,这将是未来发展的重要机遇。这些机遇主要表现在智慧健康服务应用系统上,如 VR、AR 等信息技术的使用,可以提升康养旅游产品的展示效果,吸引更多的消费者;依托网络,可构建基于云平台、健康知识库、健康智慧专家的数字化网络。数字化服务不仅可以提高医疗卫生服务质量,降低服务成本,还将成为中国医疗卫生行业追赶世界的超车通道。

3.因地制宜选择开发模式

我国各地区应根据自身资源特点和产业现实选择不同的开发模式来发展康养旅游,打造一批具有特色的康养旅游示范区。一是资源驱动型开发模式,依托资源优势,延伸森林浴、温泉浴、日光浴等产品线,打造功能型复合度假区;二是文化驱动型开发模式,以区域的传统养生文化为基础,打造区域文化品牌;三是资本驱动型开发模式,适用于经济发达地区和旅游市场基础较好的地区;四是整合型开发模式,在现有成熟旅游业态基础上整合健康元素;五是转型开发模式,适合康养旅游发展相对成熟的地区,需要科技助推康养旅游转型升级。

不同开发模式的共同之处在于,各地区可以有效嫁接和整合地方优势,并与康养旅游融合,实现康养旅游的创新发展,从而探索出更多富有活力和特色的地方康养旅游发展路径。

知识活页

部分国家代表性康养旅游产品

4.开发多元化与个性化康养产品

全球健康研究调查显示:女性游客热衷于SPA、美体和温泉等健康旅游服务,男性游客喜欢冒险设施和水疗;年轻人对探险和生态健康设施的需求越来越大,老年人更喜欢森林避暑、海岛避寒、乡村度假等"候鸟式"养生旅游产品;单身人士偏爱基于健康和生活方式的服务,如水疗、休闲和娱乐服务,家庭将继续对健康酒店和娱乐服务表现出浓厚的兴趣。随着千禧一代逐渐成为消费主力人群,个性化在康养旅游中变得更加重要。个性化、年轻化和时尚化将成为未来康养旅游消费的新趋势。

随着康养旅游业的进一步发展,游客的喜好也在不断变化,他们希望寻求新颖独特的旅游体验。未来的康养旅游应关注各个细分市场的需求,在满足一般需求的基础上,实施多元化、个性化的康养旅游产品开发策略,满足不同群体的需求。

5.打造高端康养综合体

康养综合体模式是以大健康产业和旅游度假产业为主导的带动区域综合发展的模式。该模式以东西方健康理念和东西方健康理疗技术为支撑,构建健康产业链和旅游度假产业链两个产业体系,打造长寿、健身、修身、理疗、保健、生活方式体验、文化体验七大健康主题,形成健康的地域生活方式。

中国的康养旅游需要以独特的方式定位自己,才不会在竞争环境中"消失",这就需要开发独特的、有象征意义的产品和服务。未来中国康养旅游市场将涌现出大量新兴的、跨界的、融合的健康产品和服务,这将促进中国康养旅游的发展。建设高端康养综合体需要加强产业联动和跨界融合。康养旅游一方面应与旅游观光、体育、度假和研学相结合,形成旅游新业态;另一方面要与医疗产业、养老产业、绿色有机农业等地方相关产业进行跨界融合,构建"旅游+医疗""旅游+养老""旅游+农业"等一系列"旅游+"模式,营造康养旅游在各地蓬勃发展的生动局面,为康养旅游的融合发展奠定坚实基础。

慎思笃行

绽放非遗光彩　　增强发展动能

雪峰山脉是以雪峰山为主干的山脉,是湖南境内延伸最长的山脉,发轫南岭,北至洞庭,一路峰峦叠嶂、溪河交错,密集分布多个国家级森林公园、湿地公园。无数文化古村落散落于大山中,花瑶挑花、目连戏(辰河目连戏)、溆浦龙灯舞、花瑶婚俗、花瑶呜哇山歌、滩头木版年画等各类非物质文化遗产积淀千年且历久弥新。山水有景,文化有魂,是雪峰山特有的资源禀赋。如何跳出小旅游,构建共享旅游经济共同体,实现景区与当地群众利益一体化,实现共享共生共赢,实现"微行为"汇成"众力量",湖南雪峰山生态文化旅游有限责任公司走出了一条新路径,创造了"雪峰山模式"。

湖南雪峰山生态文化旅游有限责任公司自2014年5月成立起,先后在溆浦县的统溪河镇、龙潭镇、葛竹坪镇、北斗溪镇以及隆回县的虎形山瑶族乡5个乡镇近30个村,开展旅游景区建设,成功创建了穿岩山景区和大花瑶虎形山景区2个国家4A级旅游景区以及抗战古村落阳雀坡景区和山背花瑶梯田景区2个国家3A级旅游景区;枫香瑶寨、瑶池仙境、星空云舍已成"网红打卡地",千里古寨、山鬼玻璃栈桥、瑶王古寨、太阳城堡、红军长征路、旺溪瀑布等系列产品反响强烈。其中,以民族医药医术为元素打造的时珍园民族草药堂,将苗医瑶药、侗医侗药非遗产品引入中老年保健养生之中,科学疗理亚健康和慢性病,每年吸引大亚湾、长三角等地2万多名中老年游客前来寻医问诊、休闲养生,成为雪峰山独具一格的康养度假产品。隆回县龙瑶幽谷景区、溆浦县雪峰山中医药康养旅游基地2022年成功入选为湖南省首批中医药康养旅游省级示范体验基地。在体旅融合方面,公司委托世界知名徒步专家及团队花费近一年时间打造了湖南首条长达100千米的国际徒步线路,串连起5项国家级非物质文化遗产,成为具有真正意义的非遗文化徒步线路,深受国际徒步游爱好者、旅行商和媒体的广泛关注。目前,雪峰山旅游已成为湖南省旅游重点建设五大板块之一,是湖南全域旅游的新高地、中国乡村旅游的新名片。

(资料来源:作者根据相关资料整理。)

项目小结

本项目详细介绍了康养旅游的概念、种类及特点,介绍了康养旅游兴起的原因及发展康养旅游的意义,对国内外康养旅游发展历程进行了梳理,总结了当前康养旅游发展所呈现的特点,引述部分研究成果对未来康养旅游的发展趋势进行了研判预测。

项目训练

一、简答题
1. 简述康养旅游产品的核心要素。
2. 简述康养旅游迅速发展的原因。
3. 简述世界康养旅游未来发展趋势。

二、能力训练
请以你所在城市的代表性康养旅游产品为例,从产品定位、产品资源到产品特色等方面对其进行全面深入分析。

知行合一

选择题

模块二
场景模块

项目二
森林康养旅游

项目描述

通过学习,了解森林康养旅游相关知识及常见森林康养旅游种类、特点及功能,能够结合目的地资源,评价森林康养旅游项目以及进行基本的内容策划。

学习目标

知识目标

1. 了解森林的定义、类型及结构分布。
2. 了解森林康养的定义及发展历程。
3. 了解森林康养旅游的功能及资源要素。
4. 了解森林康养旅游产品的类型与设计。

能力目标

1. 能够准确描述森林康养旅游的特点、种类及形式。
2. 能够辨析目的地是否具备森林康养旅游地建设要素,以及其分布和呈现的特点。
3. 能够结合目的地资源禀赋要素评价森林康养旅游项目以及开展简单的策划推理。

素养目标

1. 培养学生树立科学研究、求真务实的价值观。
2. 具有生态环保意识,理解森林资源在环境保护和生物多样性保护方面的意义。

知识导图

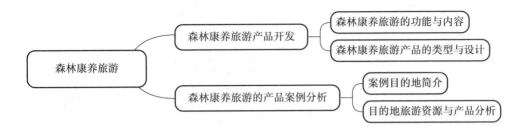

森林的生态作用

森林是我们亲近自然的摇篮,随着生态环境保护的形势越发严峻,森林对人类的生存越来越重要。近些年,人们生活水平不断提高、健康意识逐渐增强,亲近自然已经成了人们生存的一种本能,人类健康问题也已是当代国际社会关注的重点。环境污染越来越严重、生活压力的增加、老龄化速度的加快等使得森林康养旅游受到了越来越多人的喜爱,人们也将其当成享受生态环境和追求健康生活的必然需求。

森林可以净化空气,提高空气质量,为人类提供清新的生活环境。同时,森林还可以减缓城市热岛效应,降低气温,为人类提供舒适的生活环境。此外,森林还可以为人类提供健康的食物和营养,如蘑菇、蜂蜜、草药等。有研究表明,森林对人类健康存在五类潜在作用,分别是癌症和糖尿病等非传染性疾病、环境暴露、食物和营养、物理危害和传染病。例如,在非传染性疾病方面,一些植物在吸收太阳光线的时候可以生成某些化学物质,这些化学物质有助于人类抵抗癌症;在环境暴露方面,森林可以过滤和净化空气中的污染物,减少对人体的伤害;在食物和营养方面,森林可以提供许多对人体有益的食物和营养素;在物理危害方面,森林可以吸收声波、减少噪声,为人类提供安静的生活环境;在传染病方面,森林可以减少疾病传播的风险,提高人类健康水平。

除此之外,森林的美丽景色和宁静氛围还可以帮助人们缓解压力、减轻焦虑和抑郁等负面情绪,提高心理健康水平。依托森林资源情况,积极探索适宜发展的森林康养旅游模式,有助于推动森林旅游的创新发展,有助于发挥林业在弘扬生态文明、改善民生福祉中的巨大潜力。

任务一 森林康养旅游概述

任务描述：
本任务对森林的定义及类型、分布结构进行了介绍，并结合上述基础知识，导入森林康养概念，介绍其发展历程。

任务目标：
了解森林的定义、组成结构及类型分布，准确理解森林康养概念的内涵、外延，理解森林康养旅游在国内外的发展历程。

一、森林的定义及类型

（一）森林的定义

森林是地球上较大的生态系统之一，它主要由树木构成，通常是一个连续的、封闭的树冠层。按其普遍的定义，森林不仅包括树木，还包括与之共生的各种生物组织，如草、昆虫、动物等。这一生态系统提供了众多功能，如碳储存、水源涵养、土壤保护、生物多样性的维持等。

在自然科学界中，对于构成森林的标准，通常涉及以下几个关键因素。

面积大小：不同组织和学者给出的具体面积略有差异，按照联合国粮农组织（FAO）的定义，森林的最小面积是0.5公顷，大概相当于半个操场大小。

树的高度：为了被分类为森林，该地区的树木在成熟时应达到至少2米的高度。

树冠覆盖率：这是描述森林密度的一个关键指标。大多数定义都规定树冠覆盖应达到一定的百分比，如10%或更高。

植被结构：森林中树木的树冠层彼此之间构成连续和封闭的面，其下可有灌木和草本植物。

（二）森林的类型

1.按照森林形成原因分类

1）原始森林（或原生森林）
形成原因：自然过程中长期形成，未受到人类明显干预的森林。
特点：生态系统完整，生物多样性丰富，具有较强的自我调节、修复和稳定能力。
2）次生森林
形成原因：原始森林遭到破坏后，经过一段时间自然恢复后形成的森林。
特点：比原始森林在生态结构和物种组成上可能有所变化，但仍然保持一定的生态功能。

3) 半人工森林

形成原因：原始或次生森林经过人类干预、改造后形成的森林，人的干预程度介于原始森林和人工森林之间。

特点：结合了人的管理和自然恢复的优点，既有一定的经济价值，也有一定的生态价值。

4) 人工森林

形成原因：完全由人为种植、管理并因人类活动而产生的森林。

特点：生态系统可能不如自然森林完整，但可以针对特定目的（例如经济用途、生态恢复、景观美化等）进行规划和管理。

2. 按森林植被类型分类

1) 灌木林

灌木林主要由灌木组成，这些植物的高度通常有2米到5米，有时还会低于2米。与乔木相比，它们的身材较矮且分枝较多。灌木林的植被较为疏松，土壤往往受到更多的阳光照射。

灌木林在中国各地都有分布，面积约5862.61万公顷，但主要集中在较为干燥或者土壤较薄弱的地区，如西部干旱地区、西南岩溶地区和干热（干旱）河谷地区，以及青藏高原和内蒙古高原的部分区域等。

2) 竹林

竹林主要由竹子组成，竹是快速生长的草本植物，但其茎硬而坚韧，可与木材媲美。竹林为许多特定生物提供了独特的生态环境，如熊猫主要以竹子为食。

中国是世界最早认识、培育和利用竹子的国家，是世界上竹资源最丰富的国家，竹类资源、面积、蓄积量均居世界第一，素有"竹子王国"之美誉。全国共有竹类植物39属857种，全国竹林面积701.97万公顷，竹林在中国的分布主要集中在温暖湿润的地区。浙江、福建、江西、湖南、四川和云南等地都有大面积的竹林分布，其中尤以四川的大熊猫栖息地最为著名。

3) 乔木林

乔木林主要由乔木植物组成，但也可分层包含草本植物和灌木植物。其树木在成熟时能够达到至少5米的高度，甚至达到20米或更高。乔木林的树冠层通常连续且较为封闭，为许多动物提供了栖息和繁殖的地方。

乔木林在中国分布广泛。东北有广袤的寒温带针叶林，南方地区如广东、广西、福建等地有亚热带常绿阔叶林，而云南、海南等地则有热带雨林和季雨林。

这三类森林都是生态系统的重要组成部分，它们各自发挥着维持生物多样性、保持水土和调节气候等重要作用。

二、森林的空间分布及结构

（一）中国森林的空间分布

全国绿化委员会办公室发布的《2022年中国国土绿化状况公报》显示，中国森林总面积为2.31亿公顷,森林覆盖率达24.02%。中国有三个主要的森林资源分布区域(见图2-1)。

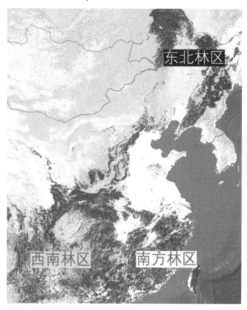

图2-1　中国三大林区分布地图　审图号:GS(2021)3715号

1. 东北林区

位置:主要分布在黑龙江、吉林和辽宁三省边缘山区,以及内蒙古东部大兴安岭地区。

特点:这里是中国最大的寒温带针叶林带,主要树种有落叶松、红松、白桦等。该林区森林资源丰富,木材质量上乘。长期以来,这一地区是中国木材的主要产区。过去由于过度伐木,东北林区的森林资源遭到了严重的破坏,近年来,政府采取了一系列的措施进行森林保护,基于当地相对较好的植被基础,相关森林资源恢复较快。

2. 西南林区

位置:主要分布在四川、云南、贵州、西藏等地。

特点:这一林区以亚热带常绿阔叶林和高山针叶林为主,生物种类非常丰富。例如,四川的大熊猫栖息地和云南的西双版纳热带雨林都位于这一林区。该地区的森林不仅对当地,而且对下游地区的气候、水源等都有重要影响。

3. 南方林区

位置:主要分布在长江中下游地区,涵盖湖北、湖南、江西、安徽等省份。

特点:这一林区主要是落叶阔叶林和常绿阔叶林混交林,主要树种有水杉、冷杉、樟树等。这里的森林对长江流域的生态安全和气候调节具有重要作用。这一地区在过去因为农业和工业开发,部分森林遭到破坏,但在近年,随着生态保护意识的增强,这一地区的森林保护和恢复工作也在逐步推进。

中国的三大林区是国家森林资源的重要组成部分,它们在生态系统保护、气候调节、水源保护和木材生产等多个方面都发挥着不可替代的作用。

（二）森林的垂直结构

森林是一个复杂的生态系统，其内部结构和功能分区丰富多样。以下以完整的、已开展旅游开发的乔木林森林结构为例，列举其主要结构和功能分区。

乔木层：这是森林最高的一层，主要由高大的乔木组成，如松树、橡树等。这一层的植物通常能够获得最多的阳光。

灌木层：位于乔木层下方，主要由灌木或者小乔木组成，如山楂树、榛子树等。这一层的植物受到乔木层的遮挡，阳光较为稀疏。

草本植物层：这是离地面最近的植物层，主要包括草本植物和蕨类植物，如各种野花、草、蕨类等。

落叶层：这一层主要包括已经落到地面的叶子、枝条、果实和其他有机物。这些物质在分解过程中为土壤提供养分。

森林的垂直结构如图2-2所示。

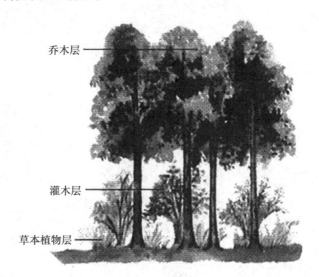

图2-2　森林的垂直结构

（三）森林的功能分区

保护区：这一区域通常是为了保护特定的生物种群、生态系统或者特定的自然现象而设定的。在这些区域内，人类活动受到严格的限制，如伐木、狩猎等。

实验与研究区：这是为了进行森林科学研究和实验而设定的区域。在这里，科学家们可以进行各种实验和观测，以获得关于森林生态系统的数据和知识。

经济区：这是允许进行有限的资源开发和利用的区域，如伐木、采药等。但这些活动通常需要在可持续的前提下开展。

休闲与教育区：这一区域通常是为了公众休闲和教育而设定的，如森林公园、自然教育中心等。这里有各种设施供人们使用，如步道、解说牌等。

总的来说，森林的内部结构和功能分区反映了其丰富的生物多样性和多重功能。

这些结构和分区是森林能够发挥其在生态系统中的重要作用的基础。当然,各森林区域的管理方式和目的不同,地理、人文、经济等内外部因素各异,不一定都具有上述全部的内部功能区。以雅安市蒙顶山风景名胜区为例,其内部保护区规划如图2-3所示。

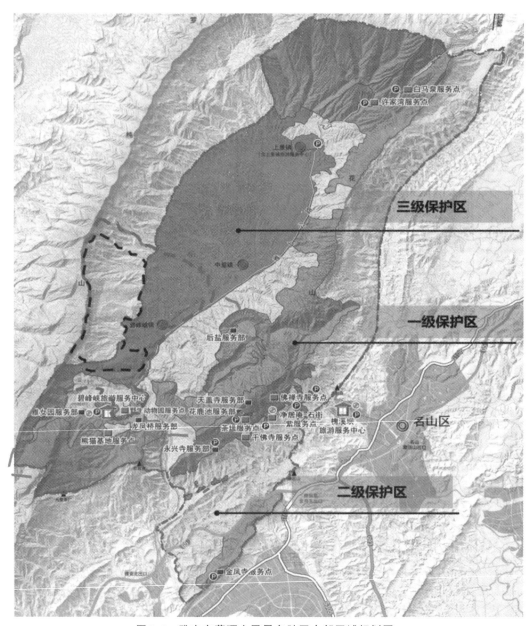

图2-3 雅安市蒙顶山风景名胜区内部区域规划图

注:一级保护区只开展观光游览、文化体验、生态观光活动,旅游服务设施以游赏道路、标识设施、安全防护设施为主,严格禁止建设与风景游览、保护无关的建筑物,严格控制外来机动交通进入;二级保护区严格保护区内的风景资源不受破坏,可以开展以观光游览、文化体验、娱乐休闲为主的游览活动;三级保护区包括游览服务区和村镇建设协调区,游览服务区可设置交通、游览、餐饮、购物、娱乐、住宿、医疗等服务设施,村镇建设协调区可按照相关城乡规划进行有序建设。

三、森林康养的定义及发展历程

(一)森林康养的定义

森林康养的理念已被很多人接受,并在国内引起广泛关注,特别是在当前我国经济转型升级背景下,森林康养有着巨大的市场空间和商业机会。近年来,森林康养领域的学术成果数量激增,关于森林康养资源的人体保健效果和森林康养地建设方面的研究,国内学者也进行了积极的探索实践。

我国首届森林康养年会提出森林康养是以森林对人体特殊的功效为基础,依托丰富的森林生态景观、优质的森林环境、健康的森林食品、浓郁的森林文化等主要资源,结合中医药健康养生保健理念,辅以相应的养生休闲及医疗服务设施,开展利于人体身心健康、延年益寿的森林游憩、度假、疗养、保健、养老等服务活动的统称。

狭义的森林康养定义为:森林康养是以优质的森林资源和良好的森林环境为基础,以健康理论为指导,以传统医学和现代医学相结合为支撑,开展以森林医疗、疗养、康复、保健、养生为主,并兼顾休闲游憩和度假等一系列有益人类身心健康的活动(见图2-4)。广义的森林康养定义为:森林康养是依托森林及其环境,开展的维持和恢复人类健康的活动。

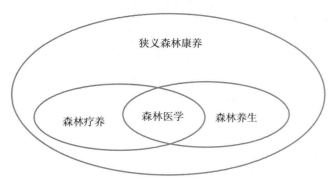

图2-4 森林康养与森林疗养、森林医学、森林养生的关系

(二)森林康养旅游发展历程

从森林康养旅游起源来看,现代山地疗养旅游概念形成于18世纪末19世纪初,而森林康养的研究始于19世纪中叶。19世纪40年代,德国在巴特·威利斯赫恩的小镇,针对"都市病"和"慢性病"人群,创造了以水和森林为基本元素的"自然健康疗法"。通过疗养,接受疗养的人群的生理指标有了显著的改善,健康状况也随之好转。欧洲森林康养以德国为中心并迅速发展起来。1982年,日本首次提出"森林浴"的理念,通过借鉴苏联先进的芬多精技术,结合德国的森林疗法,针对国民开展了大量森林健身活动,初步证实森林浴对人类健康的好处,并大力推广。同年,韩国提出建设自然休养林,随后成立"韩国森林疗法论坛"研究小组,聚集各个学科专业人才,为验证森林对人类身体健康产生益处打下基础。这两个国家的做法标志着亚洲地区也开始关注森林

养生领域。2005年,日本以12名男性作为研究对象,通过实验的方法,对森林浴进行指标检测,研究表明森林浴可增强人体抗癌能力。这一研究迈出了从传统行为向用科学证明森林康养科学性的重要一步。2005年韩国制定《森林文化·休养法》,并成立了自然休养林管理所,形成了相对完善的基地体系和服务系统。2007年,日本成立森林医学研究会并形成森林医学产业。自此,森林康养在亚洲的发展日臻成熟并系统化。

对于我国而言,森林康养旅游是一个新兴的旅游模式。20世纪80年代后,国家森林公园在全国各地开始被确立和设置。在森林公园体系布局逐步完善的过程中,国家采取了一系列行之有效的手段,支持围绕森林的旅游、休闲、疗养等产业发展。经过相关产业基础的发展与积累,2015年,四川省在全国率先提出"森林康养"概念。与此同时,国内很多学者都参与到森林康养旅游研究中来,对森林康养旅游概念、产品及模式等进行了深入研究,特别是以吴楚材教授、吴章文教授为代表的中国森林学科专家,率先提出了有关森林生态旅游的学术概念,为森林康养旅游的发展奠定了坚实基础。

2016年,我国森林康养基地建设列入国家林业发展"十三五"规划,全国共36家单位入选第一批全国森林康养基地试点建设单位名单。往后每一年森林康养基地试点建设单位逐年增加,呈持续上升趋势。

2018年,中国林业产业联合会发布了第四批全国森林康养基地试点名单,海南省3家单位入选、河南省15家单位入选。2019年,中国林业产业联合会发布了《关于公布2019年全国森林康养基地试点建设单位的通知》,确立了5家单位为全国森林康养基地试点建设市,33家单位为全国森林康养基地试点建设县(市、区),23家单位为全国森林康养基地试点建设乡(镇)。2021年,我国确定了3家单位为国家级全域森林康养试点建设市,18家单位为国家级全域森林康养试点建设县(市、区),31家单位为国家级全域森林康养试点建设乡(镇),134家单位为国家级森林康养试点建设基地,37家单位为中国森林康养人家。

知识活页

《中国国家地理》"选美中国"中的十大"中国最美森林"

慎思笃行
Shensi Duxing

我国成为全球生态治理典范　全球新增绿化面积四分之一来自中国

记者从国家林草局获悉,最新公布的《2022年中国国土绿化状况公报》显示,我国已拥有森林面积2.31亿公顷,森林覆盖率超过24%。最近10年,我国累计造林9.6亿亩、森林抚育12.4亿亩,成为全世界森林资源增长最多最快的国家。据国外机构统计,全球新增绿化面积中,有四分之一来自中国。

新中国成立之初,我国森林面积仅有8000多万公顷,森林覆盖率仅有8.6%。沧海桑田的变化,来自几十年来一代一代群众的接续奋斗。尤其是近年来,我国坚持不懈走绿色发展之路,"三北"防护林、天然林保护、京津风沙源治理等一系列重大工程和行动计划接续开展、不断强化。

在内蒙古,天然林保护工程使这里的森林资源得到恢复性增长,国家重点保护野生植物毛披碱草等新种群在多地发现;在黑龙江,天然林资源全面停止商业性采伐,近2000万公顷的天然乔木林得到休养生息,十八大以来,全省累计完成营造林117.5万公顷,森林面积增长3.4%,一些早已销声匿迹的野生动物再度跃入人们的视野……

最新统计显示,截至2020年底,仅天然林保护工程这一个项目,就累计减少天然林采伐3.32亿立方米!在保住森林精华的同时,在过去20余年中,我国两轮大规模退耕还林还草实现配套荒山荒地造林和封山育林3.1亿亩。如今,我国森林资源面积居世界第5位,人工林面积多年来稳居世界之首。

喜人绿色在中国广袤大地上不断延展,林海生金,正在变为现实。

曾经是水土流失较严重的地区之一的陕西延安,"绿色革命"使全市森林覆盖率从1999年的33.5%提高到2022年的53.07%,"森林城市"名副其实;在湖南湘西等地,林药、林果、林旅等林下经济、绿色经济,正在让村民们从"绿色银行"中受益……

10年来,国家储备林建设也为大地增绿做出了突出贡献:截至目前,我国累计建设国家储备林9200多万亩,工程建设区总蓄积增长2.7亿立方米。"十四五"期间,国家储备林还将建设3600万亩以上,增加蓄积7000万立方米以上。

在一个个绿进沙退、荒原变林海的奇迹背后,离不开科技支撑。经过不断探索,我国因地制宜,走出一条以水定林(草)、量水而行,乔灌草结合、封飞造并举的科学造林之路。目前,我国已全面实行造林绿化任务带位置上报、带图斑下达等工作规范。

我国引领全球绿化事业发展所取得的成就,得到国际社会高度评价。"三北"防护林工程被国际社会赞誉为"世界生态工程之最",成为全球生态治理的成功典范;塞罕坝林场建设者荣获联合国环保最高荣誉"地球卫士奖"。

(资料来源:光明日报,2023-06-22。)

知行合一

任务二　森林康养旅游产品开发

任务描述:
本任务结合前述森林资源的介绍,分析依托于森林的康养旅游活动类型和特点。在此基础上,针对森林康养旅游产品的开发设计进行了具体全面的分析。

任务目标:
了解常见的森林康养旅游活动及其特点;熟悉森林康养旅游产品的类型及其对应的旅游客群行为倾向;理解森林康养旅游产品的设计原则。

一、森林康养旅游的功能与内容

(一)森林的康养功能及资源要素

具体来说,森林的康养功能基于空气、温度、湿度、噪声四个方面。

空气净化:森林是大自然的"肺",树木通过光合作用吸收二氧化碳、释放氧气,有效地净化空气。森林还能释放大量的负离子,其对人体有益,能够增强免疫力、缓解疲劳、提高睡眠质量等。

温度调节:森林能够减少地表的日照时间,从而降低气温,创造一个凉爽舒适的微气候。

湿度调节:森林中的植被可以增加空气的湿度,为人体提供一个湿润的环境,有助于呼吸系统健康。

噪声减少:森林的树木和地面的植被能有效吸收和散射声波,降低噪声,为人们提供一个安静的休闲环境。

森林内可开发利用于康养旅游的资源要素主要有以下几类。

自然地貌:森林中的山脉、丘陵、谷地为游客提供了登山、徒步、探险的机会,高原、悬崖、峡谷等地貌也为各种类型的户外活动提供了基础。

天象与物候:在不同的季节,森林展现出不同的魅力。秋季的红叶、冬季的雪景、春季的花海、夏季的树荫等都是康养旅游的卖点。

动植物资源:不同类型的树木、草本植物、花卉、鸟类等,营造了视觉、听觉、嗅觉的优化体验,提供了认知、观赏的机会。一部分植物、微生物可以用于餐饮烹饪,还有一些植物、微生物可以药用,如人参、灵芝等。

(二)森林康养旅游活动

结合森林旅游资源,特别是适合森林康养的旅游资源,可以开展多种森林康养旅游活动,常见的有以下几种。

1.森林徒步与登山

森林徒步与登山是感受森林魅力的较为直接的方式。徒步与登山活动允许游客深入森林的内部,欣赏宁静的自然风景,同时锻炼身体,呼吸新鲜空气,听取鸟鸣和溪流声,这些都对身心健康有益。

2.森林冥想与瑜伽

在森林中进行冥想与瑜伽锻炼是一种放松身心的绝佳方式。大自然的声音和氛围有助于人们更容易进入冥想的状态,同时与大自然的连接使得瑜伽练习更为高效。

3.药材采集与学习

一些森林地区富含药材资源,游客可以在当地导游或药材师的指导下学习、体验和采集药材,进一步了解它们的药用价值和功效。

4.森林SPA与按摩

结合当地的自然资源,如温泉、泥浆、药材等,为游客提供放松的SPA和按摩体验。

在森林环境中,这种体验更为放松、独特。

5.野营与星空观测

森林为游客提供了与大自然更为亲近的住宿体验,夜晚在帐篷中仰望星空,感受大自然的壮丽和宁静。

6.动物观察与生态摄影

对于摄影爱好者来说,森林是一个充满灵感的拍摄地点。无论是雾气缭绕的清晨,还是阳光穿透叶片的午后,都提供了无数拍摄机会。许多森林地区都是野生动物的栖息地,游客可以带上望远镜和相机,悠然地观察和拍摄各种鸟类和野生动物。

森林康养旅游不仅仅是一种旅游方式,更是一种与大自然和谐共生、追求身心健康的生活方式。各种活动旨在帮助游客放松心情,缓解压力,与大自然更加亲近,从而获得真正的身心康养。在快节奏的现代生活中,这种与大自然的深度连接对人们的身心健康具有不可估量的价值。

(三)森林康养旅游的食宿

1.住宿层面

1)自然融入型住宿

树屋:结合森林的自然环境,提供在树上或树旁住宿的体验,让游客与自然更亲近。

木屋:使用天然的木材建造的住所,体现简约、环保和自然的风格。

帐篷与野营:为喜欢户外的游客提供野外露营的机会,让游客更贴近大自然。

2)健康养生型住宿

空气净化:使用天然材料进行室内装修,减少室内污染,还可以放置空气净化植物。

无线电波减少:提供无电波干扰的住宿环境,为游客创造一个良好的休息环境。

疗养设施:如桑拿、SPA、健身房等,增强住宿体验的养生功能。

2.饮食层面

1)有机与天然食品

当地农产品:优先采用当地有机、无化肥和农药的食材,保证食品的新鲜与健康。

野生食材:如野生菌、野果、野山药等,都是森林康养餐饮的特色。

2)药材饮食

药材料理:结合当地的药材,制作具有养生、调理功效的料理。

药材茶饮:使用当地特色的药材或野果制作的茶饮、汤水,既口感良好,又有益健康。

与森林康养旅游活动同理,森林康养的住宿和饮食都强调与自然的和谐共生、追求身体和心灵的健康。通过这些住宿和饮食方式,游客可以更深入地感受森林的魅力,享受真正的放松与养生。

二、森林康养旅游产品的类型与设计

(一)森林康养旅游产品的类型

森林康养旅游产品可以根据旅游客群年龄和健康程度、产品内容的侧重点等进行分类。分类后就可以有针对性地开发产品。

1. 按旅游客群年龄和健康程度分类

从旅游客群年龄看,不同年龄阶段的人群对森林康养的需求和偏好是不一样的,森林康养旅游产品可分为少儿型、青年型、中年型和老年型四个层次。

少儿型森林康养旅游产品更多偏重对森林和环境的认知,培养游客良好的"三观";青年型森林康养旅游产品更多偏重森林运动、森林体验等;中年型森林康养旅游产品更多偏重森林休闲、森林体验和森林辅助康养等;老年型森林康养旅游产品更多偏重森林养生、健康管理服务和森林辅助康养等。

从旅游客群健康程度看,森林康养旅游产品可以分为健康类、亚健康类和康复类三个层次。健康类森林康养旅游产品更多偏重在"康"上面,即通过开展诸如森林观光、森林运动、森林体验等活动,维持身心的健康;亚健康类森林康养旅游产品介于"康"和"养"之间,即在"康"的基础上,通过适度的"养"来修复身心,达到身心健康的状态;康复类森林康养旅游产品则主要偏重在"养"上面,即主要通过森林疗养、森林康复等活动来恢复身心健康。

2. 按产品内容的侧重点分类

从产品内容的侧重点来看,森林康养旅游产品可以分为森林主导康养、森林运动康养、森林体验康养、森林辅助康养、森林康养科普宣教、健康管理服务六种。

(1) 森林主导康养。森林主导康养是指以森林自身良好的环境和景观为主体,开展的以森林生态观光、森林静态康养为主的康养活动,让游客置身于大自然中,感受森林和大自然的魅力,陶冶性情,维持和调节身心健康。具体产品如森林观光、森林浴、植物精气浴、空气负离子呼吸体验、森林冥想和林间漫步等。

(2) 森林运动康养。森林运动康养是指游客在优美的森林环境中,主动地通过身体的运动,来增强机体的活力和促进身心健康的康养活动。具体产品如丛林穿越、森林瑜伽、森林太极、森林定向运动、森林拓展运动、山地自行车、山地马拉松、森林极限运动、森林球类运动等。

(3) 森林体验康养。森林体验康养是指游客通过各种感官感受和认知森林及其环境、回归自然的康养活动。森林体验康养主要包括森林食品体验(康养餐饮、森林采摘)、森林文化体验(森林体验馆、康养文化馆)、回归自然体验(森林探险、森林烧烤)、森林休闲体验(森林露营、森林药浴)、森林住宿体验(森林康养木屋、森林客栈)等。

(4) 森林辅助康养。森林辅助康养是指针对亚健康或不健康的游客,依托良好的森林环境,辅以完善的人工康养设施设备,开展的以保健、疗养、康复和养生为主的康养活动。具体产品项目如森林康复中心、森林疗养中心、森林颐养中心、森林养生苑等。

（5）森林康养科普宣教。森林康养科普宣教主要是指为游客开展森林知识、森林康养知识普及，以及养生文化和生态文明教育等活动。具体产品项目如森林教育基地、森林野外课堂、森林体验馆、森林博物馆、森林康养文化馆和森林康养宣教园等。

（6）健康管理服务。健康管理服务主要是指为游客开展健康检查、健康咨询、健康档案管理等健康服务活动。具体产品项目如健康检查评估中心、健康管理中心等。

（二）各类森林康养旅游产品的目标受众和作用

森林康养旅游产品可以根据其特色、功能和目标受众进行分类，不同森林康养旅游产品有不同的目标受众和作用。

1. 休闲度假型

目标受众：都市工作繁忙的职场人、家庭游客、老年人。

作用：提供一个远离城市喧嚣、与大自然亲近的环境，让游客放松身心、恢复元气，如森林木屋度假、SPA桑拿疗养、野外野餐等；通过优美的景观和轻松的活动达到心情放松、愉悦的效果，如森林景观、森林音乐、森林温泉等。

2. 健身锻炼型

目标受众：运动爱好者、需要体能恢复的人群。

作用：通过各种户外活动，如徒步、登山、自行车骑行等，锻炼身体，增强体魄；同时，新鲜的森林空气有助于提高心肺功能，对慢性疾病具有一定的疗效，适合开发静态疗愈项目，如空气负离子养生馆、植物精气养生馆、森林心理咨询室等。

3. 冥想与心灵修炼型

目标受众：压力大的都市人、心灵追求者、需要放松和调整的人群。

作用：在安静的森林中进行冥想、瑜伽、呼吸练习等活动，通过文化体验来修身养性，以实现心灵的宁静和身体的舒适，有助于调整心态，净化心灵，达到身心和谐。

4. 药材与饮食疗养型

目标受众：身体亚健康、需要调养的人群；对药材和食疗感兴趣的人群。

作用：利用当地的药材和有机食材，为游客提供健康饮食，达到调理身体、增强免疫力的效果。

5. 探险与挑战型

目标受众：年轻人、探险爱好者、团队建设参与者。

作用：提供野外生存训练、森林定向越野等活动，供游客挑战自我，增强团队协作能力，同时培养对自然的尊重和保护意识。

每种康养旅游产品类型都有其特定的目标受众和作用，但无论哪一种，它们都旨在让游客在享受大自然的美景和新鲜空气的同时，获得身心的放松和修复。结合多种旅游要素，为不同的人群提供定制化的康养服务，不仅能够满足市场的多样化需求，还能为旅游目的地带来更好的经济效益。

(三)森林康养旅游产品的设计

1.森林康养旅游产品的特点

森林康养旅游产品以绿色为底色,强调对自然环境的保护和尊重,最大限度地保留原生态系统,将森林资源、生态环境、酒店服务、天然食品等作为主要载体和依托,提供以修身养性、静心禅定、调适机能为目的的游憩度假、疗养康复、养生保健、休闲运动等一系列有益于身心健康的森林康养活动。其核心的特点是通过融入自然,调整身心状态,提升生活质量。

2.森林康养旅游产品的设计原则

(1)保护至上,绿色开发。森林资源首先是一种自然资源,因此在开发的同时必须坚持保护至上的原则,进一步促进旅游的可持续发展,达到森林资源和人类的平衡共生。自然资源类旅游资源有一定的特殊性,它有其自身的脆弱性,很容易受到人为的破坏,因此一定要坚持保护至上原则,绿色开发。

(2)立足整体,统筹规划。作为一项大众全民参与的新兴旅游产业,森林康养旅游是一项长期的系统工程,不能一蹴而就。我国正处于旅游发展的初级阶段,可以对部分发达国家的先进经验多加学习,做好科学定位,统筹规划发展,促进产业的持续和循环发展。我国人口较多、面积较大,可以以点带面,综合发展。

(3)结合地域特点,突出地方特色。每个地域的森林资源都有其本身的特点和功效,应该立足于森林资源的本身特点进行开发,从而对游客产生持久的吸引力,促进森林康养旅游的进一步发展。突出森林资源修身养性、调节机能、康体保健的作用,结合一些特色或体验类活动,深入挖掘地方历史文化,突出地方特色。

(4)可持续发展原则。森林康养旅游产品的开发设计应以可持续发展为根本前提。相较于普通的休闲度假旅游产品,森林康养旅游产品的参与性和体验性更强,可能会对周围环境产生破坏,因此在旅游区内开发功能型的消费建筑景观时,应注重建筑同自然、人文的和谐统一,秉持森林建筑的可持续发展原则,力求践行建筑生态型发展模式。

(5)以人为本的游乐康体原则。森林康养旅游产品的开发是以人为核心开展的,坚持以人为本的产品设计开发原则是森林康养旅游的本质要求。森林康养旅游旨在依托于森林资源通过健身康体、养颜修身、营养膳食、关爱环境等综合化手段,使人达到身体、精神与自然万物和谐的状态。

知识活页

看德国如何打造全球著名的康养基地"黑森林"

慎思笃行
Shensi Duxing

南川区水江镇乐村:荒郊野岭变康养旅居胜地"落村"变"乐村"

立秋,天气依旧酷热,海拔近1200米的南川区水江镇乐村兴茂度假区里,却是凉风阵阵,游人如织。"这里空气好,又凉快,我们来了就不想回去了。"带上各种生活必需品,家住渝中区的李垚一家,已经在度假区的丛林露营区里露营了近10天。6月以来,这里每天都会接待500多名游客。

乐村片区地处南川区东北部,含长青社区、劳动社区、辉煌村等村居。"乐村以前叫落村,海拔高、交通不便,贫穷又落后。"水江镇党委书记马川介绍,"落村"改名"乐村",寄托着当地村民对幸福安乐生活的向往。

然而,2017年之前,乐村片区的人们依旧难言安乐。

变化,源于南川区利用乐村独特的资源优势,发展森林康养旅游,让曾经的荒郊野岭变成炙手可热的康养旅居胜地,"落村"这才真正变成了"乐村"。

1. 乐村是天然的康养度假胜地

"乐村山区雨淋淋,常在雾中行,山下太阳照,山上烤火不离人。"当地这句话是对乐村片区气候特征最形象的描绘。

乐村片区森林旅游开发建设指挥部办公室副主任冉小平介绍,乐村片区海拔1100米至1400米,夏季平均气温21℃左右,万亩林海环绕,森林覆盖率极高,空气中负离子含量丰富,"乐村是天然的康养度假胜地。目前在建的森林康养项目包括兴茂度假区、山语涧度假小镇、长青康养度假区、归望云湖度假区。"

8月酷热,海拔1200米左右的乐村兴茂度假区,阵阵山风送来凉意,前来避暑的游客络绎不绝。"这里离主城比较近,环境也很好,我们准备呆四五天再回去。"星光草原露营地上,来自沙坪坝区的蒋言正带着女儿搭帐篷。

2. 康养旅游产业带动基础设施不断改善

8月9日傍晚,晚霞映红天际,忙碌了一天后,乐村兴茂度假区的餐饮主管向开秀和同事们信步走在度假区外的马路上。沥青铺就的马路在林间蜿蜒盘行,偶有野生动物快速穿行。

"以前哪有这么好的油路哦,上山都是又陡又窄的小路,从水江镇爬一趟上来要三四个小时。"如今,家住水江镇的向开秀到山上上班,车程仅需十几分钟。

暮色渐浓,路旁新安装的路灯驱散了黑暗,让向开秀和同事们的散步之旅更安心惬意。

"康养旅游产业的发展,也带动了当地基础设施的不断改善。"乐村兴茂度假区副总经理叶建华说,2017年9月到乐村片区考察项目时,这里还只有泥泞的机耕道通行,"走上来花了一个多小时,弄得两腿都是泥。"

如今,水江镇到乐村已是全程沥青路面,从山下到山上所有路段的路灯也已安装完成,护坡、护栏、标识等设备也正在完善中。

不仅如此,占地3.48亩的乐村水厂也已建成投用,日供水能力2000立方米,不仅能为区域内的旅游度假区提供安全饮用水,乐村当地的所有农户也全都接入了自来水。

"我们还建设了污水处理厂,用于处理当地居民和度假区日常产生的生活污水。"冉小平介绍,污水处理厂一期设计处理能力为每天3000立方米左右,二期将扩容至5000立方米。此外,乐村片区的电力、燃气、通信等相关设施也将进一步完善。

"听说过几年水江镇还要开通高铁站,那我们出去就更方便了。"当地居民曾德开满是憧憬。

3.康养旅游发展提供了更多的就业岗位

晚餐后,乐村兴茂度假区的宴会厅里,服务员瞿久敏正忙着收拾餐桌。

"我以前在广州打工,现在家乡旅游发展起来了,给我们提供了更多的就业机会,我就回到了乐村。"瞿久敏已经在度假区工作3年了。

"在这边上班感觉很舒服,环境好,离家又近。"今年28岁的梁玉,2020年到乐村兴茂度假区工作,主要负责室内运动场、真人CS等场所的管理与维护,每个月收入为3000元左右。

"70多名员工,至少一半都是乐村片区的村民。"乐村兴茂度假区策划经理赵国林说。

"我家就在水江镇上,在接待中心当吧台服务员,一个月能有3000元。"29岁的曹珊玥已经在乐村山语涧度假小镇工作了1年。

长青森林康养项目中,也有50多名员工是当地人。

"乐村康养旅游的发展不仅为当地村民提供了更多的就业岗位,也促进了农家乐的发展。"冉小平介绍,乐村旅游度假区美丽的自然风光吸引着游客们纷至沓来,有了源源不断的客源,当地的农家乐也在逐步发展壮大。统计数据显示,如今的乐村片区已有近20家农家乐。

4.康养旅游发展带动了农产品的销售

"从城里来农家乐吃饭、住宿的客人都说我们自己种的蔬菜瓜果好吃,天然无公害,走的时候还要带一些回去。"8月8日上午,周进一边在厨房里忙着给客人准备晚餐,一边和记者聊着,"游客多了,我们的农产品不仅不愁销路,价格还翻了好几倍。"

周进介绍,以前村里种老品种苞谷,只能卖苞谷粒,"一亩地产苞谷粒500多斤,一斤一块钱,还要自己挑到镇上,费时费力不赚钱。"如今,村里种植的是新品种的糯苞谷,"糯苞谷整个卖,亩产2000斤左右,一斤卖两块五,在村里就被买完了。"

此情此景,让叶建华不由得想起2019年发生的一件事情。那时,乐村片区的开发还未成形,来的人也不多。

那天,叶建华在兴茂度假区外遇到了一位挑着两筐桃子的村民。

"老乡,你这桃子要挑到哪里去卖?一斤好多钱?"

"要挑到水江去卖哦,看十块钱三斤卖得脱不?"

"我就尝了一个,桃子真是又新鲜又好吃。"突然,叶建华想起当天有一个登山活动在乐村举行,来了许多人,"何不让村民把桃子挑到现场去卖?"

于是,在叶建华的引导和建议下,村民将桃子挑到了活动现场,并按每斤五元销售。让村民没想到的是,两筐桃子不到半小时就销售一空。

"这件事情说明,康养旅游的发展能够实实在在地带动农产品的销售。"冉小平介绍,如今长青社区老娃坪有一个临时农产品交易中心,当地村民种养的各类瓜果蔬菜、鸡鸭鱼肉深受游客和度假区居民的喜爱,"每天有50多位村民在现场销售,前来选购的游客更是络绎不绝。"

(资料来源:重庆日报,2022-08-10。)

任务三　森林康养旅游的产品案例分析

任务描述:

本任务结合背景资源介绍,给出典型森林康养旅游目的地案例资料并剖析其内在结构与逻辑。

任务目标:

立足实际运用,全面和整体理解森林康养旅游产品体系。

一、案例目的地简介

黑龙江省伊春市位于小兴安岭腹地的汤旺河流域,是我国较大的国有林区之一,森林覆盖率高达83.4%。伊春市是我们国家的绿色宝库,素有"祖国林都"之美称。坐落于伊春市西岭林场的宝宇森林生态小镇是国家4A级旅游景区和国家级森林康养基地。

宝宇森林生态小镇集住宿、餐饮、温泉、篝火、狩猎、垂钓、豪华宴会等功能于一体,由黑龙江宝宇房地产开发(集团)有限责任公司按照国家4A级旅游景区标准倾力打造。宝宇森林生态小镇距伊春市中心38千米,距伊春机场60千米,距哈尔滨约250千米(见图2-5)。

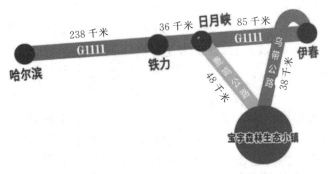

图2-5　宝宇森林生态小镇与省内部分地区的交通联系

伊春属北温带大陆性季风气候,年平均气温1℃,气温偏低;无霜期110～125天,无霜期短。一年四季分明,春季一般为四月、五月两个月,夏季一般为六月至八月,秋季一般为九月、十月两个月,冬季一般为十一月至翌年三月。四季气候特点:春秋两季时间短促,冷暖多变,升降温快,大风天多;夏季温湿多雨;冬季寒冷漫长,降雪天较多。伊春市气象数据如表2-1所示。

表2-1　伊春市气象数据

月份	平均高温/℃	日均气温/℃	平均低温/℃	平均降水量/毫米	平均降水天数/天
1月	−14.5	−22.4	−29.1	4.8	8.4
2月	−7.8	−16.7	−24.5	4.8	6.1
3月	0.7	−6.8	−14.4	10	6.6
4月	11.5	4.6	−2.0	23.3	9.4
5月	19.4	12	4.4	50.6	12.5
6月	24.4	17.7	11.1	109.3	15.7
7月	27.1	21	15.5	151.9	15.7
8月	25	18.7	13.6	145	15.5
9月	19	11.8	6	74.5	13.5
10月	9.8	2.8	−2.9	33	9.6
11月	−2.4	−9.0	−14.7	11.6	7.9
12月	−12.6	−18.2	−24.9	8.2	9.6
全年	8.3	1.3	−5.2	627	130.5

二、目的地旅游资源与产品分析

宝宇森林生态小镇分为观山景区、林下景区、映山湖景区、国际医养中心和呦麓农场五大区域(见图2-6)。

宝宇森林生态小镇的建设背景和基础设施的转型是相辅相成的。这一区域由广阔的林地和部分湿地组成,地势和缓,分布有小型山丘,具备良好的生态环境和自然景观。

小镇所属的西岭林场,森林类型是以红松为主的针阔叶混交林,主要树种有红松、云杉、冷杉、兴安落叶松等,特别是红松占比很高,一派郁郁葱葱的景象。林地间野生动物物种亦很丰富,含兽类18科67种,鸟类49科274种;国家一级保护动物10种,国家二级保护动物54种。

在过去,这片土地是一个功能单一的林场,主要聚焦于木材的生产和采集。随着旅游业的发展,林场经历了一系列转型,使得这里不仅是一个木材生产基地,更成为集生态、旅游和文化于一体的综合性区域。在转型的过程中,物资运输系统和基础设施得到了升级和维护,保证了运输效率和生态安全。

图2-6 宝宇森林生态小镇内部旅游开发区域图

改造后的基础设施包括更新的道路、更高效的物流网络以及其他公共设施,这些都为宝宇森林生态小镇的建设和发展提供了坚实的基础。利用这些设施,小镇能更好地保护自然资源,实现生态与旅游的和谐发展。

小镇的建设充分考虑了生态保护和可持续发展的需求。林地和湿地的自然环境得到了维护和保护,生态系统的多样性和稳定性得以保持。同时,通过合理的规划和管理,小镇也提供了一系列旅游和休闲活动,吸引游客体验自然之美,实现经济和生态的双重效益。

旅游活动与旅游体验:经营森林穿越、垂钓泛舟、萌宠乐园、儿童森林拓展、热气球林海观景、卡丁车、射箭场、蹦床等多种项目。

森林体验民宿:温馨舒适、静谧雅致的森林体验民宿;有着马鹿、梅花鹿、野猪、狍子等几十种动物;西岭野生动物繁育基地;集科技饲养、有机种植、农场体验、观光游乐于一体的呦麓农场。除了这些,小镇还专门设立了国际医养中心、医养度假公寓、弥漫着有药理效果的植物精气的康养步道,加上负离子含量高的空气……可以充分体验到"行到水穷处,坐看云起时"的唯美意境。

当地特色饮食:雪猪火锅。特色的宝宇雪猪肉色红脂白,有着完美的雪花纹理,精排如松、里脊如羽、五花成泉,色香味无一不精。烫煮之下,汤底清香,辣而不火,肉质鲜嫩顺滑。

专门的康养活动区域:依托康养度假园区、森林康养体验基地、森林温泉酒店、康养食疗餐厅,开发森林浴、森林冥想、森林瑜伽等森林康养产品,以"深呼吸、深睡眠、深度游"为特色,提供丰富的森林康养旅游体验以及个性化森林康养旅游服务,建设具有高品质服务的森林生态旅游度假区。

项目小结

本项目深入探索了森林康养旅游的特点,分析了其基础资源、形态及要素,从中整理出一套系统的理论框架。在此基础上,根据特定的地理和资源条件,介绍其多样化的森林康养旅游产品类型,以及与之对应的目标市场和功能。以宝宇森林生态小镇为案例,结合环境影响和生态保护原则,进行初步的森林康养旅游产品项目评估和策划。

项目训练

一、简答题

1. 次生森林与原始森林主要有哪些不同?
2. 请举例说明森林在听觉、嗅觉上能提供给康养旅游者的资源要素。
3. 请运用线上搜索手段,查找不同类型森林康养住宿在国内具体森林景区、基地的应用。
4. 请分析大城市中未婚年轻人群体和40~50岁中年群体分别有可能参与哪些类型的森林康养旅游活动。

二、能力训练

根据教材内容和方法,请你自己选定区域开展森林康养旅游产品设计。

选择题

项目三
气候康养旅游

项目描述

通过学习,了解气候康养旅游相关知识及常见气候康养旅游种类、特点及功能;能够结合目的地资源,评价气候康养旅游项目以及进行基本的内容策划。

学习目标

知识目标

1. 了解气候的定义、类型及分布。
2. 了解气候康养的概念及功能。
3. 了解气候康养旅游的内容和特点。
4. 了解气候康养旅游产品的类型与设计。

能力目标

1. 能够准确描述气候康养旅游产品的类型及形式。
2. 能够辨析目的地是否具备气候康养旅游地建设要素,以及其分布和呈现的特点。
3. 能够结合典型案例简要评价和策划不同类型的气候康养旅游项目。

素养目标

1. 具备科学的环保意识,能理解人类活动对自然环境的影响,并主动承担起保护环境的责任。
2. 具备创新能力与探索精神,能够不断探索和接受新的环保技术和方法,为绿色生态发展贡献自己的力量。

知识导图

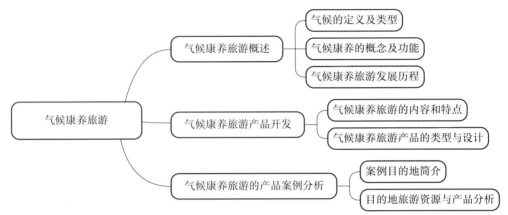

 项目引入

气候作为自然界的基本要素之一,在塑造地球环境和维系生态平衡中发挥着举足轻重的作用。随着全球气候变化的日益显著和人类生活方式的变迁,气候对人类健康的影响愈发受到重视。近年来,人们对健康生活的追求不断提高,气候康养旅游应运而生,成为了公众享受优质环境、追求健康生活的一种新兴需求。

特定的气候条件,通过适宜的自然环境,可以对人体健康产生积极影响:在身体健康方面,某些气候条件可以减轻或避免一些环境引起的健康问题,如过敏和呼吸道疾病;在心理健康方面,宜人的气候条件能有效降低压力和焦虑,提升心理健康水平。此外,适宜的气候还能促进身体活动,提高人们的生理健康水平。

同时,气候康养旅游的发展还与当下的全球环境议题密切相关。随着全球气候变暖、环境污染加剧等问题的出现,人们越来越意识到健康旅游的环保意义。气候康养旅游不仅为人们提供了一种健康、可持续的旅游方式,也推动了环境保护和气候变化适应策略的实施。

任务一 气候康养旅游概述

任务描述:
本任务对气候康养旅游相关概念、中国气候类型及分布、气候要素及其康养功能,以及气候康养旅游的发展历程进行全面的介绍。

任务目标:
了解气候康养旅游相关概念,熟悉我国各地气候类型及特征,掌握气候康养旅游的资源要素及功能,掌握气候康养旅游发展的意义,能准确描述国内及国外气候康养旅游的发展历程。

一、气候的定义及类型

(一)气候的定义

气候是指一个地区大气物理特征的长期平均状况,包括气温、光照、降水、湿度、气压以及风速风向等,这些要素的组合构成了人们赖以生存的气候环境。人体健康与气候密切相关,有的疾病会因气候条件不利而诱发或加重,有的疾病会因气候环境改变而好转或痊愈。

(二)中国气候类型及分布

我国是一个地域辽阔、经纬度跨越较大的国家,各地的气候条件各不相同。

1.北方地区气候类型

我国北方地区的气候是显著的季风性气候。在这种气候类型的影响下,夏季通常高温多雨,冬季寒冷干燥。此外,北方地区的年降水量在夏季尤为集中,约占总降水量的三分之二。受到季风的影响,北方广大地区气温的年较差较大。与同纬度世界各地相比,这里的冬季气温较低,夏季气温较高。这种气温变化的情况与季风的活动密切相关。此外,相比于我国的其他区域,北方地区具有全年四季分明、天气多变的特征。随着纬度的增高,北方地区的气温变化幅度相应增大,而降水量则逐渐减少。这一趋势在东北地区尤为明显,因而这些地区的温带季风气候和温带大陆性气候特征更加显著。

2.西北地区气候类型

我国西北部大部分地区是典型的温带大陆性气候,这类地区的气候特点是终年受大陆气团所控制,干旱少雨。由于远离海洋,水汽来源较少,因此降水稀少,且多集中在夏季。在温带大陆性气候下,冬季和夏季的气温差异很大,气候变化大。在一些地区,冬季严寒,夏季炎热,气温年较差和日较差都很大。比如在新疆的塔里木盆地,夏季温热,冬季寒冷,诞生了"早穿皮袄午穿纱,围着火炉吃西瓜"的民谚。

3.南方地区气候类型

我国南部地区的气候类型以热带、亚热带季风气候为主。这里的气候特点是一月份均温在0℃以上,冬季温暖湿润,夏季高温多雨,四季分明。在南方沿海以及滇南地区,一月均温高于15℃,长夏无冬,年降水量大于800毫米,降水主要集中在下半年,雨季由南向北变短。南方地区的气候类型是受季风环流和海洋影响的结果。在夏季,季风环流使得海洋的暖湿气流吹向陆地,带来了高温多雨的天气。在冬季,冷空气南下,使得南方地区的气温较为温和。这种季风气候使得南方地区的植物生长茂盛,生态环境多样化。南方沿海地区受海洋的影响,降水较多,湿度大,云量也多,全年温暖湿润。

4.青藏地区气候类型

我国青藏地区的气候类型主要为高山气候和寒冷干旱气候。这一地区的气候受海拔高度影响明显。在高海拔的影响下,青藏高原全年气温偏低,气温年较差和日较差都很大。冬季寒冷严酷,温度常常低于0℃;夏季温和,但由于紫外线辐射强,白天阳光直射使得气温升高。青藏高原的降水量受季风和地形影响也较大。青藏高原的气候还表现为空气稀薄、氧气含量低。这里的天气多变,一天之内可以经历从春到冬的四季变化。由于地形复杂,气候类型也表现出垂直分布的特点。随着海拔的升高,气温逐渐下降,植被和生态也随之改变。

二、气候康养的概念及功能

(一)气候康养的概念

气候康养是以地区或季节性宜人的自然气候(如阳光、温度等)条件为康养资源,在满足康养消费者对特殊环境气候的需求下,配套各种健康、养老、养生、度假相关产品和服务,形成的综合性康养业态。

(二)气候要素及其康养功能

气候影响健康的要素,是通过气温、气压、湿度、光照、空气负离子等要素进行的。

1.气温

人体体感温度受湿度、风速等多种因素的影响,与实际环境的温度不太一致,体感最舒适的温度在四季也略有差别。在夏季21~26℃是人体体感最舒适的气温,在冬季18~23℃是人体体感最舒适的气温,具体见表3-1。

表3-1 人体冬夏季体感温度表

夏季		冬季	
温度/℃	人体体感舒适状况	温度/℃	人体体感舒适状况
<15	很冷,无法忍受	<4	很冷,极不舒适
15~18	冷,需加衣服保持体温	4~8	冷,很不舒适
18~21	较冷,可适当添加衣服	8~13	凉,不舒适
21~26	凉快,最舒适	13~18	凉爽,较舒适
26~30	热,不舒适	18~23	舒适,可接受
30~35	很热,需空调或风扇散热	23~29	温暖,可接受
>35	极热,人体可能中暑或生病	29~35	暖热,不舒适

2.气压

人体对气压的变化一般都能很好地适应,但短时间内气压发生较大的波动则会导致不适。气压一般随地势高度上升而下降,当气压下降时,大气中的氧分压、肺泡的氧分压和动脉血氧饱和度都随之下降,导致人体发生一系列生理反应,如呼吸急促、心率加快等。人体对气压的适应伴随一系列组织无氧代谢能力的加强,对人体具有一定的锻炼作用,可提高机体的适应和代偿能力,调整某些疾病的病理变化过程。

3. 湿度

在冬季,相对湿度过高时,人体感到阴冷潮湿,极不舒适,易患感冒、风湿等疾病;而相对湿度过低时,人体感到干冷,皮肤容易发生皲裂等疾病。在夏季,相对湿度过高时,人体感到闷热难耐;而相对湿度较低时,人体感到暴热。人体相对舒适的湿度在55%~75%。

4. 光照

光照变化对人体生化、视觉和心理有明显影响。光照能促进维生素D的合成,维生素D能促进钙、磷的吸收,促进骨基质钙化,预防骨质疏松和佝偻病。阳光中的紫外线能增强机体的新陈代谢,对调节细胞繁殖起到关键性作用。红外线可以促进细胞增长,使人血管扩张、血流加快,改善组织的营养状况,有消炎镇痛之功效,并使人精神愉快。不同颜色的光照,则会激发人产生不同的情绪体验,青绿色光有镇静作用,蓝紫色光有抑制作用,红橙色光有兴奋作用。

5. 空气负离子

空气负离子是一种带负电的微粒,被称为"空气维生素""长寿素",有镇静、催眠、降低血压等作用,同时能有效缓解头昏脑涨、疲倦胸闷等症状。在森林、瀑布等空气环境较好的地区,空气负离子含量高,人会感到心情舒畅。

三、气候康养旅游发展历程

早在19世纪中叶,以巴黎医院、海伦堡大学医院、阿姆斯特丹大学医院为代表的欧洲医疗机构就已经开始将气候环境作为一种重要的辅助手段,用于治疗慢性疾病和帮助病患康复。经过历代医疗专家长期的探索、研究和临床试验,这一方面取得了一定的临床效果。无独有偶,我国的中医学典籍《黄帝内经·素问》中也记载了许多关于气候与养生的内容。其中有一段论述"高者其气寿,下者其气夭",意思是说居住在高山上,处于高山环境中的人,由于有较好的气候条件,相对比较长寿。这与现今的高山康养科学理论十分相符,也表明了气候环境对人类健康的影响是不可忽视的。

而现代意义上的气候康养旅游的发展历程可以追溯到20世纪,当时一些发达国家开始意识到气候环境对健康的影响,并开始探索如何在气候适宜的地区开展健康旅游。随着人们对健康和生活品质的要求不断提高,在欧美日韩等发达国家和地区,气候康养旅游逐渐成为一种新兴的旅游形式,并得到了越来越多的关注和快速的发展。

德国是欧洲较早探索并应用气候疗法的国家之一。从1840年开始,德国就将森林气候与漫步方式相结合,用于疾病患者的康复治疗。随着时间的推移,这种疗法逐渐发展完善,并得到了广泛应用。目前,德国的旅游和气候相关行业协会在全国自然环境和气候条件良好的地区遴选并认证了51个气候疗养基地,这些基地都经过了严格的认证和审核，从根本上确保其符合相关的卫生和安全标准。这些基地不仅拥有优美的自然环境，还配备了各种先进的康复设施和专业的医疗团队，可以为患者提供全方位、多维度的康复治疗服务。凭借舒适的旅游体验，这些基地吸引了越来越多的游客，为当地经济发展做出了巨大的贡献。

在气候资源上，我国部分地区四季错峰，既可以避寒也可避暑，具有得天独厚的优势，适合发展气候康养产业，不但可以为当地带来更多的经济收益，也有助于满足更多人的康养需求，进而实现"健康中国"的伟大目标。与此同时，气候康养这一概念的理论基础来自我国传统气象医学，我国也逐渐形成了专门研究天气、气候变化对人群健康、疾病影响的新兴交叉科学。古人认为，长时期处于气候良好的环境中，有利于维护人的身体健康。近年来，一些城市和地区开始推出以气候康养为主题的旅游产品和活动，吸引着越来越多的游客前来体验，为当地带来了不小的经济收益，并且创造了许多就业岗位，提高了人民群众的幸福感。

在这样的时代背景下，我国政府对气候康养产业的发展给予了大力支持。多个地区已经建立起了气候康养旅游基地和养老服务中心，提供多样化的气候康养服务和产品，以满足不同人群的需求。此外，我国各地政府还颁布了一系列的文件，如《海南省康养产业发展规划（2019—2025年）》等，旨在加强对气候康养产业的规范和引导，推动其健康发展。在各界人士的共同努力之下，我国的气候康养产业取得了一定的成绩。例如，2021年浙江省气候中心公布了首批40个"浙江省气候康养乡村"，评估推荐主体为浙江境内气候优越、生态优良、空气清新、配套设施较完善，适宜发展休闲旅游、康体养生的乡镇或景区，为当地带来了巨大的经济效益。

随着人们对健康重视程度的不断提高，以及医疗技术的不断发展，气候疗法将会越来越受到关注。未来，通过进一步探索气候疗法在不同领域的应用，中国将为人类健康事业做出更多的贡献。

知识活页

德国弗赖堡市气候康养旅游的发展

慎思笃行
Shensi Duxing

海南五指山市、保亭县利用气候资源发展绿色产业

气温舒适、空气清新，这是海南五指山市、保亭黎族苗族自治县（以下简称保亭县）给人的第一印象。

近年来，当地利用优越的气候资源，开发形成旅游、康养、气候品质产品等绿色产业，探索出一条将气候资源转化为产业优势的路径。

走进海南热带雨林国家公园五指山片区，栈道入口处的电子屏上，实时显示负离子和空气质量状况。沿着木栈道前行，公园内绿树参天，溪水清澈见底。

五指山市近年来森林覆盖率近90%，生态环境质量持续保持全省领先水平,空气质量指数连续6年排名全省第一。五指山市气象局局长梁宝龙介绍,基于五指山市优异的气候禀赋,气象部门成功助力五指山市创建了"中国天然氧吧""中国气候宜居城市(县)"等国家级的气候生态品牌。

同处于五指山山脉延伸范围内的保亭县,2021年成功申报海南省首个"气候康养市(县)",2023年荣获"中国气候宜居城市(县)"称号。据介绍,保亭县年平均气温为20.7℃至24.5℃,2022年空气质量优良天数比例为99.1%。"气候是保亭优质的生态资源。对于保亭这座生态山城而言,良好的生态环境是发展的最大本钱、最大优势和最大品牌。"保亭县委书记穆克瑞说。

宜人的气候,吸引了不少人来保亭县和五指山市康养。据保亭县副县长吕妍介绍,去年11月,保亭县入选生态环境部"绿水青山就是金山银山"实践创新基地,"下一步,保亭将继续探索生态产品价值实现路径"。

依靠优质气候条件,五指山市茶叶种植成为特色产业。在五指山市水满乡毛纳村一家茶园里,当地特有的大叶茶片叶油亮、青翠欲滴。茶园基地负责人王大彬说:"今年的销售收入,比去年增长了85%。"2022年9月,五指山市气象局、海南省气候中心、五指山市农业农村局联合为水满乡大叶茶颁发"农产品气候品质认证"优级认证书。有了气候"特色招牌",大叶茶知名度大大提升。

五指山市委书记朱宏凌告诉记者,五指山市七大产业发展都与五指山优质的气候资源息息相关,比如旅游业、茶叶种植、热带水果培育等,"我们坚持生态立市,大力探索将优质气候资源进一步转化为绿色发展增长极"。

(资料来源:人民日报,2023-08-08。)

知行合一

任务二　气候康养旅游产品开发

任务描述:

本任务对气候康养旅游的内容和特点、气候康养旅游产品的类型与设计进行全面介绍。

任务目标:

了解气候康养旅游的内容和特点,掌握气候康养旅游产品的类型与设计。

一、气候康养旅游的内容和特点

(一)气候康养旅游的内容

对中国来说,气候康养虽然是一个新概念,但人们追求气候康养的行为早已有之,"候鸟式生活""候鸟式养老"就可以看作气候康养的范畴。

关于中国气候康养的基本情况,《中国康养产业发展报告(2018)》中的一篇分报告《2018年中国康养产业发展的环境评价报告》以康养环境50强县(市)为观察对象,围绕气温、湿度、海拔、日照、空气质量五项指标,进行过如下分析。

1.气候差异与季节性旅游

以避暑为特色的夏季气候康养地多位于山区,如浙江湖州的莫干山,有明显的立体气候,光、热、水从山顶至山底呈现垂直变化,在七八月山下高温酷暑、山上凉爽如秋。另外,以东三省为代表的高纬度地区,尽管综合旅游气候舒适度不高,但由于夏季凉爽舒适,吸引了大量避暑人群。

以避寒为特色的冬季气候康养集中于以广东、广西、海南为代表的东南沿海地区。据统计,每年到海南过冬的"候鸟老人"约有45万人,温暖湿润的气候、清新的空气、良好的生态环境可以有效提高人体免疫力,对老年人常见的慢性病能起到缓解和康复作用。

2.地形差异与康养活动

(1)高原康养。在基于空间特征的康养分类中,高原康养是被关注较多的概念。海拔较低的高原地区(1500~2500米)可以增强心肺功能,增强人体耐力,改善人体内环境,从而达到健康养生效果。在我国海拔较低的高原地区,气温季节变化小,冷暖适中;云雨多,利于避暑;植被较好,空气清新;气压较低,可增强人的呼吸功能;空气中含有大量负离子,能促进新陈代谢,强健神经系统,提高人体免疫力。

(2)山地康养。我国山地景观丰富多样,且多样化的民俗足以支撑"文旅+康养"联动,可以开展诸如山间温泉、山间瑜伽、山间文化养生等活动。在康养环境50强县(市)中,近九成呈现出典型的山地地形特点。

(3)丘陵康养。依赖于丘陵特殊的景观和生态环境,丘陵康养以农业种植、生态体验为主。在康养环境50强县(市)中,如广东省的徐闻县、遂溪县,浙江省的开化县、安吉县、宁海县,以及江苏省的溧阳市等,多属丘陵地形,都探索出了一条茶与康养结合的道路。

3.日照与阳光康养

阳光是可以防治慢性病的天然资源,日照时长、日照强度等因素深刻影响着人体各项机能。从日照指标来看,康养环境50强县(市)中排名第一和第二的分别是四川省的西昌市和米易县,都位于青藏高原东南端,每年冬天都会吸引超过10万名"候鸟老人"到此过冬。

总体来说,中国幅员辽阔,气候条件复杂、气候类型多样,有丰富的气候康养资源,但对这一切的利用目前都还处于萌芽状态,还有待康养从业者精心灌溉,使其发展壮大。

(二)气候康养旅游的特点

如前文所述,气候康养旅游是一种新兴的旅游形式,其特点在于将旅游与健康、养生相结合。这种旅游形式受到了越来越多游客的关注和喜爱,尤其是在环境优美的自然景区,游客可以更好地感受气候康养旅游带来的舒适和愉悦。

1.气候康养旅游注重旅游过程中的健康和养生

游客可以在旅游过程中享受到清新的空气、宜人的气候等自然环境的益处。例如,海滨城市青岛就以其优美的自然环境、湿润的气候而备受游客青睐。气候康养旅游还可以让游客在旅游过程中学习到健康养生的知识和方法,如中医保健、膳食调理等,从而更好地关注自身健康。

2.气候康养旅游具有明显的季节性和地域性

不同的季节和地域有着不同的气候特征和养生功效,因此气候康养旅游的旅游时间和旅游地点的选择也尤为重要。例如,冬季寒冷干燥,游客可以选择到南方温暖湿润的地方度假,如海南三亚、云南西双版纳等;而在高温多雨的夏季,游客可以选择到清凉宜人的山地景区避暑,如黄山、庐山等。

3.气候康养旅游注重旅游体验的综合性

游客在旅游过程中不仅可以享受到美丽的自然景色和宜人的气候,还可以参加各种丰富多彩的旅游活动。例如,游客可以参加瑜伽、太极等健康养生活动,或者参观当地的医疗保健场所和文化古迹等。这些活动不仅可以让游客更好地了解当地文化和风俗习惯,还可以让游客在旅游过程中得到更全面的体验和享受。

二、气候康养旅游产品的类型与设计

(一)气候康养旅游产品的类型

1.基于节气文化的气候康养旅游产品

二十四节气是我国古代劳动人民在对黄河流域的天象、气候、物候要素进行观察、总结的基础上建立起来的用于指导农事的补充历法。在长期的历史演变中,二十四节气作为农耕时代的生产和生活指南,逐步从黄河流域扩展到更广阔的大地上,其内涵也随着历史的发展而不断更新和丰富,演变出起居、饮食、运动等方面的民俗活动和健康理念。日出而作、日落而息的生活节奏体现着对自然时间和生命节律的尊重,"春夏养阳、秋冬养阴"是节气养生的思想宗旨,每个节气都有对应的时令美食,通过食物调养脾胃、保持身体的阴阳平衡,同时根据身体条件和季节特点进行适当的锻炼也是其中蕴含的哲理,古人将此与人体气血运行规律相结合创制出传统节气养生法。二十四节气养生法历史悠久、相传至今,具有调理身心、康养保健的功效,集中体现出与节气文化相映照的康养理念,是中医理论与运动实践相结合的典范。这些实践表达与诗词、书画、歌谣、故事传说等形式丰富的文艺作品共同构成节气文化的丰富内涵。

节气文化具有丰富的康养内涵和表现形式,但由于时代的发展以及保护意识不强,当今人们对其的了解不够深入和全面,为保护与传承这一优秀传统文化带来了挑战。将节气文化与人们的康养需求相结合,发展以体验性的产品和活动为表现形式的康养旅游是一条探索性的、有效的保护路径。2016年11月,二十四节气被列入联合国教科文组织人类非物质文化遗产代表作名录。2020年12月,中国农业博物馆联合51家联盟成员单位共同发起组建二十四节气保护传承联盟,联盟有效整合全国研究和保护传承二十四节气的资源力量,形成工作合力,搭建开放共享合作平台。各方本着优势互补、资源共享、协同发展的原则,共同推进二十四节气保护传承。

2.基于季节的气候康养旅游产品

季节与人类的生活生产密不可分,四季更替以及起始时间的提前或延迟都在不同程度地影响人类以及其他动植物的生存。人类在生活中习惯以常规的统计法来划分四季,一般1月为最冷月,7月为最热月,故以公历3—5月为春季、6—8月为夏季、9—11月为秋季、12—2月为冬季。但是以统计法划分的四季并不适合每个地区,以统计法的冬季起始月为例,北方城市哈尔滨12月的平均气温可低至-21℃,南方城市三亚12月平均气温可达21℃,两个城市12月的温差可达42℃。前者已是隆冬,后者则秋春相连,并无冬季。

根据气候对人体健康的影响,研究者将气候条件划分为消极压力因素、积极刺激因素和积极保护因素等。气候疗法(或气候康养)就是让人体处于积极保护因素和积极刺激因素的气候环境下,避免消极压力因素影响,由此调节身心、消除疲劳、矫治疾病、增强体质,进而促进人体健康。以海南省为例,在冬季大批北方老年人飞往海南"猫冬",直接置入类似春秋季节的气温环境中,来年北方实际入春后再返回。这种效仿候鸟趋利避害的差异化旅居养生、健康养老生活方式被越来越多的老年人认可,逐渐成为中国老年人寻求健康养老的一种时尚生活方式。

3.基于人体舒适度的气候康养旅游产品

随着我国旅游业供给的全面优化升级,在"全民大健康"的背景下,生活节奏较快的城市居民往往希望能在居住地附近选择一个风景优美、气候舒适的地方进行休闲康养旅游。因此,基于体感舒适度的气候康养旅游产品也逐渐出现。

以陕西东南部的商洛市为例,其夏季平均气温仅23.4℃,较西安低2~3℃,且商洛年均高温日(日极端最高气温≥35℃)约6天,而西安一般有20天左右。商洛气温日较差比西安大,在夏季更有利于保障夜间睡眠质量。同时,商洛夏季降水充沛,相对湿度较高,多伴随轻风,有利于疏散人体热量,因而商洛的夏季气象条件具有良好的避暑康养效果,相关康养旅游项目发展态势良好。

(二)气候康养旅游产品的客群

气候康养旅游产品的主要客群有老年人群、追求高品质生活的人群、亚健康人群和疾病人群(见图3-1)。

1.老年人群

老年人群是气候康养旅游的一个重要客群。这是由于随着年龄的增长,老年人的身体机能逐渐衰退,疾病频繁,相比于年轻人,老年人群体需要更多的健康养生和保健措施来保持身体的健康。与此同时,随着经济的发展和居民收入水平的提高,老年人大多有一定的养老金,具备较高的消费能力,这使得他们更有可能选择通过旅游来达到保健和养生的目的。而相比于其他的养生保健方

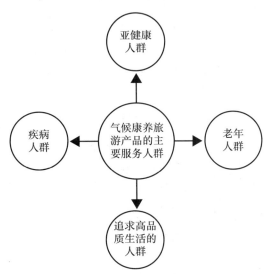

图3-1 气候康养旅游产品的主要客群分布

式,气候康养旅游是一种融合了健康、养生和旅游的全新方式,它充分利用旅游目的地的气候、森林等自然环境的有益因素,能够给予老年人心旷神怡的旅游体验,帮助他们舒缓内心的压力。与此同时,康养旅游目的地通常充分结合专业的医疗保健服务,能够为游客提供全方位的身心健康服务,如温泉疗养、按摩、理疗等。此外,老年人还可以参加各种有益身心的活动,如瑜伽、冥想、散步等,从而提高体验感。故此,气候康养旅游对于老年人而言具有巨大的吸引力。

2.追求高品质生活的人群

追求高品质生活的群体近年来成为康养旅游的潜在客群。随着我国经济的突飞猛进,人民群众的收入不断提高,健康意识也不断增强,人们已经具备了消费康养产品的物质基础。在康养旅游过程中,游客可以享受到优美的自然环境、清新的空气、健康的美食,参与丰富多彩的文化活动等。这些对于乐于享受生活的人群而言,都是非常有吸引力的。针对这一群体,康养供给更多是围绕教育、体育、旅游、美容、养生以及心理咨询等方面展开,如健身赛事、康复医疗、中医药疗养、亚健康防治、美体美容、心理诊疗等相关产品与服务。

3.亚健康人群

时代的发展带给我们方便快捷生活的同时,也给人的健康造成了危害。人们工作压力大,生活节奏快,甚至有熬夜、食用垃圾食品的习惯,亚健康已经成为极为常见的身体问题。权威营销咨询机构光华博思特2021年发布的《中国人健康大数据》显示,有70%的中国人有过劳死危险,76%的中国白领处于亚健康状态。世界卫生组织(WHO)公布的数据显示,中国亚健康人口高达10.5亿人。亚健康状态会对人体产生

多种危害。具体地说,亚健康是大多数慢性非传染性疾病的病前状态,如恶性肿瘤、心脑血管疾病和糖尿病等,人体一旦从亚健康状态转入这些疾病,将会产生较大的危害,严重地缩短人的寿命。此外,亚健康状态会显著影响工作效能和生活、学习质量,甚至危及特殊作业人员的生命安全,如高空作业人员、竞技体育人员等。亚健康人群由于身体状况欠佳,想要获得更加健康的身体,可以选择通过康养旅游来调节身体状态,改善健康状况。

4.疾病人群

疾病人群也是气候康养旅游产业的一大客户,这是由于气候与人体的身体状况密切相关。在气候康养旅游过程中,旅游目的地如果能够时刻保持与人体相适宜的气候,则有助于帮助疾病人群保持健康、愉悦的心情,让其能够勇敢地面对病情,加速身体恢复健康的进程。

(三)气候康养旅游产品的开发设计原则

1.尊重自然

习近平总书记指出:"我们既要绿水青山,也要金山银山。宁要绿水青山,不要金山银山,而且绿水青山就是金山银山。"有些地区为了获得较大的经济收益,在开发设计气候康养旅游产品时,往往会急功近利,通过暴力化的方式手段进行开发,对当地的自然环境造成了严重的破坏。如果长此以往,不加节制地开发,必然会导致当地的气候条件不再具有康养的价值,这无异于饮鸩止渴,与可持续发展的理念背道而驰。所以,我们应当汲取此类地区的教训,在开发设计气候康养旅游产品的过程中,积极践行"两山"理论,尊重自然环境,保护生态健康,合理利用资源,确保旅游活动与自然环境的和谐共生,保证气候康养旅游的可持续发展,给子孙后代留下绿色资源。

2.健康至上

美国思想家拉尔夫·沃尔多·爱默生指出:"健康是人生的第一财富。"气候康养旅游产品的核心是促进游客身心健康,因此产品的设计应该以满足游客的健康需求为首要目标,包括提高身体素质、减轻精神压力、调节身体机能等多方面。为了达到这一目标,气候康养旅游产品的设计应当注意以下几点。第一,明确气候康养旅游产品的健康目标。这可能包括改善心肺功能、减轻压力、提高免疫力等。目标应当具体、可量化,以便对产品的效果进行系统全面的评估。第二,科学技术是第一生产力。在产品设计和开发阶段,进行充分的科学研究是必不可少的环节,应当围绕产品的健康效果以及如何利用气候因素达到这些效果进行科学合理的探索与分析,确保使用的方法和结果是经过科学验证的,从而使产品更加具有说服力。第三,在游客旅游过程中,收集游客的反馈是非常重要的。通过分析游客的反馈,可以了解产品的实际效果以及可能存在的问题。这些信息可以帮助改进产品,使气候康养旅游产品更好地满足游客的需求。此外,为了保证游客的安全,产品设计应当保证游客了解如何正确地使用产品,以及在出现潜在问题时如何寻求帮助。因此,为游客提供相关的教育和培训是必要的,这不仅可以帮助游客更好地利用产品,还可以增强游客对产品的信任。第四,设计开发部门应当积极与专业医疗机构合作,从根本上确保产品的健康和安全标准得到严格遵守,同时可以从专业医疗机构那里获得宝贵的关于产品设计和开发的专业意见。

3. 因地制宜

如前文所述,气候康养旅游产品的重要特点是利用气候条件为游客提供舒适的环境和体验,因此,开发气候康养旅游产品必须对当地的自然环境进行细致的考察和了解。考察内容包括但不限于地理位置、地形地貌、气候变化、自然资源等,在考察之后,要撰写完善的考察报告,并以报告内容作为主要依据,设计与当地实际情况相契合的康养产品。

4. 多元化服务

游客的社会背景不同、兴趣爱好不同、康养需求不同、受教育程度不同,如果采用"一刀切"似的康养方式,则无法满足游客多样化的实际需求,不利于康养产业的发展。故此,气候康养旅游产品应该能够为游客提供更加多元化的服务,此类服务包括但不限于健康餐饮、健身运动、按摩理疗、音乐疗愈、文化交流等多种类型,使游客可以根据自己的兴趣和需求自由地选择和搭配。

5. 安全第一

在设计开发气候康养旅游产品的过程中,安全是首要考虑的因素,也是至关重要的一环。以下是一些关于如何履行安全第一原则的具体建议。第一,做好风险评估:在规划、设计气候康养项目之前,应对项目所在地的自然环境、气候条件、设施设备等诸多方面进行全方位、多维度的风险评估,识别出可能存在的自然灾害、安全隐患、健康风险等,并制定相应的应对措施,避免对游客造成不必要的伤害。第二,强化安全设施:根据风险评估结果,增加相应的安全设施,如防雷击设施、防滑设施、紧急救援设施等,确保游客生命健康安全不受损害。第三,持续改进和完善:一个地区开发气候康养旅游项目,不是一朝一夕之功,而是一个漫长而曲折的过程,需要根据实际情况不断改进和完善;在此过程中,要不断收集反馈信息,发现存在的安全问题,及时采取措施加以改进。

6. 注重创新

著名企业家马克·扎克伯格曾经指出:"创新是颠覆现状的力量,它改变世界的方式。"开发设计气候康养旅游产品,应当时刻秉持创新精神,以求为游客提供更加舒适、安逸的康养旅游体验。具体来说,可以采取下列措施。第一,贴合市场动态变化:要了解目标市场和目标客户的最新需求偏好,做到产品动态精准投放。第二,创新体验:考虑如何通过天气和温差的体验来吸引游客。这些活动可以让游客在放松身心的同时,更好地了解当地的文化和自然环境。第三,利用科技:通过科技手段来增强旅游体验也是一种趋势。例如,可以使用智能手环等可穿戴设备来监测游客的身体状况和运动数据,为他们提供个性化的服务。第四,融合当地文化:将当地文化融入旅游产品是一种非常有效的方式。因此,可以组织以气候特色为基础的时令、节令文化活动。

知识活页

避暑胜地——庐山

慎思笃行

从旅游到旅居——六盘水以"凉"破题掀起避暑经济发展热潮

六盘水以"凉"破题,做足避暑经济文章,推动旅游、住宿、餐饮、文化等行业融合发展。从"以气候引人"到"以气候留人",让"旅游"变"旅居",是因势而为,更是乘势而上。

作为全国首个以气候特征闻名的城市,"中国凉都"六盘水有着得天独厚的避暑功能。这个夏天,聚集食、住、行、游、购、娱多元业态于一体的水城古镇接地气、聚人气,引来无数游客流连忘返。

一条条石板路连接着一栋栋别具特色的古楼,点缀在青山绿水的古镇里,在满墙绿植的映衬下,别具风味。盛夏的晚风穿过阡陌交错的街道,喧嚣的古镇有了另一种静,游客们从民宿走出,漫步在青石板路上,肆意捕捉凉都夏日的清凉。

"从7月中旬起房间的入住率就稳定在80%以上,以来自四川、广西的游客为主,线上与线下同频预订,我们收获了十足的人气。"水城古镇茗雍阁客栈前台工作人员介绍。

观光旅游蓬勃发展,休闲旅游异军突起。与观光旅游所追求的"多走多看"不同,休闲度假者往往在一个地方停留较长的时间,以体验原居住环境所没有的异质化生活方式。当休闲成为常态,旅游就成为一种休闲方式,在气候优势的加持之下,六盘水乡村休闲旅游开始成为一种风尚,而乡村旅居就成为一种生活方式。

"村里面现在有二十几家民宿,大部分来自省外的游客都提前通过电话订好了房,在'凉'资源的带动下,大家都吃上了'旅游饭'。"钟山区月照街道双洞村党支部书记杨睿说。

六盘水相关部门提供的数据显示,1月至6月,该市接待国内过夜游客251.42万人次,同比增长19.45%;该市11家星级旅游饭店共计接待游客20.52万人次,综合收入8025.3万元,平均出租率52.26%,同比增长12.40%。

六盘水借贵州民宿经济崛起之势,给予了游客更多旅行体验,也滋生了"凉"经济的"热"发展。

"我在凉都想有一个家",随着2023房地产交易展示会召开,六盘水让旅居式生活变得更为具象。"通过市房地产协会组织参展企业,根据不同地区消费者的需求,向来到六盘水纳凉避暑的游客推出不同户型、不同价位的项目,满足来自全国各地的不同群体在'凉都想有一个家'的消费需求。"六盘水市住房和城乡建设局党组书记、局长谷立新说。

政府搭台、企业唱戏、以旅促房、以展促旅,六盘水多方发力,变游客"流量"为"留量"。

2023年,六盘水一举夺得"2023中国候鸟式养老夏季栖息地适宜度指数"第一名,并入选"中国生态旅行·避暑度假推荐榜"第四名。当年1月至7月,六盘水商品房销售面积完成109.84万平方米,增速9.3%,房地产开发投资完成43.19亿元,增速22.9%,随着源源不断的客流涌入,各区县的房地产交易展示会遍地开花,房地产市场活力十足。

以"凉"破题,以"住"解题,从"旅游"到"旅居"的转变,六盘水把特有的气候优势转化为拉动消费的经济优势,旅游市场持续释放消费潜力,成为当地经济高质量发展的新增长极。

(资料来源:贵州日报,2023年08月23日。)

任务三 气候康养旅游的产品案例分析

任务描述:
本任务结合背景资源介绍,给出典型气候康养旅游目的地案例资料并剖析其内在结构与逻辑。

任务目标:
立足实际运用,全面和整体理解气候康养旅游产品体系。

一、案例目的地简介

攀枝花1965年建市,是全国唯一以花命名的城市,享有"花是一座城,城是一朵花"的美誉。全市行政区域面积7414平方千米,是川西南滇西北现代化区域中心城市。攀枝花位于川滇交界处,是凉山、昭通、楚雄、大理、丽江五市(州)的几何中心,与五市(州)首府直线距离均在200千米左右,所处的川西南滇西北区域面积广阔、资源富集、潜力巨大。攀枝花被列为全国性综合交通枢纽、生产服务型国家物流枢纽承载城市,新成昆铁路以及丽攀、攀大(攀枝花境)等多条高速公路建成通车,以攀枝花为中心的2小时经济圈逐步呈现(见图3-2)。

20世纪60年代,攀枝花因特殊的地理位置和丰富的矿产资源,被国家列为三线建设的重中之重,成为新中国首批资源开发特区。攀枝花也是国家森林城市和国家园林城市,被纳入国家现代农业示范区、全国首批特色农产品优势区、全国立体农业示范点和"南菜北调"基地,是四川唯一的亚热带水果生产基地,盛产各类特色"攀果"和早春蔬菜。

2022年,国家气候中心正式授予攀枝花市"中国气候宜居城市"称号。"中国气候宜居城市"包括气候禀赋、气候风险、生态环境、气候舒适性、气候景观五大类42项客观指

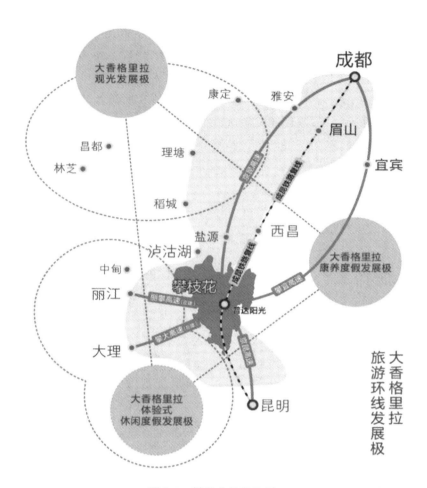

图 3-2 攀枝花地理位置

标。在整个考评体系的指标中,攀枝花绝大多数指标都比较靠前,一些指标完全可以用"一枝独秀"来形容:攀枝花市冬暖夏凉,四季如春,冬无严寒,即使最冷月,月平均气温也达到了12.9℃(见表3-2)。同时,攀枝花夏季与全国大部分地区错峰,攀枝花的高温期在5月至6月,当一些地区进入盛夏时,攀枝花已迎来雨季凉爽天气。因此,相比其他城市,攀枝花全年的不舒适日数要少很多,有着极大的避寒避暑优势。同时,攀枝花市生态环境优良,森林覆盖率达62.38%,空气质量优良率达98%,空气清新,水资源丰富、水质优良,气候康养宜居禀赋和康养生态环境禀赋高,康养宜居优势明显(见图3-3)。

表3-2 攀枝花冬季气温与周边城市比较　　　　　单位:℃

月份	攀枝花	西昌	丽江	大理	成都	重庆	昆明
12月	12	9	5	8	7	8	8
1月	13	8	5	9	5	5	10
2月	16	11	7	10	7	8	9

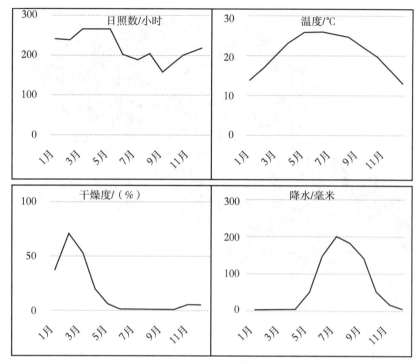

图 3-3　攀枝花气候数据

二、目的地旅游资源与产品分析

普达阳光国际康养度假区位于攀枝花市仁和区,占地面积9平方千米,坐落在山谷地带,高差变化大,景观视野开阔壮丽。作为大攀西阳光度假旅游目的地的重要组成部分,普达阳光国际康养度假区在四川十大精品旅游线路中占有重要地位,是香格里拉文化与生态旅游线和攀西阳光康养旅游线上的重要支撑节点。

普达阳光国际康养度假区是一个实践气候康养科学和气候休闲理念的典型。整个度假区被郁郁葱葱的树木和缤纷的花卉环抱,营造出一种远离城市喧嚣、回归自然的安逸环境。度假区提供个性化的康养方案,将传统的水疗、按摩与现代的生物技术和营养咨询相结合。

项目整体规划分为四大板块:阳光游乐板块、滨湖康养板块、山地度假板块以及健康运动板块(见图3-4)。各板块均以攀枝花气候康养的光照和温度为支撑,构建了"康养＋游乐""康养＋养老""康养＋农业""康养＋医疗""康养＋休闲""康养＋运动""康养＋教育""康养＋旅居"的八大服务体系。

第一大板块——阳光游乐板块。该板块结合常年充足的光照所提供的自然条件基础,建设了300亩阳光花海景观门户区、两座风车广场,以及民俗文化村、普达芒果乐园,同时配备普达养生度假村、养老护理院、十方养生会馆。此区域打造建设"康养＋游乐"的大型主题乐园。

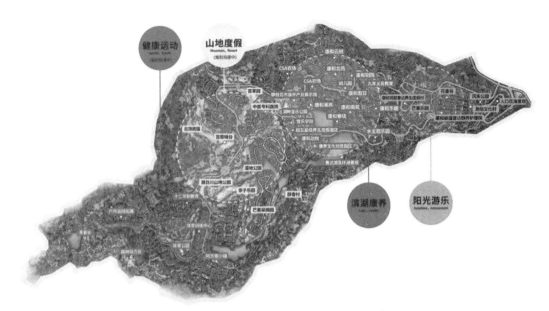

图 3-4　普达阳光国际康养度假区四大板块

第二大板块——滨湖康养板块。该板块是主要围绕 300 亩普达湖整体打造的以滨湖康养为核心的智慧康养社区。引入约 500 万立方米天然活水水源入湖，湖水最深位约 30 米，通过水生植物、浮游生物、鱼虾自然繁殖，构建自然生态链，并通过上普达水库、中普达水库持续蓄水，使普达湖完全达到水资源平衡，实现调节区域小气候的目的。湖区内涵盖了自然五行康养、4D 健身康养、全龄化康养三大康养系统，全方位给人们带来愉悦与健康，形成"康养＋养老""康养＋农业""康养＋教育""康养＋旅居"的核心服务体系。

第三大板块——山地度假板块。该板块基于四季舒适的体感温度，设计建造 1 个酒店、1 所中医专科医院和 1 个中草药博览公园；已与国际知名酒店深度合作，打造五星级别墅式康养度假酒店；同时，已与成都中医药大学、四川省人民医院、攀枝花市中心医院、攀枝花市第五人民医院等洽谈合作，计划建设 1 座中医专科医院。此外，千亩中草药博览公园，是集中草药种植、采摘、加工、保健品开发、博览于一体的大型中草药博览公园。此区域实现"康养＋医疗""康养＋休闲"的服务体系。

第四大板块——健康运动板块。该板块依托落差较大的山体区域，以运动健体为主题，打造了户外运动大本营、户外探险项目、体育训练中心，满足运动爱好者的各种极限体验，以及为国家级体育运动提供越冬训练基地，实现"康养＋运动"的服务体系。

普达阳光国际康养度假区的八大服务体系提供出生、幼儿期、青年期、成年期、老年期全生命周期的大健康服务，包含健康管理、照护服务、中医养生、生命科技研究、社区医疗、智慧康养、教育培训、旅游度假、社区配套，为度假区人群提供全生命周期的康养服务，实现全龄、全时、全域的康养度假新生活。

项目小结

气候康养是以气候资源条件为依托,以康养旅游为目的,提供完善的配套服务与康养设施,让旅游与养生相辅相成的一种新兴特色旅游活动。气候康养旅游产品主要有基于节气文化、基于季节和基于人体舒适度的气候康养旅游产品等类型。二十四节气是千古传承、弥足珍贵的精神文化财富,是特色鲜明的民俗精华。随着智慧平台及视频推文等方式的出现,推介旅游产品,收集市场反馈并调整升级,提升产品质量与品牌形象,塑造具有特色的气候康养旅游产品的需求巨大,气候康养旅游市场将飞速发展。

项目训练

一、简答题

1. 从发展规划角度看,气候康养旅游在发展过程中要注意的问题有哪些?
2. 气候的变化对康养旅游有什么影响?
3. 四川攀枝花为什么会成为气候康养旅游胜地?

二、能力训练

请以河南省登封市的气候康养旅游产品为例,从产品定位、产品资源和产品特色等方面对其进行全面深入的分析。

选择题

项目四
田园康养旅游

项目描述

通过学习,了解田园康养旅游的概念、发展模式和背景,田园康养旅游产品设计的一般规律,以及如何提供高质量的田园康养旅游产品和服务。

学习目标

知识目标

1. 了解田园康养旅游的基本概念和发展模式。
2. 了解田园康养旅游的背景。
3. 了解田园康养旅游产品的内容、特点及分类。

能力目标

1. 能够准确描述田园康养旅游的基本概念。
2. 能够掌握田园康养旅游项目的建设要求。
3. 能够结合典型案例简要评价不同类型的田园康养旅游项目。

素养目标

1. 具备较高的人文素养,了解中国传统田园文化,能够向游客传播田园文化和康养理念。
2. 具备创新思维素养,能够结合市场需求和游客需求,创新康养旅游产品和服务。

知识导图

项目四　田园康养旅游

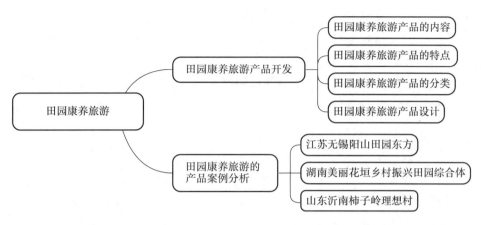

项目引入

田园康养旅游，抒写乡村振兴的"诗与远方"

"采菊东篱下，悠然见南山。"田园，是充满诗意的栖居之所，是每个中国人向往的地方。随着城市化进程的不断加快、人口老龄化与亚健康现象的日趋严重，以及环境污染和食品安全问题此起彼伏，人们对健康养生的需求成为当代市场主流趋势和时代发展热点。渴望逃离城市喧嚣，回归健康悠闲的生活状态，人们的这种需求日益迫切，加之近年来乡村振兴战略的推进如火如荼，田园康养，作为一种可全方面满足多种需求的新型文旅模式走进了人们的视野，得到了极大的关注。

自2017年中央一号文件首次提及"田园综合体"以来，国家陆续出台了一系列相关政策。2018年1月，首批148个国家农村产业融合发展示范园创建名单公布；同年9月，中共中央、国务院印发了《乡村振兴战略规划（2018—2022年）》，提出要推进农业循环经济试点示范和田园综合体试点建设，加快培育一批"农字号"特色小镇，推动农村产业发展与新型城镇化相结合。2021年财政部办公厅印发了《关于进一步做好国家级田园综合体建设试点工作的通知》（财办农〔2021〕20号），明确了田园综合体作为一种可行的旅游开发模式对乡村振兴的重要意义，这也提示人们田园康养在促进乡村旅游发展方面的巨大潜能。在健康中国战略背景之下，休闲度假旅游已经成为带动乡村产业融合、经济发展的重要引擎。"康养+旅游"成为未来乡村休闲度假旅游的新方向，即将迎来发展黄金期。在政策大力支持下，在乡村振兴大背景下，要不断支持盘活乡村闲置资源、发展大健康产业。亚健康、老龄化、城市病、慢性病等社会健康问题阻碍着大多数人前进的脚步。在此背景和需求下，乡村田园康养迎来了发展的大好机会。对于乡村来说，如何才能把握机遇，打造田园综合体，发展好田园康养？

（资料来源：搜狐网，2022-10-17。）

任务一　田园康养旅游概述

任务描述：
本任务对田园康养的概念、田园康养旅游发展模式及背景进行全面的介绍。

任务目标：
了解田园康养的概念，熟悉田园康养旅游发展模式及背景，理解田园康养旅游发展的意义。

一、田园康养的概念

田园康养指的是以田园为生活空间，以农作、农事、农活为生活内容，以农业生产和农村经济发展为目标，回归自然、享受生命、修身养性、度假休闲、保养身体、治疗疾病、颐养天年的一种生活方式。

这里的田园指的是广义的田园，包括整个农村地区，即不但包括农业动植物赖以生存和发展的土地、田园、水域等环境，而且包括农村地区的道路、城镇、集市、村庄、厂矿和其他自然环境，当然，已经用来生产、准备用来生产、可以用来生产，以及能提供满足人们营养需求、品尝需求和原料需求的产品的农业用地是主要的。

农作指的是农业生产和农村经济活动，包括作物栽培、树木栽植、畜牧饲养和水产品养殖与捕捞，以及农产品加工、流通和服务等。

农事指的是农村中除农业生产和农村经济活动之外的其他一切社会事务，包括政治活动、村庄建设、乡风文明和宗教信仰等。

农活指的则是农村中的日常生活，包括食、穿、住、行等。

二、田园康养旅游发展模式

（一）发展田园康养旅游要以乡村为载体

乡村旅游空间广义上可以分为田园、村庄和自然。发展田园康养旅游，要注重三者的有机结合，以田园为主、村庄为次、自然为补充，通过"田园的村庄化和村庄的田园化"，发挥田园的空间载体作用，将村庄和田园融合成一个整体，而单纯地在野外盖上房屋不能算作田园。

(二)发展田园康养旅游要以文化为内涵

发展田园康养旅游,始终要围绕乡村田园文化来打造。依靠乡村丰富的农耕文化、民俗文化和乡村生活,通过丰富的旅游手段,让人们在农作、农事、文化生活中体验到田园康养的乐趣所在。通过自然的农业文化体验项目,最终达到"养生"的目的,而单纯地在庭院里种些蔬菜不能算作田园康养。

(三)发展田园康养旅游要以康体养生为目的

田园康养归根结底还是要康体养生,就是要做到所有的空间设计、体验定位都是为了康体养生这一大方向。其本质也就是让游客在身体上回归自然,享受生命的美好,在心灵上感受自然的舒适,在休闲度假中让自然环境治疗疾病、康复身体,最终达到修身养性的目的。

三、田园康养旅游的背景

(一)社会发展需要

在乡村振兴战略和健康中国战略大背景下,"田园+康养+文旅"模式迎来了黄金发展期。随着经济收入的提高及中等收入人群的增长、带薪休假制度的进一步落实和居民消费结构的变化,原来以观光休闲为主的旅游市场逐渐向以度假居住为核心并结合观光、休闲、体验、养生的度假市场转变。度假时代下,人们不再追求赶景点、忙拍照,而是希望可以尽可能地停留下来,沉淀心灵、享受生活、体验真正的"闲情逸致",最终带来身体的放松与心灵的愉悦。可见,旅游度假的核心价值是游客身心的健康,因此,旅游与健康有着天然的耦合性,两者的结合发展为"田园+康养+文旅"的农康旅融合发展奠定了基础。

(二)国家政策扶持

1.康养相关政策

2016年10月,中共中央、国务院印发的《"健康中国2030"规划纲要》定下明确目标:到2030年,健康服务业总规模达16万亿元。养生旅游作为大健康产业和旅游产业结合的复合型产业,成为新的投资关注点。

2017年5月,国家旅游局等5部门联合印发《关于促进健康旅游发展的指导意见》,指出要依托各地自然、人文、生态、区位等特色资源和重要旅游目的地,以医疗机构、健康管理机构、康复护理机构和休闲疗养机构等为载体,重点开发高端医疗、特色专科、中医保健、康复疗养、医养结合等系列产品,打造健康旅游产业链。这就要把健康服务业从城市里的医疗机构、疗养院,搬到旅游目的地或者生态保护良好的地区,以此来满足人们越来越多的个性化、多层次的健康服务和旅游需求。

2018中央一号文件对实施乡村振兴战略进行了全面部署,从康养的角度来看,其中涉及乡村康养产业发展的趋势、政策、措施。①建设康养基地,发展养老等项目。文件提出,实施休闲农业和乡村旅游精品工程,建设一批设施完备、功能多样的休闲观光园区、森林人家、康养基地、乡村民宿、特色小镇,利用闲置农房发展民宿、养老等项目。②发展休闲农业、旅游养老等服务。文件提出,加快发展森林草原旅游、河湖湿地观光、冰雪海上运动、野生动物驯养观赏等产业,积极开发观光农业、游憩休闲、健康养生、生态教育等服务。

2. 土地相关政策

2015年,农业部等11部门发布《关于积极开发农业多种功能大力促进休闲农业发展的通知》,提出支持农民发展农家乐,闲置宅基地整理结余的建设用地可用于休闲农业,因此在休闲农业的开发建设中要充分利用农民自有住宅、闲置宅基地;鼓励利用"四荒地"(荒山、荒沟、荒丘、荒滩)发展休闲农业,对中西部少数民族地区和集中连片特困地区利用"四荒地"发展休闲农业,其建设用地指标给予倾斜。《国务院办公厅关于推进农村一二三产业融合发展的指导意见》提出,对社会资本投资建设连片面积达到一定规模的高标准农田、生态公益林等,允许在符合土地管理法律法规和土地利用总体规划、依法办理建设用地审批手续、坚持节约集约用地的前提下,利用一定比例的土地开展观光和休闲度假旅游、加工流通等经营活动。2016年中央一号文件指出,支持有条件的地方通过盘活农村闲置房屋、集体建设用地、"四荒地"、可用林场和水面等资产资源发展休闲农业和乡村旅游。

产业促进振兴!广东有个田园康养项目"火了"

任务二　田园康养旅游产品开发

任务描述:

本任务对田园康养旅游产品的内容、特点、分类及设计进行全面的介绍。

任务目标:

掌握田园康养旅游产品的内容,能够清楚了解田园康养旅游产品的特点及分类,掌握田园康养旅游产品产品的设计原则。

一、田园康养旅游产品的内容

(一)与生态环境结合打造田园生态养生

依托项目地良好的气候及生态环境,构建生态体验、度假养生、温泉水疗养生、森林养生、高山避暑养生、海岛避寒养生、湖泊养生、矿物质养生、田园养生等养生业态,打造休闲农庄、养生度假区、养生谷、温泉度假区、生态酒店、地方元素民宿、茶香小镇等产品,形成生态养生大健康产业体系。

(二)与养生养老结合发展田园健康享老

将医疗、气候、生态、康复、休闲等多种元素融入养老产业,发展康复疗养、旅居养老、休闲度假型"候鸟"养老、老年体育、老年教育、老年文化活动等业态,打造集养老居住、养老配套、养老服务于一体的养老度假基地等综合开发项目,带动护理、餐饮、医药、老年用品、金融、旅游、教育等多产业的共同发展。

(三)与体育运动结合打造田园运动康体

依托山地、峡谷、水体等地形地貌及资源,发展山地运动、水上运动、户外拓展、户外露营、户外体育运动、定向运动、养生运动、极限运动、传统体育运动、徒步旅行、探险等户外康体养生产品,推动体育、旅游、度假、健身、赛事等业态的深度融合发展。

(四)与文化休闲结合打造田园文化养心

深度挖掘项目地独有的民俗、历史文化,结合市场需求及现代生活方式,运用创意化的手段,打造利于养心的精神层面的旅游产品,使游客在获得文化体验的同时,能够修身养性、回归本心、陶冶情操。例如,依托民俗资源,打造文化度假区;依托中国传统文化,打造国学体验基地等。

(五)与休闲农业结合打造健康饮食养生

药食同源,是东方食养的一大特色,因此美食养生可以说是健康旅游中至关重要的一项内容。健康食品的开发,可以与休闲农业相结合,通过发展绿色种植业、生态养殖业,开发适宜于特定人群、具有特定保健功能的生态健康食品,同时结合生态观光、农事体验、食品加工体验、餐饮制作体验等活动,推动健康食品产业链的综合发展。

(六)与中医药及现代医学结合打造康疗养生

康疗养生产品主要是以中医、西医、营养学、心理学等理论知识为指导,结合人体生理行为特征,以药物康复、药物治疗为主要手段,并配合一定的休闲活动而开发的康复养生旅游产品,如康体检查类产品。它是医疗旅游开发中的重要内容之一。

(七)与度假居住结合打造田园居住养生

居住养生是以健康养生为理念,以度假地产开发为主导而形成的一种健康养生方式。这种养生居住社区向人们提供的不仅仅是居住空间,更重要的是一种健康的生活方式。除具备建筑生态、环境良好、食品健康等特点,它还提供全方位的康疗及养生设施和服务,并为人们提供冥想静思的空间与环境,达到在恬静的气氛中修身养性的目的。

慎思笃行

云南大理乡村振兴示范园规划介绍

大理市委市政府提出"以农业产业为根,以田园风光为韵,以农耕文化为魂,集农事体验为一体"的建设思路,规划以喜洲古镇为核心向南北两翼拓展,积极推进大理市乡村振兴示范园(喜洲田园综合体)项目建设。本次规划以将大理市喜洲镇打造成独具云南特色、望得见山、看得见水、记得住乡愁的世界级田园综合体、国家级的乡村振兴示范园为目标,开展概念性总体规划设计。

1.代言顶级的中国田园生活方式

世界一流的田园综合体,实际代言的是一种顶级的田园生活方式,但中国还没有一处足以代言中国田园生活方式的目的地。反观喜洲,有三大条件足以使其成为中国田园生活方式的典范。

一是世界级的银苍玉洱琼田,中国理想的"世外桃源"。喜洲位于苍山之下、洱海之畔,茫茫田野中白族古村落点缀其间。在喜洲,既可乐享山水,又可躬耕沃野;既没有喧闹嘈杂,也不会贫瘠艰苦。

二是世界上最好的白族民居建筑群,中国传统建筑艺术的精华展现。喜洲拥有全国建筑艺术水平最高、保存最完整的白族古建筑群,其集儒家礼制精神、白族文化特色、地方建材特点于一身,同时与山水格局呼应,在中国建筑史上独树一帜,以古朴典雅、大方实用、坚固经久著称于世,是一笔珍贵的世界民族文化遗产。

三是苍洱孕育下的"喜"文化,呈现中国传统自然观、人文观精髓。喜洲是汉文化与西南民族文化、外来文化交融融合之地,在温润苍洱的孕育下,形成了"崇敬自然、绿色健康、包容和谐、亲仁善邻、崇文精艺、浪漫乐观"的白族文化,是一种热爱生活的"喜"文化。

基于此,规划提出项目定位为中国田园生活方式典范、世界一流的"喜生活"体验地。"喜生活"的内涵包括:山海生活——乐享苍洱之喜;田园生活——农耕岁食之喜;文化生活——文艺兴盛之喜。

2.基于三类"喜生活"构筑三大生活圈

山海生活圈:一是严格保育生态基底;二是构建"一廊""多节点"的生态景观游憩格局。近期重点打造万花溪生态廊道、海舌湿地节点、龙湖湿地节点。

田园生活圈:一是游(漫游田园);二是学(喜米养成);三是品(慢食庄园);四是养(田园康养)。近期重点打造喜米营造社等六大重点项目。

文化生活圈:一是体验传统文化;二是沉入艺创生活;三是融入在地社群。近期重点打造五街二十四院等六大重点项目,以及建立全年节事体系。

规划空间布局以落实"喜生活"的项目支撑、空间支撑为主线引领,同时贯彻生态优先、有机更新、镇村融合的规划理念。

生活引领:落实山海生活圈、田园生活圈、文化生活圈到空间环线,串联一批主题重点项目,支撑生活方式实现。

生态优先:构建"一廊连山海、绿网入白乡"的生态安全格局,采取"联、渗、优、净"的生态策略,开展生态修复提升,处理好生态保护红线内的村庄拆并问题。

有机更新:以存量微更新为主导,不大拆大建,尊重历史文脉,保护肌理与风貌,按照国土空间规划的政策导向,不突破原土规建设用地规模并争取减量。

镇村融合:将古镇与村落统筹考虑,在产业上实现一二三产融合,在公共设施上实现城乡一体化,在建设实施上实现以镇带村、全面提升。

(资料来源:深圳市蕾奥规划设计咨询股份有限公司,2021-09-10。)

二、田园康养旅游产品的特点

(一)乡村性

乡村性,是田园康养的核心特征,强调的是以乡村为载体,涵盖田园、村庄和自然三大板块。乡村环境以其独特的魅力和生态价值,成为康养活动的重要场所。

田园康养项目在乡村环境中展开,主要依托的是田园这一主体。在田园中,人们能够亲近土地、感受自然,体验农耕文化的独特魅力。这种与大自然的亲密接触,不仅能滋养心灵,也能促进身体健康。

村庄作为田园康养的重要组成部分,提供了人们居住和交流的场所。在这里,人们可以感受到乡村生活的宁静与淳朴,享受那份远离城市喧嚣的宁静。村庄中的传统文化、风俗习惯等,也为康养活动增添了丰富的文化内涵。

此外,自然环境也是田园康养不可或缺的部分。山水之间,空气清新,环境优美,为人们提供了理想的康养空间。在这样的环境中,人们可以放松身心,与大自然和谐共处,实现身心的平衡与健康。

(二)"三农"性

这里的"三农"指的不是"农村、农业、农民",而是"农作、农事、农活"。在乡村里,在田园中,将"三农"作为田园康养的生活内容,就是田园康养的"三农"性。农作就是从事农业生产和农村经济活动;农事就是从事农村社会事务活动;农活则是从事乡村生活活动,即采取乡村生活方式来生活。田园康养的"三农"性,强调田园康养必须以"三农"为生活内容,必须在乡村里,在田园中,从事农作、农事、农活,而并非单纯在乡村居住,更不是将城市的生活方式搬到乡村去。

(三)生产性

在田园康养项目中,生产性指的是以农业生产和农村经济活动为主要的生活内容,并以此为主要方式达到养生目的。这不仅包括农业生产活动,还包括与之相关的经济活动,强调的是人们通过这些活动与大自然互动,从而获得身心的健康与平衡。

田园康养项目的生产性体现在,它不仅能让人们参与农业生产和农村经济活动,体验耕种、收获的喜悦与挑战,更能通过这些活动实现回归自然、享受生命、修身养性、度假休闲、保养身体、治疗疾病和颐养天年的目的。

农业生产和农村经济活动提供了一个与大自然紧密接触的机会,让人们能亲身体验大自然的节奏和韵律,感受生命的蓬勃与活力。同时,这些活动也要求人们遵循自然规律,适应季节变化,尊重生命,这与养生的理念高度契合。

(四)养生性

养生性是田园康养项目的核心目标。在田园康养中,我们关注的不仅是生活空间的选择和日常生活内容的形式,更重要的是这些活动背后的目的和价值。

首先,田园康养强调的是回归自然、享受生命。通过参与农作、农事、农活等活动,人们能够与大自然亲密接触,感受大自然的韵律和节奏,体验生命的活力与美好。这种与自然的互动不仅是一种身心的放松,更是一种对生命的深度思考和感悟。

其次,田园康养注重修身养性。在田园环境中,人们可以远离城市的喧嚣和压力,静下心来感受自己的内心世界。通过参与农作、农事、农活等活动,人们可以培养耐心、细心和恒心等品质,提升自我修养和精神境界。

再次,田园康养还能帮助人们度假休闲、保养身体、治疗疾病。在田园环境中,人们可以享受轻松愉悦的氛围,参与适度的体力活动,从而达到锻炼身体和愉悦内心的效果。这种健康的生活方式有助于提高身体免疫力,预防疾病,促进身体的康复。

最后,田园康养追求的是颐养天年的目标。通过与自然和谐共生的生活方式,人们可以获得身心的平衡与和谐,实现健康长寿的愿景。

(五)时段性

所谓时段性,指的是人们在田园康养中所经历的时间往往仅仅是人一生中某一个时段或某几个时段,并不是一生。不过,这些时段既不长也不短,一般短则一周、长则数年。田园康养与在乡村劳作不同,乡村的农民大多生于斯、长于斯,祖祖辈辈生活于乡村、劳动于乡村,终其一生都在从事农作、农事和农活,但他们并不是在进行田园康养,而是过着乡村生活。

由此可见,进行田园康养的人都不是农民,也不以农业为职业,更不是终其一生都在从事农业,即从事农作、农事和农活。也就是说,田园康养只是人在一生中某一时段或某几个时段的生活方式,因此,田园康养具有时段性。

(六)生活性

所谓生活性,指的是把田园康养作为生活的一种方式。田园康养中从事的农作、农事、农活,特别是农活,完全就是一种生活、一种生活方式,因为农活指的是农村中的日常生活,是食、穿、住、行等。至于农事,其所指的社会事务,包括政治活动、村庄建设、乡风文明和宗教信仰等,虽不是日常生活,但却与日常生活密切相关,或者可以说,农事是日常生活在深度和广度上的扩充,因此,农事也是一种生活、一种生活方式。

三、田园康养旅游产品的分类

田园康养旅游的空间广义上可以分为田园、村庄和自然。以"田园的村庄化和村庄的田园化",来发挥田园的空间载体作用,将村庄和田园融合成一个整体,而不是单纯地在野外盖上房屋。由此衍生的养生地产则是以休闲种植业为依托,在经营休闲种植业项目的同时,引入房地产的经营思维,从产品规划、景区服务、营销推广等方面进行地产化运作,从而更好地发挥田园优势,更加深入地挖掘田园康养旅游产品的市场潜力。

(一)按开发类型分类

1. 资源驱动型

有的乡村有地理标识农产品,可以根据农产品开发系列美食康养项目;有些长寿村拥有长寿文化基础,倡导食养、药养、中医等健康养生,可以结合养老民宿,发展中长期的家庭养老机构,开发田园长寿文化康养项目等。

2. 生态养生型或医养植入型

有些乡村本身无明显特色资源,适合进行生态养生型或医养植入型康养项目开发。生态养生型要求有较好的环境基础,后期要改善和维护乡村生态环境,同时培育和引导康养业态;医养植入型需导入医药产业,形成医药种植产业链或形成医药产业小镇等。

3. 综合开发型

通过强化康养主题,对乡村进行多元化开发,形成以健康养生、休闲度假等健康产业为核心,集休闲农业、医疗服务、休闲娱乐、养生度假等功能于一体的田园康养综合体。

(二)按开发模式分类

1. 乡村民宿康养模式

适用村落:一是村内有大量闲置特色民居或村内有大量村民居住;二是田园生态环境优越。

发展措施:一是盘活闲置特色民居,打造以田园环境、食疗文化等为特色的康养庄园;二是引导和带动当地村民改造自家闲置房间,打造主客共享的康养旅居民宿集群。

典型案例:南京唐家庵村,基于群山环绕、山林葱郁、山明水秀的优越生态环境,在传承江南山地民居青山叠翠、曲径幽深特征的基础上,通过改造提升变成了一座有情感记忆、生态良好和乡土文化气息浓厚的康养型民宿庄园。贵州红渡村,将农户住房、庭院拿出来,改造成乡村精品康养民宿集群,打造农家主客共享的康养旅居模式。

2. 乡村森林康养模式

适用村落:有丰富的森林生态资源的村落。

发展措施:一是造环境、做旅游,通过开展森林科学抚育、林相改造和景观提升,丰富植被的种类、色彩、层次和季相,结合功能布局,有针对性地补植具有康养功能的树种;二是做产业、搞经济,发展林上、林下经济,开发绿色健康农产品;三是加内容、搞服务,开发森林食疗、环境康养以及森林的科普宣教等系列产品。

典型案例:德国巴登黑森林康养小镇,依托黑森林国家公园资源,构建以预防和保健为主、治疗为辅的森林康养体系。

3. 乡村中医/药康养模式

适用村落:村内有中草药种植基础或中医名人资源。

发展措施:一是将草本、木本、花卉等中草药植物融入项目的生态环境、景观打造中;二是开发药疗、浴疗、食疗、气疗、枕疗等系列中草药康养体验产品;三是以中医名人为吸引点,利用粉丝效应吸引消费者。

典型案例:浙江顾渚村。1993年,73岁的老中医吴瑞安,想找一个山清水秀,适合低收入老人的康复养老宜居之处,他走访了很多地方,最后被顾渚村的生态与区位优势所吸引,自筹30余万元创办了老年乐园。吴瑞安的病人们口口相传,来此疗养的老人越来越多,使得顾渚村逐渐发展成为全域康养旅游度假地。

4. 乡村温泉康养模式

适应村落:村内有已开发或尚未开发的温泉资源。

发展措施:一是挖掘本村温泉的特点,并进行放大营销,突出自身的独特性;二是围绕温泉资源,跨界融合开发系列温泉功能性康养产品;三是打造乡村温泉康养品牌,形成持续溢价能力。

典型案例:法国薇姿温泉康养小镇,基于温泉资源,注重温泉衍生产品的开发和推广,充分利用温泉水富含对人体有益的矿物质,生产饮用水、研制药品和化妆品,推动温泉衍生产品市场化发展,为温泉品牌的打造、温泉的开发模式提供了选择。

5. 乡村文化康养模式

适用村落:村内有传统养生文化、国学文化,或佛教、道教等文化资源。

发展措施:一是将康养文化融入乡村生产、生活、生态中;二是开发系列文化静心康养产品,将静态的康养文化打造为动态可体验的文化主题活动、文化交流平台、文创产品、康养活动等。

典型案例:武当山太极湖康养度假小镇,依托世界遗产中国道教圣地武当山和亚洲最大的人工湖丹江口水库,打造集道教文化、养生体验、养生教育、休闲度假、养老等于一体的综合度假区。

6. 乡村康养产业模式

适用村落:村内乡村田园环境较好,有可整合的康养产业资源,如康养人才、医院/医疗科技、康养服务体系等资源。

发展措施:基于环境、食疗、动疗康养等,根据康养产业资源的不同,打造不同类型的发展模式,从而增强乡村康养的服务性和可持续性。例如,若有康养人才资源,则可以打造康养人才培育发展模式;有医院医疗资源,则可以打造医养结合发展模式。

典型案例:成都幸福公社,与健康管理公司合作,引进医疗管理团队,利用现代科技实现监控业主身体健康状况,配置专业专职护士,24小时紧急呼叫系统和专车,随时保证居民的就医安全;在日常生活中还设立了养生健康保健等专业讲座,成为居民平时畅谈交流心得的平台,让居住在这里的老人能够老有所养、老有所乐。

(三)按农业产品分类

1. 田园牧场风情园

以"农区牧家"为主题,以田园风光为背景,以饮食、歌舞、民俗文化等元素为支撑,利用现代科技养殖牛羊等牲畜,打造现代畜牧业示范基地,配套畜牧养殖体验区,打造具有科普教育、歌舞欣赏、美食体验、文化传承等功能的牧场风情园,让游客零距离体验牧民生活。

2. 都市休闲农庄

以"都市农家"为主题,以农耕文化为底蕴,以农业产业为基础,利用现代农业科技发展设施农业,重点突破优质高产农产品,实现农业、科教、旅游观光等多重效益。采取小户型独立农庄、高度私密农庄、共享型农庄等多种形式,设置市民农园、亲子菜园、果蔬采摘等休闲体验项目,打造都市休闲养生园。

3. 草药养生园

以草药种植为基础,以中医养生为理念,以当地养生文化为特色,设置养生餐饮、中医理疗等养生项目体验,打造中药养生品牌。

4. 四季花海养生园

以人、自然、文化"三位一体"为核心理念,实现产业、文化、自然的和谐统一,给传统农业添新色。在传统农家乐的基础上,核心突出林地花卉、生态文化,游客置身其中,不但可以享受到乡村原生态的吃、喝、住,而且可以体验环境优美、五彩缤纷的花海世界。

5. 有机农业养生园

以农业产业化、产品安全化为出发点,以"安全食品养生"为主题,以品牌培育为目标,调整农业结构、转变发展方式,从耕作、播种、施肥、灌溉、除草,到收获、农产品加工,全过程采用有机化流程操作,全产业链进行节水节能化改造,打造安全农产品养生品牌。

6.林果休闲养生园

以"休闲林果"为主题,以优质林果产业为基础,选择适宜果品进行种植,注重品种的搭配,适时开展赏花采果活动。同时,打破常规种植,将果园建设与自然式园林布局结合起来,突出园林景观和生产相结合。

四、田园康养旅游产品设计

开发田园康养旅游产品应当意识到乡村养生资源的重要性。要想实现田园养生目标,应当让游客体验农作的乐趣,享受乡村的慢生活,感受养生文化。田园康养旅游产品的规划与开发,首先要保证高品质的田园旅游空间,通过自然的农业文化体验项目,最终达到养生目的。

(一)建设原则

一是保护农业耕地,保障农业品质,体现农业特色,提升农业效益,坚持产业支撑。二是保护农民权益,引导农民参与,保存乡村聚落,挖掘乡土文化,改善乡村环境。三是使用生态能源,完善配套设施,提供贴心服务,健全公益组织,创建和谐社区。四是盘活乡村资源,促进城乡交流,创新运营机制,放大业主权益,注重示范带动。

(二)选址要点

为满足康养度假的功能,田园康养旅游项目对气候、光照、植被、空气等自然环境的要求较高,并且要以森林、温泉、滨海、滨湖、田园等资源为依托。具体而言,可以优先选择以下地方:

(1)大都市城郊结合区、旅游风景区周边;

(2)全域推进新农村建设的生态县、全域推进乡村旅游的旅游强县、全域推进有机农业的农业大县;

(3)都市生态控制的不开发区、文化底蕴深厚的慢生活区;

(4)现代农业示范园、水源头农业园区、面临调整的大型农场、农业系统改制的园艺场;

(5)传统古村落;

(6)功能性微量元素富集区、拥有"长寿之乡"称号的地方。

(三)注意用地限制范围

1.不得超越土地利用规划

田园康养旅游项目开发必须要明确当地土地规划中该项目所占土地的用途,符合规划使用条件的要积极争取土地建设使用指标,以满足项目对建设用地的要求。

2.不得占用基本农田

对于基本农田有"五不准":不准占用基本农田进行植树造林、发展林果业和搞林粮间作以及超标准建设农田林网；不准以农业结构调整为名，在基本农田内挖塘养鱼、建设用于畜禽养殖的建筑物等严重破坏耕作层的生产经营活动；不准违法占用基本农田进行绿色通道和城市绿化隔离带建设；不准以退耕还林为名违反土地利用总体规划，将基本农田纳入退耕范围；不准非农建设项目占用基本农田（法律规定的国家重点建设项目除外）。因此，在田园康养旅游项目开发中必须弄清楚其是否占有基本农田。

3. 严禁随意扩大设施农用地范围

以农业为依托的休闲观光等用地须按建设用地进行管理。以农业为依托的休闲观光度假场所、各类庄园、农家乐，以及各类农业园区中涉及建设永久性餐饮、住宿、会议、大型停车场、工厂化农产品加工、展销等用地，必须依法依规按建设用地进行管理，而非按农用地管理。

（四）建设要点

田园康养旅游项目的建设讲究品质和品位，没有品质非凡的旅游环境、没有奇趣自然的体验项目，很难达到休闲养生的目的。想要做出品质和品位来，就要在开发过程中注重多种要素的相互融合。

1. 将乡村与田园融合

农业养生，以乡村为载体，分为田园、村庄和自然三大板块。在"乡村"这一载体中，应以田园为主，以村庄为次，以自然为补充，做到田园的村庄化和村庄的田园化，将村庄和田园融合成一个整体，特别是可以将住宅建到田园中不宜耕作的地方，将田园变成住宅的庭院。比如在山岭梯田种植作物，在山顶建房造屋、建设村庄。

2. 将自然与艺术贯通

自然与艺术的融合，就是在田园的设计中尽可能保持原貌，尽可能减少人为的改造，体现乡村的自然性。同时，使田园、村庄和自然环境的设计更符合美学规律，符合养生者的审美需求，使田园更具有艺术气息，更有品质。

3. 将康养与生产结合

田园康养是通过农作、农事和农活等方式，在实现农业生产和农村经济发展这一目标过程中，实现养生目的的。因此，开发康养旅游，应将生产同时进行下去。将生产与康养融合，才能实现真正的农业养生，达到康养与农业齐发展的目的。

4. 将趣味与劳动结合

田园康养，就是要做到生活和劳动的结合。例如，采茶作为劳动，讲究的是采茶的速度、数量和质量；而作为生活，则是在保持一定的速度、数量和质量基础上，追求对采茶知识的认识、劳动的锻炼、技能的掌握、乐趣的获得，这便是一种生活化的劳动。因此，劳动的场景中要融入生活的元素，如将田园设计成景观化的田园，将工具设计成玩具式的工具等。田园康养是新时代开发休闲农业的一种新的思路和渠道。这一渠道迎合了当代人注重养生的心理，同时能充分利用乡村田园良好的自然环境，是未来休闲农业发展的一条良好的途径。

5. 将村庄性与田园性相结合

田园康养以乡村为载体，田园康养旅游产品设计必须做到村庄性与田园性相结合。而所谓村庄性与田园性相结合，就是村庄的田园化和田园的村庄化。其实，村庄也好，田园也好，都是自然的不同用途导致的结果，前者是自然居住的结果，后者是自然耕作的结果。就这一点来说，村庄和田园的有机结合是完全可能的，关键在于将村庄和田园融合成一个整体，特别是将住宅建到田园中，建到田园不宜耕作的土地上，将田园变成住宅的庭院，变成耕作作物的庭院。

6. 将自然性与审美性相结合

田园康养是在田园中通过农作、农事和农活等形式来实现回归自然、享受生活、修身养性、度假休闲、保养身体、治疗疾病、颐养天年的，因此，在田园康养旅游产品设计中，必须做到自然性与审美性相结合。所谓自然性，就是在田园康养旅游产品的设计中，应尽可能保持乡村原貌，尽可能减少人为的改造。所谓审美性，就是在田园康养旅游产品的设计中，使其符合人们的审美需求，特别是符合康养人群的审美需求，符合美学规律。很多现代城市无处不在表现审美性，但往往缺少自然性；或者可以说，现代城市不是自然性与审美性相结合的，而是以牺牲自然性来凸显审美性的。因此，可以推知，自然性与审美性相结合的田园应该是怎样的。

7. 将"三农"性与生产性相结合

田园康养是一种将养生与农业生产和农村经济发展相结合的康养方式。它通过农作、农事、农活等方式，让人们在劳动中感受到身心的愉悦，并促进身体健康。在田园康养旅游产品的设计中，必须充分考虑农业生产和农村经济发展的需要，合理规划农作、农事和农活等环节，以实现康养与生产的双重目标。因此，在田园康养旅游产品设计中，必须做到"三农"性与生产性相结合。所谓"三农"性，就是田园康养必须通过农作、农事、农活来实现；所谓生产性，就是田园康养必须以农业生产和农村经济发展为生活目标；所谓"三农"性与生产性相结合，则是指田园康养必须通过农作、农事和农活等方式，在实现农业生产和农村经济发展这一目标的过程中，实现康养的目的。基于此，那些不考虑农业生产和农村经济发展，如不考虑农田的正常生产、农田的亩产量和农田的亩产值的所谓农作、农事和农活，不能算作田园康养。

8. 将康养性与生命性相结合

康养，作为生命的一种存在和表现方式，体现了人类与其他生物共生的理念。田园康养旅游产品的设计需要注重康养性与生命性的结合。康养性要求项目中的景物景点和生活方式能够有益于人们的身心健康，提供舒适宜人的环境，使人们在田园中感受到自然的宁静和美好。而生命性则强调在田园康养项目中，一切设计都要与农作物生长规律相符合，遵循生命发展的原则。这意味着种植作物不仅是为了康养的目的，更是为了促进作物的健康成长，展现其生命的力量。通过与这些生机勃勃、茁壮成长的农作物对话，人们可以感受到生命的活力，并在这种互动中实现养生的效果。因此,田园康养旅游产品设计需充分考虑康养性与生命性的结合,让人们在享受田园风光的同时,也能够体验到健康、和谐的生活方式。

9. 将生活性与劳动性相结合

田园康养既是生活也是劳动,既是在享受回归自然、修身养性、度假休闲等生活,也是在从事农作、农事、农活等劳动。因此,业内人士认为田园康养必须做到生活性与劳动性相结合。所谓生活性与劳动性相结合,就是劳动的生活化。例如,采茶作为劳动,讲究的是采茶的速度、数量和质量,如茶农采茶;而作为生活,则不过分强调采茶的速度、数量和质量,更多追求对采茶知识的认识、劳动的锻炼、技能的掌握、乐趣的获得,如游客采茶。前者采茶就是一种劳动,一种纯粹的劳动;后者采茶则是一种生活,一种生活化的劳动。因此,将田园设计成景观化的田园,将工具设计成玩具式的工具等,这些就是田园康养生活性与劳动性相结合的设计。

(五)田园康养的客源市场

田园康养的客户群体一般偏好时尚健康的旅游方式,热爱生态旅游和高端运动,注重文化消费和精神享受,追求相对私密的环境和带有社交性质的聚会式场所。同时,他们对服务配套要求较高,而且消费能力强,质量要求高;受季节约束小,停留时间较长,产业拉动力远高于大众旅游。

1. 中小学生市场

中小学生的需求为求知加游乐。中小学生正处于学习认知的初级阶段,农业旅游对他们来说是一条认识农业、了解大自然的途径。针对这一市场,田园康养旅游项目应提供科普教育相关的旅游产品,寓教于乐。

2. 工薪白领市场

工薪白领主要为久居城市、不太了解农业的人群。田园康养旅游项目可以提供农业生产、农事体验、节事参与等旅游产品,使游客了解农业、农村和农民。

3. "银发族"市场

"银发族"市场群体为老年人,他们渴望安静的生活、健康简单的食物、休闲的环境,通过田园康养旅游,他们可以体验耕作、收获快乐。

慎思笃行
Shensi Duxing

青山为底,烟火入画——湖南怀化沅陵胡家溪土家民俗文化风情古寨

胡家溪土家民俗文化古寨景区位于沅陵县城西北28千米处的酉水东岸沅凤公路旁,处于二酉山风景区和凤滩电站景区的正中间。依托胡家溪村保存完整的古寨格局和丰富的历史人文优势,这里加快旅游基础配套设施建设,实现旅游服务的规范化和人性化,同时深度挖掘当地民俗文化特色,将其打造为沅陵乡村旅游发展龙头景区及展现土家民俗文化风情的特色古寨。

夜落山河,谁家又明灯火?走进胡家溪土家民俗文化风情古寨这座中国传统村落,暗涌乡愁。

这里是大湘西乃至酉水流域胡姓的发祥地。相传唐贵妃胡凤娇出生于此,碣滩茶也因凤娇供奉,成为自唐后历代贡茶而名扬海内外。

明嘉靖年间进士胡鳌,博学多才,科举连中三元,后为官知府,一生传承了胡家溪耕读与孝道文化,胡家溪村因此有湘西孝道文化名村之美誉。

进入胡家溪村,映入眼帘的是成片的花田,绚丽多彩的花海在阳光的照耀下闪耀着生机与活力。在发展古寨风景区之前,这里家家户户靠的都是自家一亩三分地过日子,年成不好的时候甚至颗粒无收。现如今,这里翻新了道路,用上了自来水,田地也被集体流转种上了花,在乡村振兴战略的推动下,胡家溪村人人参与重新规划、改造古寨,至今仍较好地留存了几十栋完好的土家吊脚楼;并以土家传统民居建筑为基础、土家民俗文化为支撑、古村观光休闲度假为动力,整合胡家溪的古民居、古茶园、古驿道、古树和山水梯田等旅游资源,将其打造为沅陵乡村旅游发展龙头景区及展现土家民俗文化风情的特色古寨,村民们实现在家门口就能赚钱。

至今村落内保存有胡氏祠堂、胡鳌故居、风雨桥、土家吊脚楼、封火墙、古驿道、古天井、古码头等古建筑和人文遗迹。

为发展乡村旅游,古村开发了"三园一溪一寨"项目,再现了一座沉淀千年历史的土家古寨,一方孕育千年的农耕文明,一条千年蝶变的清幽小溪,讲述了一段盛世传奇的爱情故事,是集田园风光与人文资源于一体的乡村旅游休闲度假胜地。

(资料来源:湖南日报、红网。)

任务三 田园康养旅游的产品案例分析

任务描述:
本任务主要对江苏无锡阳山田园东方、湖南美丽花垣乡村振兴田园综合体、山东沂南柿子岭理想村三个典型案例进行分析。

任务目标:
立足实际案例,全面和整体理解田园康养旅游产品体系。

一、江苏无锡阳山田园东方

（一）案例目的地简介

无锡阳山田园东方项目位于无锡市惠山区阳山镇，由东方园林产业集团投资50亿元建设，是国内首个田园综合体项目。项目规划总面积约为6246亩，于2013年4月初启动，一期已于2014年3月28日对外开园。田园东方致力于打造一个以生态高效农业、农林乐园、园艺中心为主体，体现花园式农场运营理念的农林、旅游、度假、文化、居住综合性园区。

（二）目的地旅游资源与产品分析

1. 选址阳山——交通便利，特点明显，旅游资源丰富

田园东方项目位于阳山镇近郊区域，距离无锡市中心20千米，距离高铁站30千米，乘高铁到周边城市方便快捷，2小时自驾可直达长三角任何一个城市。

无锡市阳山镇，有"中国水蜜桃之乡"之称，地势平坦开阔，原有村落格局保留较好。镇内拥有桃园、古刹、地质公园等，生态自然景观优越，并有以大小阳山为核心的旅游度假产业。

2. 总体规划——可持续发展的田园休闲综合体

（1）规划理念。项目整体规划设计以"美丽乡村"的大环境营造为背景，以"田园生活"为目标核心，将田园东方与阳山的发展融为一体，贯穿生态环保的理念。田园东方倡导人与自然的和谐共融与可持续发展的理念，是集现代农业、休闲旅游、田园社区等产业于一体的田园综合体，实现"三生"（生产、生活、生态）、"三产"（农业、加工业、服务业）的有机结合与关联共生。

（2）总体规划。项目分为现代农业、休闲文旅、田园社区三大板块，主要规划有乡村旅游主力项目集群、田园主题乐园（兼华德福教育基地）、健康养生建筑群、农业产业项目集群、田园小镇群、主题酒店及文化博览六大群体。规划模式为典型的互融开发模式。

（3）产品组成。以主题游乐产品为核心引擎，高效农业、住宅为核心产品，以文化、生态主题公园为配套产品，是典型的旅游超市模式。

3. 休闲文旅——携手清境集团共同开发，提高项目运营实力

（1）清境拾房文化市集。田园东方于2013年11月携手清境集团共同打造的一座田园创意文化园，清境集团重新梳理阳山的自然生态和拾房村的历史记忆，旨在还原一个重温乡野、回归童年的田园人居环境，包括主题餐厅区、牧场区、绿乐园、户外活动区、售卖区、书院、主题民宿区、华德福校舍等多个主题园区。

（2）华德福教育基地。华德福教育起源于德国，主张按照人的意识发展规律，根据意识的成长阶段来设置教学内容，以便于人的身体和精神都得到恰如其分的发展。

(3)绿乐园。绿乐园即游乐园,但不是器械乐园,而是将农业采摘体验、农场游乐、农业教育集合在了一起,研创以儿童教育为主题的自然生态体验区(包括白鹭牧场、蚂蚁餐厅、蚂蚁农场、蚂蚁王国、蚂蚁广场,以及窑烤区和DIY教室等)。

4.现代农业——"四园""四区""两中心"共同推动农业产业升级

深化既有农业,开拓农业发展新方向。阳山整体的田园基底要素非常优良,但缺乏功能完整、便捷清晰的垂直商业模式来推动产业升级,当原有的耕作方式难以突破瓶颈时,阳山镇整片村落陷入酒香害怕巷子深的窘境。整合东方园林产业集团的集团优势,导入当代农业产业链上的特色、优势资源,在阳山镇既有农业资源上进行深化和优化的双重提升。

休闲农业规划:"四园",有机农场示范园、果品设施栽培示范园、水蜜桃生产示范园、蔬菜水产种养示范园;"四区",农业休闲观光示范区、苗木育苗区、产品加工物流园区、现代农业展示区;"两中心",园区综合服务中心、资源再生中心。

有田园,但不是农田,是可供体验的、学习的、游乐的户外景观休闲场地。铺上碎石与石板,将旅游漫步道融入田园之中。菜地上种植了不同的农作物,将农作物当成景观本身打造时,还充分发挥了农作物的经济价值。桃树认养,专人照料,认养者可以尽享赏花、采摘、农耕等农家乐趣,还可获得认养桃树所产的全部水蜜桃。

5.田园社区——融入多种元素的新田园低密度社区

(1)新田园低密度社区。田园社区主要建筑为97~230平方米的赖特草原风格联排别墅。

(2)田园途家亲子度假别墅。34栋联排别墅,包含丰谷、桃李、耕织、静流四大主题房。

(3)花间堂·稼圃集民宿。引入"中国最美人文客栈"花间堂进驻田园东方,以古朴雅致的民宿老宅还原怀旧田园生活。保留老宅的一砖一瓦,通过"老物新用"来留住岁月的故事,维持自然本真的田园风光。

(4)花间堂温泉别墅度假村。田园东方与花间堂携手打造,火山温泉精装度假别墅,对外出售后,由花间堂·稼圃集专业酒店统一管理。将"桃花泉"火山温泉与别墅合二为一,为每一栋别墅都设计了一个独立暖浴的温泉小池,将温泉水引入每门每户。

二、湖南美丽花垣乡村振兴田园综合体

(一)案例目的地简介

花垣县位于湖南省西部,湘黔渝交界处,自古有"湘楚西南门户"之称。美丽花垣乡村振兴田园综合体地处武陵山片区核心地带和中西部两大经济地带的接合部,是从渝、黔进入湘西旅游的第一站,位于紫霞湖农业科技园区。项目一期总用地面积约63公顷,总投资约3000万元,场地自然条件丰富,建筑特色别具一格,对外交通便利。项目以紫霞湖农业科技园区为依托,以山、水、林、田、村等乡土景观资源为特色,以促进

村庄产业转型、激发村庄内在活力为目标,建成后将成为发挥农业经济引领示范作用的乡村休闲度假基地,是集文旅体验、生态宜居、产业联动于一体的湘西民居美丽乡村示范点。

(二)目的地旅游资源与产品分析

在乡村振兴的浪潮下,花垣县委县政府积极推进乡村旅游与山区综合开发相结合,充分尊重农民意愿、建立长效机制,努力建设"环境美、产业美、精神美、生态美"的美丽乡村。

1.将村庄塑造成生态自然的世外桃源

设计以花垣美丽乡村的山、水、村落、农田资源为景观基底,以"张家界—凤凰古城"旅游辐射范围为依托,以"花垣文化"为内核,打造"紫霞福地,花垣静乡"。

设计提取花垣"群山、流水、建筑"三元素,紧紧围绕"世外桃源"设计理念,以自然为邻,以宁静相伴,回归乡野,营造"一山一水一世界,一村一湾皆桃源",将每个村庄塑造成生态自然、修心养身的世外桃源。

花垣美丽乡村建设在保留现状的基础上,进行景观改造,因村庄内公共空间较小,改造区域范围不宜过大,更多是通过村内道路、围墙、景观小品、景观组团等形式对村庄进行改造建设。

2.承载村民记忆,呼应当地传统

考虑到村庄主题、村民需求、历史记忆、周边环境等因素,广场建设的材料选择更多是就地取材,采用当地石材石料,景观小品及构置物等的造型、材料、颜色均与村庄环境、建筑相呼应,与当地传统相呼应,加强与村庄环境的联系,增加村民熟悉的构件元素,引起共鸣。

村庄之间至今保留着一条临溪游步道,承载着村民的记忆,如今对溪流、游步道进行重新设计,融入休闲、游玩、观光等功能,围绕人与场所的相互关系,在空间上与游客、村民的心理建立联系,希望更多的人了解到村庄与溪流、游步道的那段历史。

村庄周边有大面积的种植农田,对原有田埂进行加固改造,田野中大地艺术图案以及景观休闲廊架的点缀,将原本单一的种植农田打造成村庄拍照"打卡"点,既保证了村民的农田收益,也在一定程度上可用作宣传名片。

美丽花垣乡村振兴田园综合体建成后,将作为"张家界—凤凰古城"黄金旅游路线的终点站,进一步促进湘西片区旅游业的发展,通过共同缔造,实现乡村振兴。

三、山东沂南柿子岭理想村

(一)案例目的地简介

柿子岭理想村位于山东省沂南县,是朱家林国家级田园综合体的重要节点。朱家林田园综合体以"文旅"为模式开展乡村振兴实践,通过四年的时间,从国家级试点到

国家级示范,在全国的国家级田园综合体中脱颖而出。作为其核心区域,柿子岭理想村以乡村形态为基础,发掘地方文化,提取乡土元素,从在地性出发,通过设计的介入,在建筑更新、空间活化、经济产业复兴、文旅产业发展等方面完成更新与改造,打造齐鲁片区的第一个文旅乡村名片。

(二)目的地旅游资源与产品分析

1.赋予传统民居大院个性和精神

项目总规模约7600平方米,场地呈线性,自西向东沿村道逐渐深入田中。村道北侧是散落的民居,南面是成片的田野,向东到尽头,村院聚集,成组成团。这里乡村与自然交织,原始村落与大地之间的空间留白,蕴藏了更多的可能。设计从区位、交通、聚落肌理等方面着手,将柿子岭理想村的业态自东向西依次设定为民宿大院、文创街区和公共服务中心,功能由私密到公共,空间由封闭到开放,设计介入的力度逐渐加大。

1)民宿大院

"大院"是当地民居的典型空间形态,村东民居聚落的原始肌理也是大院间的组合。数十座民宿坐落于原宅基之上,以民居大院的平面形式为原型,恢复了传统的民居肌理,在空间、形制、材质等方面承袭了地域传统,形成相对独立的院落空间。

民宿院落分为大院民宿、标准院落民宿和亲子院落民宿,提供商务、休闲、亲子互动的室内外生活场所。为了满足现代人的生活需求,在民宿院落北边、靠近村路的方向设置了一座大院公区,主要提供民宿的接待和餐饮服务,在民宿院落中也植入了公共厨房、共享客厅、庭院茶棚等生活空间,赋予传统居住空间现代社交属性。在这里,游客体验的是乡村环境中的现代生活。传统民居中每家所有的场院,通过微小的改造,成为友人交流、家庭聚集、孩童娱乐的场所。院落空间与不同住户的生活情境的碰撞,赋予每个院子个性和精神。

民宿大院在功能植入和空间营造上融合了对现代生活方式的思考,材质、建造手法则沿袭传统民居的做法。公区采用由传统坡屋顶演变而来的折面屋顶覆盖公共活动空间,以此表达建筑在群落中的公共性。同时,为了强调组团建筑的传统性,建筑以垒石作为立面以及屋顶的主要材料,入口处采用当地常见的茅草棚加以引导,建筑仿佛破土而出。

民宿大院建材以垒石、红瓦为主,充分表达对地方风貌的尊重和传承。大院之间的街巷保持着传统村落的尺度,大大小小的邻里空间串联在人行巷道中,成为聚落里的公共场所。从公区出发,沿着蜿蜒曲折的步道,可以穿梭在院落、场地景观和外围田野之间,感受民宿大院组团丰富的空间层次。

2)文创街区

村落中部组团背靠宅院,面对道路与田野,线性的肌理暗含着导向性。利用这种空间导向,将邻里空间放大、拉长,以原始的院落肌理为基础,打开围墙,串联内院,多个"被拆解"的院落成组成团,形成街区式空间序列。

院落形式的开放、组合,将"前院后宅"的空间形式转变成内街、广场、半围合小院的串联,营造了开放的街区场景氛围。道路南边对场地进行整理与微改造,布置了栈道、帐篷、无动力儿童游乐园等活动场所,还原了乡村田野的原始乐趣。大地景观成为街区游历体验的外延,也是大院和街区之间的自然过渡。

乡村街区整体以石材为主,搭配木头、玻璃等元素,在局部开放和展示空间处加以强调,增强了街区体验的趣味性。

3)公共服务中心

村落西边,面向道路的"门户地带",是公共服务中心。作为村子的起点和聚集之处,公共服务中心需要为居民提供娱乐、交流、学习的空间,具有很强的公共属性。在这组建筑中,为了平衡公共性与地域性,设计将地方原生建筑语言放在当代建筑语境中加以重述,融合地域文化与现代建筑场所精神,从符号、材质、建造等方面进行表达,为建筑赋予空间叙事性。

设计师将村落原始的坡屋顶元素提取出来,作为乡村公共服务中心的形态生成基础。双坡屋顶在平面上通过复制、错动、断开,自由而有机地生长成完整、连续而富有动态的折面形式(见图4-1)。在这片屋顶下,不仅可以实现大空间的功能设想,还形成了连续坡面的室内空间效果,完成了建筑自外向内的一致性。

图4-1 双坡屋顶

2.现代文化与传统地方特色交融

柿子岭理想村作为整村更新实践项目,相比单体建造更需深入思考乡村的内涵与未来。在朱家林田园综合体的文旅背景下,柿子岭理想村无法避免城市文化和非传统业态的渗透。面对差异性的强烈冲击,设计师在实践中尝试从策划和建造的角度,循序渐进地完成现代文化与传统地方特色的交融。

在柿子岭理想村的更新过程中,通过设计的微介入,以当地典型的"大院"作为原型生成民宿,逐步打开形成街区,对空间进行整合而构建公共建筑,完成了传统元素从保留传承到用现代设计语言表达的过程。对于游客而言,自村头到村尾,则是一场始于现代化公共服务场所、游于地域特色空间氛围、终于传统空间形态下生活场景的完整体验。

项目小结

田园康养旅游作为乡村新型产业发展的亮点,在发展乡村旅游、休闲农业、农耕文化体验、农村电子商务等新产业、新业态,促进农村一二三产业深度融合等方面,发挥了重要而明显的促进作用,但在农旅融合的深度和广度上,在推动乡村旅游、乡村休闲发展的市场反响上,一些田园综合体还大有发展余地和提升空间,广大游客对它们的向往度、期望值、消费预期还大有潜力可挖。未来,田园康养旅游发展的关键在于整合能力。田园康养旅游的打造应充分融合当地文化、地理环境、历史背景等资源,要把握引爆点和样板经验,把田园综合体当成一个可以将一二三产业有机衔接的平台,这样才能推动多元化发展。

项目训练

选择题

一、简答题

1. 简述什么是田园康养。
2. 田园康养旅游产品的内容有哪些?
3. 按开发类型分类,田园康养旅游产品有哪些?

二、能力训练

1. 田园康养项目与促进乡村振兴有哪些契合点?
2. 结合实际,分析湖南花垣是如何打造乡村振兴田园综合体的。

项目五
滨水康养旅游

 项目描述

通过学习,了解滨水康养旅游相关知识及常见的滨水康养旅游产品类型、特点及功能;能够结合目的地资源,评价滨水康养旅游项目并进行基本的内容策划。

 学习目标

知识目标

1. 了解滨水康养旅游的定义和重要性。
2. 了解不同类型的滨水环境形态及其康养功用。
3. 了解滨水康养旅游的发展历程。
4. 理解滨水康养旅游产品的类型与设计。

能力目标

1. 能够准确识别和分析滨水康养旅游地的特点和优势。
2. 能够辨析目的地滨水康养资源及其分布和呈现的特点。
3. 能够评估滨水康养旅游项目的发展建设方案。

素养目标

1. 培养学生树立求真务实的价值观,具备良好的观察分析能力和实践创新能力。
2. 引导学生关注健康生活方式,提升生态保护意识,形成绿色生活与可持续旅游的发展观念。

知识导图

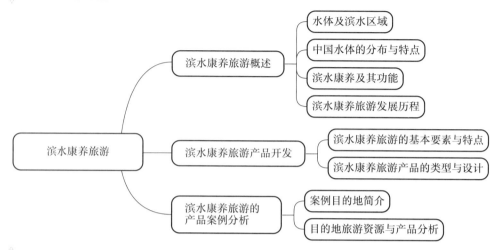

项目引入

水域的自然景观和宁静环境对人的心理健康有显著的正面影响。例如,海滨和沙滩不仅提供了放松的环境,人们还能通过日晒和海水浴治疗某些皮肤病。此外,滨水地区的水上运动、渔业体验和海洋文化也是吸引游客的重要因素。随着生活质量的提升和人们对心理健康的日益重视,滨水康养旅游已成为康养旅游市场中的一颗新星。在选择滨水康养旅游时,你最关心的是什么?是水域的清澈程度、水质,还是周边的娱乐设施?你认为滨水康养旅游吸引人的原因是什么?

任务一 滨水康养旅游概述

任务描述:

本任务对水体及滨水区域相关概念、中国水体的分布与特点、滨水康养及其功能以及滨水康养旅游的发展历程进行全面的介绍。

任务目标:

了解滨水康养旅游相关概念,熟悉中国水体的分布与特点,掌握滨水康养旅游的活动内容与功能,能准确描述国内外滨水康养旅游的发展历程。

一、水体及滨水区域

(一)水体的类型

水体是指地球表面上水的集合体,包括海洋、河流、湖泊、湿地、冰川和地下水等。

自然水体和人工水体占据地球表面71%以上的面积,是生命的孕育地和起源地,各具独特的自然景观和生态环境。根据地理位置和水体属性的不同,出露人类居住区的地面水体主要分为河流、湖泊和海洋三种类型。不同类型的水体在自然景观、生态环境和人类活动等方面各具特点,可为人们提供旅游、休闲和文化体验。因此,正确理解和合理管理水体,对于保护生态环境和促进可持续发展至关重要。

1.河流

河流是流动的淡水水体,是自然形成的水流。河流通常源自山脉或湖泊,流向海洋、湖泊或其他河流,具有源头、上游、中游、下游和河口等分段性水文特征。河流区域的地貌和生态环境会随着河流的流动变化而变化。河流借助流动性,可以长距离输送水分和营养物质,是人类居住和开展经济活动的重要场所,沿河而建的城市和乡村,也是各地文明发展的重要立足之地。

2.湖泊

湖泊是具有相对稳定的水位和水面的地表水体,湖泊的水量和面积可以变化很大,从几平方米的小池塘到几千平方千米的大湖泊。湖泊可以由冰川作用、地壳运动、火山活动等自然过程形成,也可以人工建造。湖泊是淡水资源的重要来源,也是众多水生生物的栖息地,对当地的气候和生态系统有显著影响。

3.海洋

海洋是地球上最广阔的水体,占据地球表面大部分水体面积。海洋具有巨大的生态系统,支持着地球上大量的生物种类。海洋还影响着全球气候,通过其温度、盐度和流动模式调节地球的天气系统。海洋是全球贸易的重要通道,同时也是许多国家和地区重要的食物来源地,全世界过半的人口居住在距离海岸200千米以内的地区。

(二)滨水区域的定义

滨水区域是陆域与水域相连的一定区域,其定义可以从不同角度和维度进行解读。从地理学角度来看,滨水区域一般由水域、水际线、陆域三部分组成;可以是自然形成的,如海滩、湖畔、河岸等,也可以是人类创造的,如人工湖湖堤、运河河岸等。从生态学角度来看,滨水区域是陆域生态系统与水域生态系统之间的重要连接环节,能够提供丰富的栖息地和生态资源,支持各种水生生物、湿地植被和候鸟等生物群落的生存和繁衍。因此,滨水区域的合理利用和保护,对于人类的生存和自然生态的保护都具有重要意义。

二、中国水体的分布与特点

(一)中国河流、湖泊的分布与特点

中国是一个水域资源丰富的国家,拥有众多的河流和湖泊,这些水体的分布与特点对于各地经济、社会和环境发展均具有较大影响,在旅游资源层面同样体现出不同的特征。

1. 中国河流的分布与特点

(1)北方地区。在秦岭-淮河以北的中国北方地区,绝大多数河流属于外流河,以黄河最为著名,此外还包括黑龙江、海河、辽河、松花江、鸭绿江等。除了东北部分地区外,北方地区河流的特点是水位季节性变化明显,水量在夏季集中,而在冬季则有长短不同的冰期。此外,受地形和气候条件的影响,华北地区的河流还存在水沙含量高、泥沙淤积严重的问题。

(2)东南地区。在秦岭-淮河以南的中国东南地区,河流多属于外流河,以长江各干支流、珠江各干支流和钱塘江等为代表。东南地区河流的特点是水量大且较为稳定,在夏季时水量较大,冬季不结冰。东南地区的河流两岸普遍适宜人居,拥有较为复杂的生态系统和生物多样性。

(3)西南地区。西南地区的河流属外流河的占大部分比例,主要河流包括雅鲁藏布江、金沙江、澜沧江等。这些河流主要源于青藏高原,流经西藏、云南、四川等地,以其源自高原、流速快、水量充沛而闻名。西南地区主要河流河道险峻,流经峡谷地区,水力资源丰富,河流两岸人口密度较低,同时也是许多独特生物种群的栖息地。

(4)西北地区。西北地区河流以内流河为主,主要河流有塔里木河、黑河等,流经新疆、甘肃等地的干旱和半干旱地区。这些河流受冰川融水和降水量的影响较大,存在季节性干涸的情况。在广大的西北干旱地区,河流流经荒漠,成为当地生命的重要源泉,对于维持当地的生态环境和农业灌溉具有至关重要的作用。同样由于水资源稀缺,这些地区的河流对于当地居民生活和经济发展具有不可替代的重要性。

2. 中国湖泊的分布与特点

中国是一个拥有众多湖泊的国家,具有丰富的湖泊资源。

(1)北方地区。北方地区的湖泊主要分布在内蒙古东部地区,以及黄淮平原,如呼伦湖、白洋淀、洪泽湖等。这些湖泊多为淡水湖,在冬季会出现结冰现象。除长白山天池、五大连池等个别湖泊以外,北方地区湖泊周围多为平原或低山地貌,生态系统相对单一。由于北方大部分地区气候干燥,湖泊水位季节性变化明显,特别是在雨水较少的年份,水位会显著下降。

(2)南方地区。南方地区的湖泊主要分布在长江中下游地区,代表性湖泊包括洞庭湖、鄱阳湖、太湖等,以及云贵高原,如邛海、抚仙湖、洱海等,也有大量规模不等的人工湖泊——水库。这些湖泊为淡水湖,水量丰富,夏季时常常因普遍降雨而水位上升。湖泊生态系统复杂,拥有丰富的水生植物和动物种类,周边居民较多,受人类活动影响较大。

(3)青藏高原。青藏高原上的湖泊主要包括纳木错、青海湖,位于海拔较高的地区,部分湖泊为咸水湖。青藏高原上的湖泊由于其独特的地理位置和气候条件,生态系统独特,常常是众多珍稀动植物的栖息地,受人类活动影响较小。由于高原区域降水量较少,湖泊水位变化相对稳定。

(4)西北干旱区。西北干旱区的湖泊主要分布在新疆、甘肃等地,如博斯腾湖、艾比湖、察尔汗盐湖等,这些湖泊多为内陆咸水湖或盐湖。受干旱气候的影响,湖泊水位往往不稳定,部分湖泊存在干涸的风险。这些湖泊对于当地的生态环境具有重要意义,但同时也面临着环境变化带来的挑战。

(二)中国海域的划分与特点

1. 中国海域的划分

中国是世界上较大的海洋国家,海域面积广阔,总面积约473万平方千米;中国的海岸线也是世界上较长、形状较复杂的海岸线之一,大陆海岸线长度约1.8万千米。中国海域还包括大量的海湾、半岛和岛屿。

中国拥有渤海、黄海、东海、南海四个主要海域。渤海被辽东半岛和山东半岛环抱,是中国内海,也是我国最北端的海域,水域相对狭窄,海水深度浅。黄海位于我国大陆与朝鲜半岛之间,北在鸭绿江口,南以长江口北角到韩国济州岛的西南角连线与东海分隔,西北以辽东半岛南端的老铁山角到山东半岛北岸的蓬莱角连线与渤海分隔。黄海因河流带来的大量泥沙而得名,这里的海水含沙量较高。黄海是一个浅海区域,平均水深约44米。东海北接黄海,南以广东省南澳岛到台湾岛南端连线与南海分隔,东临太平洋。东海海域深广,海底地形复杂,是重要的渔业资源地。此外,东海还包括了许多重要的岛屿和海湾。南海南接大巽他群岛的加里曼丹岛,东邻菲律宾群岛,西面是中南半岛和马来半岛,面积约350万平方千米,拥有独特的热带海洋气候和珊瑚礁生态系统。这里的海域资源丰富,包括大量的渔业资源,还拥有众多岛礁和海岛,是重要的航运通道。

根据《联合国海洋法公约》的相关规定,海域的划分从内海开始向外延伸依次是领海、毗连区、专属经济区、大陆架、公海。《中华人民共和国领海及毗连区法》规定,中华人民共和国领海的宽度从领海基线量起为12海里。通常滨水康养旅游所关注的海洋水体就在这一区域。

2. 中国海域的特点

中国滨海地带的特点主要体现在以下几个方面。

(1)海岸类型多样。中国的海岸类型极为多样,包括砂质海岸、基岩海岸、淤泥质海岸和生物海岸等类型。这些不同类型的海岸形态共同构成了中国复杂多变的海岸线。例如,山东半岛和辽东半岛展示了基岩海岸的特点,良港众多;而江苏沿海则以广阔的淤泥质滩涂而闻名;秦皇岛北戴河、惠州巽寮湾、北海银滩等地,因良好的砂质海岸地貌,成为驰名中外的海滨旅游区;在华南的海岸沿岸,生长着特有潮间带植被——红树,因此在一些地区形成了以红树林为主体的生物海岸。

(2)海水含沙量普遍较高。中国的多数沿海地区海水含沙量较高,特别是在黄河和长江入海口附近。这主要是由于这些大江大河携带大量泥沙入海,影响了沿海海域的海水质量和生态环境,致使中国滨海区域海水透明度偏低的区域较多,但泥沙带来的营养物质也使得中国近岸舟山渔场等地成为世界上较高产的渔业区域之一。

(3)沿海气候受台风和季风影响较大。中国沿海地区的气候受到台风和季风的显著影响。在夏季,东南亚台风频繁,给中国东南沿海地区带来强风和降雨。在冬季,受到东北冬季风的影响,中国北方沿海地区气候较为寒冷和干燥。这些气候特征对沿海地区的生活和经济活动有着重要影响。

三、滨水康养及其功能

(一)滨水康养旅游概念

滨水康养旅游是指将自然环境与康养服务相结合,以滨水旅游区为基地,为游客提供全面的身心康养体验的旅游方式。滨水康养旅游注重提供优质的康养设施和服务,以满足游客的康体需求。游客可以在美丽的自然环境中放松身心,享受康养服务,提高身体健康水平。此外,滨水康养旅游以自然环境为特色,通常位于河流、湖泊、海滨等水域区域,这些地区有着清新的空气和宁静的氛围,游客可以远离城市的喧嚣和压力,在大自然中感受宁静和放松。

(二)滨水康养的功能

滨水康养的功能是指通过接触滨水环境,获得身心健康的效果。滨水康养的功能包括促进身心健康、增强免疫力、舒缓压力、提高幸福感和改善心理健康等。

1.滨水康养可以促进身心健康

在滨水环境中,人们可以沐浴在大自然怀抱中,呼吸清新的空气,接触绿色植物和清澈的水域,从而促进身心的放松与恢复。同时,滨水康养也能够提供各种体育运动和娱乐活动,如游泳、钓鱼、划船等,使人们身体得到锻炼,促进健康。

2.滨水康养可以增强免疫力

研究表明,滨水环境中的负离子,可以促进人体免疫系统的正常功能和抗病能力的提升,提高人体免疫力。同时,滨水康养也有利于降低血压、改善睡眠质量和消除疲劳,从而减少疾病的发生。

3.滨水康养可以舒缓压力

在现代快节奏生活中,人们往往承受着来自工作、学习和生活的压力,导致身心疲惫和焦虑等问题频繁发生。而滨水康养可以提供放松身心的环境,从而缓解压力和焦虑,使人们得到心灵的抚慰和宁静。

4.滨水康养可以提高幸福感

研究表明,人们在接触水域等大自然环境时,往往会感受到愉悦、安心和幸福。滨水环境中的景色和声音能够调节人们的情绪,促进积极的情感和心境,所以滨水康养可以帮助人们摆脱忧虑和不快,提高幸福感和生活质量。

5.滨水康养对于改善心理健康起到积极作用

现代社会中,心理健康问题越来越普遍,如抑郁症、焦虑症等。而滨水康养可以提供理想的疗愈空间,帮助人们放松身心,舒缓焦虑和压力,改善心理健康。此外,滨水康养还可以促进交流和社交,增强人际关系,提高社会支持,有利于心理康复和健康。

四、滨水康养旅游发展历程

1. 第一阶段——初始发展阶段（20世纪初至20世纪50年代）

在这个阶段,滨水康养旅游的概念刚刚开始形成。世界各地,尤其是在欧洲和美国的一些地区,人们开始意识到自然环境,尤其是水域对健康的积极影响。例如,欧洲的一些海滨城市如法国的尼斯和意大利的阿马尔菲海岸,开始吸引那些寻求休闲和恢复健康的游客。在这一时期,中国受制于当时落后的经济和频繁的战乱,滨水康养旅游发展相对缓慢,但一些海滨城市,如青岛、大连等开始成为当时富裕阶层的旅游目的地。

2. 第二阶段——快速发展阶段（20世纪60年代至20世纪末）

20世纪中后期,迎来较长时间的和平期,滨水康养旅游开始快速发展。随着人们生活水平的提高,以及对健康和休闲需求的增加,滨水旅游目的地如美国的迈阿密海滩、圣莫尼卡海滩和澳大利亚的黄金海岸等开始吸引全球游客。在中国,随着改革开放的推进,国内经济快速发展,三亚、厦门等城市的滨水旅游业也开始兴起。在这一阶段,投资者和开发商开始大力开发滨水休闲和娱乐设施,如滨海公园、海滨步道、度假村和水上活动中心。

3. 第三阶段——多元化发展阶段（21世纪初至今）

21世纪初,滨水康养旅游进入了一个多元化发展的新阶段。随着全球化和技术的进步,滨水康养旅游的形式和内容变得更加多样化。例如,地中海地区的滨海城市如希腊的圣托里尼岛和西班牙的巴塞罗那,开始提供结合文化体验和健康养生的旅游项目。在中国,滨水旅游不仅限于海滨,也扩展到了内陆的湖泊和河流地区,如杭州的西湖、云南的洱海,以及部分人造水域如浙江千岛湖等。这些地区开始提供更为多样化的康养活动,包括水疗、瑜伽和生态旅游等。

在这个多元化发展阶段,滨水康养旅游不仅成为促进健康和休闲的重要方式,也逐渐成为推动地方经济和文化发展的重要因素。随着科学研究对水域环境对人体健康积极影响的进一步证实,预计未来滨水康养旅游将继续保持增长趋势。

慎思笃行
Shensi Duxing

浙江海盐
推进岸线
生态修复
打造特色
滨海长廊

曾惊弱水断流久　又见居延荡碧波——我国第二大内陆河尾闾湖居延海复活记

森森居延海,萧萧芦荻林。隆冬时节,记者来到我国第二大内陆河黑河的尾闾湖——东居延海湖畔,只见丛丛簇簇的芦苇随风摇曳,结冰的湖面在阳光照耀下晶莹剔透，好似一面明镜，镶嵌在茫茫戈壁上。

20多年前，被称为弱水的黑河每年有250多天处于断流状态，居延海已是巨大的干涸湖盆。2000年起，国家对黑河实施水资源统一管理调度，决心让居延海重新碧波荡漾。如今，东居延海已连续14年波光粼粼，堪称我国生态保护史上的一个奇迹。

1.弱水古泽变身"死亡之海"

居延海位于内蒙古自治区阿拉善盟额济纳旗西北部的戈壁上，是古弱水黑河的尾闾湖。黑河发源于祁连山中段，全长928千米，流经青海、甘肃、内蒙古，最后注入额济纳旗的东、西居延海。

前来额济纳旗旅游的人们肯定不敢相信，如今碧波荡漾、鳞浪层层、鸥鹭翔集的东居延海，20多年前彻底干涸，变成了"死亡之海"。西居延海更是早在20世纪60年代初就已干涸。

额济纳旗水务局副局长石玉军说，从20世纪五六十年代起，黑河中游开始进行农业开发，水资源消耗明显增大，黑河进入额济纳旗的水量大幅减少，甚至经常出现断流，不少湖泊、泉眼和沼泽地随之逐渐消失。

2000年初，记者在东居延海附近采访时看到，湖盆里堆积了一层厚厚的细沙和白花花的盐碱，间或能看见鱼骨和其他动物的骨头。缺少了黑河的滋养，额济纳绿洲急剧萎缩，植被大面积退化，荒漠化加速蔓延，经常刮起遮天蔽日的黄沙，变成我国北方主要的沙尘策源地之一。

70岁的萨仁格日勒生活在东居延海西侧的赛汉陶来苏木。她回忆说，儿时房前屋后都是高高的草甸，牛、羊走在其中都看不见身影，可后来黑河断流，居延海慢慢干了，地下水降了，草木缺了水，也都枯死了，一些牧民因牲畜没有草吃而被迫搬走了。

2.跨省分水拯救居延绿洲

居延海干涸，沙尘暴频发，额济纳旗持续恶化的生态，引起国家高度重视。为了遏制下游生态系统整体恶化，2000年8月，国家决定实施黑河跨省分水，对黑河干流水量统一调度、全流域水资源统一管理。

据黑河流域管理局有关专家介绍，根据分水方案，黑河中游张掖等地要往下游分出至少六成水量。为了省水，当地发展高效节水耕地超过100万亩，并提高农业水价倒逼农民节水。

张掖市甘州区上头闸村农民郭龙把地里的作物从小麦改为节水型玉米。"以前浇地大水漫灌，现在要精打细算，多用水多交钱。"他说，自家50亩地，与以前种小麦相比，一亩节水近一半，亩收入增加700多元。

省下的水流到下游，恢复了额济纳旗生态，也使东居延海起死回生。2003年，消失11年的东居延海湖盆首次过水，并且蓄积起稳定的水面。2004年8月至今，东居延海已连续14年再未干涸，水域面积稳定在40平方千米左右。

额济纳旗林业局副局长雒金玉说,东居延海有了稳定水面,额济纳绿洲的地下水位升高了,胡杨林得到黑河水的浇灌,面积从2000年的39万亩增加到目前的44万多亩。东居延海附近出现的候鸟种群、数量逐年增加,由2010年的10多种、数千只增加至目前的80多种、3万多只。

3.搬迁退耕恢复绿洲家园

黑河水量统一调度使额济纳绿洲重现生机。为了保护来之不易的生态成果,额济纳旗累计从生态脆弱地区转移搬迁农牧民近4600人,并从2017年起在胡杨林自然保护区里退出1万亩耕地,既让来之不易的水资源物尽其用,又促进了胡杨、红柳等沙生树木复壮更新。

额济纳旗巴彦陶来苏木乌苏荣贵嘎查牧民嘎拉朝鲁退了110亩林间耕地,得到10多万元补贴。"以前把地租出去种蜜瓜,一亩地每年收入1000元,可种蜜瓜耗水、耗肥、农药用量大。为了保护脆弱的生态,我们支持退耕。"嘎拉朝鲁说,他准备在原耕地上补植紫花苜蓿、红果枸杞等多年生草本植物。

据了解,乌苏荣贵嘎查69户村民清退胡杨林中的耕地4457亩。"为了确保退耕的农牧民退得出、稳得住,生活不受影响,政府也出台了许多优惠政策。"巴彦陶来苏木副苏木达(副乡长)布音达来说,对于有种树种草意愿的,协调发放草籽、树苗,并提供技术指导;对于想做旅游服务业的,有关部门还帮忙推介游客。

额济纳旗还通过疏浚河道、科学导流等方式,让黑河水于2016年首次进入消失半个多世纪的西居延海,到2018年底,西居延海已先后进水10多次。然而,蒸发和下渗量过大,只留下一个不足10平方千米的小湖,湖畔长满芦苇、杂草,湖面也维持得比较稳定。

2018年9月,黑城遗址附近沉寂了600多年的古河道也进水了,这一次灌溉和浸润面积达到25平方千米。当地的牧民兴奋地说:"河道过水后,一些枯朽多年的小胡杨树居然发芽了!"

(资料来源:新华社,2019-01-22。)

知行合一

任务二　滨水康养旅游产品开发

任务描述:

本任务对滨水康养旅游的基本要素与特点、滨水康养旅游产品的类型与设计进行全面介绍。

任务目标:

了解滨水康养旅游的基本要素与特点,掌握滨水康养旅游产品的类型与设计。

一、滨水康养旅游的基本要素与特点

(一)滨水康养旅游的基本要素

滨水康养旅游是一种以水体为背景,以康养和休闲为主题的旅游方式。其将自然环境、文化资源和康养服务结合在一起,为游客提供康体养生、放松身心的旅行体验。滨水康养旅游的基本要素如下:

1. 自然环境要素

自然环境是滨水康养旅游的基础和核心要素,滨水康养旅游通常发生在海、河、湖、泉等水域附近,依托自然环境为游客提供身心放松、康体养生的机会。

清澈的水体是滨水康养旅游吸引游客的重要特点之一,游客可以沐浴在清澈的海水中,尽情享受海水的荡涤和滋润。海水含有丰富的海洋矿物质和微量元素,可以帮助身体排毒、调节新陈代谢,对皮肤、呼吸系统和循环系统都有益处。此外,滨水康养旅游还包括泡温泉、矿泉水疗等活动,这些活动有助于放松肌肉、缓解疲劳和改善血液循环。

湿润的空气是滨水康养旅游的重要部分,海滨、湖泊等水域周围的空气通常富含负离子,对身体健康有积极影响。空气负离子具有很强的氧化能力,可以清除空气中的有害物质和细菌,提高空气质量,也有助于提高人的免疫力和保护呼吸系统。在滨水康养旅游区,游客可以深呼吸新鲜的湿润空气,放松身心。

美丽的海滩、湖泊等自然景观也是滨水康养旅游吸引游客的主要因素,人们常被迷人的海滩、湖泊景色所吸引,这些独特的自然景观可以使人心情愉悦,感受大自然的美丽和宁静。游客可以在海滩上晒太阳、玩水,感受阳光的温暖和海风的清凉;也可以在湖泊周围散步、钓鱼,享受大自然的宁静。滨水康养旅游对生态环境保护和维护有着高要求,保持水质清洁、生态平衡是滨水康养旅游区的基本条件之一。图5-1所示是典型的滨水康养旅游环境。

图5-1 典型滨水康养旅游环境

2.亲水及水上活动要素

（1）水上运动。滨水康养旅游区通常拥有丰富的水资源，如湖泊、河流、海洋等，游客可以参与各种水上运动，如划船、冲浪、水上滑板等。这些活动不仅可以增加游客的体力消耗和运动乐趣，还能够增强游客的身体素质和提高协调能力。

（2）水疗疗养。滨水康养旅游区通常有温泉、矿泉等天然疗养资源，游客可以参与温泉浴、泥浆浴等水疗疗养活动。这些活动具有较好的理疗效果，可以缓解疲劳、促进血液循环、改善皮肤状况等。

（3）河湖游览。滨水康养旅游区具有独特的河湖景观，游客可以乘船或者划船游览，欣赏沿途的美景。这些活动可以使游客亲近水体，感受水的魅力，享受清新的空气和宁静的氛围。

（二）滨水康养旅游的特点

1.水域环境的独特康养效果

滨水康养旅游的最大特点是其独特的水域环境，如海滩、湖泊、河畔等。这些地方不仅风景优美，而且水具有自然的舒缓和净化作用。例如，海水富含矿物质，矿物质是皮肤健康必不可少的物质；而湖泊和河流的宁静环境则有助于缓解心理压力。

2.水上活动与康养的结合

在滨水环境中，游客不仅可以享受传统的康养服务如SPA、按摩等，还可以参与各种水上活动，如游泳、皮划艇、水上瑜伽等。这些活动有助于促进身体健康，同时在美丽的水域环境中进行，更增添了乐趣和放松的元素。

3.自然水域的心理疗愈效果

滨水康养旅游特别注重利用水域环境达到心理疗愈效果。波光粼粼的水面、潺潺的水声、绿意盎然的河岸，这些自然元素能够有效地舒缓人的心情，减轻心理压力和焦虑，帮助游客实现心灵的平静。

4.环境亲和的康养方式

滨水康养旅游强调与自然的和谐共处，提供的康养服务往往更注重环境的可持续性和生态友好。例如，使用自然材料建造的度假屋、生态友好的水疗中心等，不仅减少了对环境的影响，同时也为游客提供更加亲近自然的康养体验。

滨水康养旅游凭借其独特的水域环境和与之相关的康养服务，在促进游客身心恢复的同时，也为游客带来了与众不同的康养体验。

二、滨水康养旅游产品的类型与设计

（一）滨水康养旅游产品的客群需求分析

滨水康养旅游产品的客群包括各个年龄段的人群，针对不同的年龄段和客户群体，可以结合滨水康养旅游资源要素及活动特点进行分类分析。

1. 青年人群

对于滨水康养旅游产品,青年人群可能更倾向于选择提供水上运动和娱乐项目的目的地,例如滨海度假胜地或河流风景区。这些年轻人群体注重团队互动、社交和体验,喜欢与朋友一起参与水上运动,如划船、冲浪、潜水等活动,并享受户外夜生活和音乐演出。

青年人群也对滨水康养旅游产品中的创意活动和新奇体验感兴趣,他们喜欢挑战自我,尝试水上极限运动如风筝冲浪、帆板运动等,以获得一种独特的兴奋感和成就感。

2. 中年人群

中年人群往往在事业和家庭中承担重大责任,这类人群对健康和放松的需求更为强烈。对于滨水康养旅游产品,中年人群可能更愿意选择提供休闲度假、温泉疗养和养生保健的目的地,倾向于参与水疗、按摩、瑜伽等放松身心的活动,以缓解压力和恢复健康。

中年人群还注重社交和交流,愿意结交新朋友,并与家人和朋友一同享受旅游的快乐。因此,旅游目的地提供社交活动、团体游玩和康养交流的机会也是非常重要的,可以使中年人群充分享受社交的乐趣。

3. 老年人群

老年人群在滨水康养旅游中更注重养老护理、康复疗养、文化体验、美食品尝,以及舒适性、安全性和便利性。老年人群关注身体健康和养老问题,这类人群常常选择滨水康养旅游作为养老生活的一部分,可能更倾向于选择提供养老护理、康复疗养和医疗服务的目的地。在滨水康养旅游中,旅游目的地提供老年人喜爱的健康饮食,如营养均衡的餐饮和特色养生食品,可以满足这类人群对美食的追求。

在滨水康养旅游中,老年人群更关注自然环境的舒适性,喜欢漫步、观鸟、健身操、太极等活动,同时也把滨水康养旅游作为与配偶或朋友交流的方式。老年人群在滨水康养旅游中还非常注重安全性和便利性,希望旅游目的地能提供便捷的交通、舒适的住宿条件以及不同程度的无障碍设施,以保障他们的旅游体验和安全。为老年人群提供适宜的滨水康养旅游产品和服务,可以满足不同需求,提高他们的生活质量和幸福感。

4. 家庭群体

家庭群体是滨水康养旅游产品的重要客群,这类群体带着孩子寻找快乐、休闲和享受亲子时光。对于滨水康养旅游产品,家庭群体注重安全性、儿童乐园设施,喜欢在沙滩上游玩,如建沙堡、玩沙滩排球,在水上乐园玩水上滑梯、游泳等。

此外,家庭群体也注重滨水康养旅游中的亲子互动,喜欢参与户外探险、海滩烧烤、垂钓等亲子活动,使孩子们感受自然的美好和家庭的温暖。家庭群体在滨水康养旅游中也关注食宿条件和服务质量,希望旅游目的地能提供温馨舒适的住宿环境和适宜的餐饮选择，以满足家庭成员的需求。

5.特殊人群

对于残障人士，滨水康养旅游目的地应该提供无障碍设施，包括坡道、无障碍卫生间、轮椅出行通道等，以便其能够自由地参与各项活动。对于慢性病患者，滨水康养旅游目的地应该提供医疗服务和定制的健康护理，可以提供健康管理指导、定期体检等服务，帮助患者改善病情并恢复健康。此类滨水康养旅游产品提供者应该与相关机构和医疗团队合作，确保提供专业的健康护理和服务。总之，针对特殊人群，滨水康养旅游产品和服务应注重无障碍性、特殊需求的满足、医疗服务和专业健康护理，通过为特殊人群提供定制化的服务，使这些人群也能享受到健康、放松和快乐的旅行体验。

（二）滨水康养旅游产品的类型

滨水康养旅游产品是指以滨水景观为背景、以健康养生为核心理念的旅游产品，其提供一种结合自然环境、康养养生理念和旅游体验的独特旅游方式，受到社会大众的喜爱。根据滨水康养旅游产品的不同特点和目标人群的不同需求，可以将其分为以下几种类型。

1.度假村式滨水康养旅游产品

这类产品通常以湖滨、河畔度假村为基础，提供全面的康养服务和设施。除了提供丰富的酒店设施和活动，度假村通常有专业的康体顾问和医学专家提供健康咨询和康体培训。度假村通常还设有康体中心，提供各种康体活动和疗养服务，如瑜伽、太极拳、按摩、针灸等，使客人在度假的同时也能享受养生体验。

2.生态农庄式滨水康养旅游产品

这类产品通常以关联河湖的生态农庄为基础，注重自然环境与农耕文化的结合。客人可以参与农耕活动，体验农耕文化，同时也能享受优美的自然环境和新鲜的有机食物。农庄通常还会提供一些康体活动，如自行车骑行、健步走等，使客人在自然环境中放松身心，感受农村生活的乐趣。

3.健康疗养式滨水康养旅游产品

这类产品通常集中在具有天然疗养资源的地区，如各地的温泉度假村等。这些地区利用天然资源提供健康养生服务，如矿物质丰富的温泉浴、盐水漂浮治疗等，同时提供专业的医疗咨询和康复治疗服务，适合有特定健康需求的游客。

4.滨海养生度假式滨水康养旅游产品

这类产品通常是以海滨景区为基础，结合海洋资源和康养理念打造的旅游产品。这些度假区通常会提供海滩、水上运动等娱乐设施，使客人在享受海滨风光的同时也能参与各种康养活动，如散步、游泳等。同时，度假区也会有SPA中心和餐厅提供各种康养体验和健康餐饮，使客人在度假的同时也能得到健康的身心享受。

5.高端滨海度假式滨水康养旅游产品

这类产品通常位于世界著名的滨海旅游目的地,如中国的海南岛、马尔代夫、美国的夏威夷、法国的蓝色海岸等。它们提供豪华的住宿设施,比如海景别墅、私人海滩、高级水疗中心,以及个性化的服务,如私人管家和定制旅游路线。这些度假地点适合寻求奢华体验和隐私空间的游客,提供从私人海滩晚餐到定制水上活动的独特体验。

滨水康养旅游产品的类型多种多样,满足不同人群的不同需求。无论是追求休闲度假、康体养生还是寻求体验自然环境、农耕文化等的人群,都可以找到适合自己的滨水康养旅游产品。随着人们健康意识的增强和康养旅游市场的发展,滨水康养旅游产品将会越来越受到大众的欢迎和关注。

(三)滨水康养旅游产品的开发设计原则

滨水康养旅游产品的开发设计原则是指在开发滨水康养旅游产品时应遵循的原则和准则。这些原则有助于确保产品的品质和竞争力,提高客户的满意度和旅游体验。以下是滨水康养旅游产品开发设计的几个重要原则。

1.自然环境保护原则

滨水康养旅游区域与日常人居环境关系密切,产品的开发者应遵循自然环境保护和可持续发展的原则,保护滨水生态系统和生物多样性,合理开发,避免造成水体不可逆的污染与破坏,对人类健康造成负面影响。具体体现在三个层面:①生态保护,在开发滨水旅游区域时,应优先考虑生态保护,避免破坏水域生态系统和自然景观;②可持续设计,采用可持续建筑方式和环保材料,减少建设对环境的影响,如使用太阳能、风能等可再生能源;③生态教育,在旅游活动中融入生态保护的教育,如组织海洋生物保护工作坊,增强游客的环保意识。

2.康养养生原则

滨水康养旅游产品开发设计的康养养生原则可以从活动开发、健康饮食和身心平衡的层面加以实施落地。①活动开发,利用滨水环境的自然疗愈特性,开发多样化的康养活动,如水上瑜伽、海滨太极、水疗SPA等;②健康饮食,提供以海鲜和当地特色健康食材为主的餐饮服务,强调营养均衡和食物的原汁原味;③身心平衡,设计活动和服务时注重身心平衡,如提供心理咨询和康复疗养服务。

3.滨水主题服务原则

在滨水康养旅游产品的开发设计中,可根据不同游客的需求,结合与水域有关的资源,提供定制化的康养体验,如亲水治疗、特色水疗等;还可结合当地文化元素,组织与水域文化相关的活动,提供独特的文化体验,如渔村文化体验、滨水市场探访等。

4.交通便捷原则

人类日常生活在陆地,因此滨水康养旅游产品的开发,需重点考虑游客出行的便利性。应确保滨水康养旅游区域交通便捷,容易到达,如设置便利的公共交通连接,提供车辆停泊服务、接送服务等。此外,在景区内部,滨水区域应有高效的交通系统,如电瓶车、自行车、机动船租赁等,以方便游客在区域内活动。

5.物质条件完善原则

滨水康养旅游产品因为水域可能造成隔离与不便,为了让游客有休闲放松和身心康养的体验,物质条件的完善是产品保障需求的关键。首先,需要确保固定设施本身的高品质,住宿和休闲设施有景观房、景观餐厅等,要确保游客居住的舒适体验。其次,服务品质应同步跟进,提供高效率的服务供给,包括物资配送与人员服务跟进。物质条件完善是安全服务的基础,没有完备的安全设施及条件保障,滨水康养旅游活动极易出现危及人身安全的事故。

慎思笃行

山海之畔的"阳光经济"

一壶热茶,三两好友,远眺邛海,在温暖的阳光沐浴下,哪里还用得着棋牌助兴!入冬不久,成都的李阿姨就相约好友,赶赴四川省凉山彝族自治州(以下简称凉山州)西昌市海南街道大石板社区,迫不及待地来一场阳光浴,晒干周身的阴冷湿气。

西昌是四川省凉山州首府,一座被阳光青睐的高原春城,年均日照时长超过2400个小时,被幽默的四川人戏称为"三亚分亚"。大石板社区就依偎在西昌城郊的泸山脚下、邛海之畔,凭借着AAAA级旅游景区得天独厚的湖光山色和深厚的历史底蕴,吸引了不少像李阿姨这样的"候鸟"前来"越冬栖息"。

谁能想到,这座古色古香的村子里竟有200多家民宿,近2500间客房,80多家餐厅,一个从"阳光经济"中出生的康养民宿产业集群已经初具雏形。然而,就在10年前,大石板人却过着守着青山绿水"要饭吃"的苦日子。

回望来路,大石板人是如何打通"绿水青山"到"金山银山"的转化通道的?最近,大石板社区掀起了宣传学习党的二十大精神的热潮,村民忆苦思甜,通过三组关系的变化勾勒出十年间的发展历程,进一步坚定了听党话、感党恩、跟党走的决心和信心。

20世纪80年代,随着人口增加,大石板周边群众不断聚集到邛海之滨,各家在空地上建起一座座房屋。大房接小房,小房接窝棚,久而久之就形成了密密麻麻的棚户区。大石板社区党委副书记尹俊就是在这片逼仄低矮的棚屋中长大的,在这里娶亲成家,在这里迎来了呱呱坠地的新生命。

俗话说,靠山吃山,靠海吃海。一年又一年,一代又一代,人们在这里繁衍生息,邛海这座母亲湖却越发憔悴。21世纪初,邛海面临的生态环境问题逐渐突显。围海造田、填海造塘、餐饮住宿等无序发展,导致邛海近三分之二的湖滨湿地遭到严重破坏,滩涂和原生湿地基本消失,水鸟和本土物种减少,

叫响湿地品牌,盐城打造长三角知名康养胜地

邛海湿地生态功能日趋减弱。邛海水域面积不断缩减,水质从Ⅱ类降至Ⅲ类及以下,居民饮水安全受到严重威胁。

一场邛海生态保护战拉开大幕。在这场轰轰烈烈的大战中,大石板人结束了"人进海退"的旧路子,转入"人退海进"的新轨道。2013年,400余户村民陆续搬离旧居,为邛海休养生息留出足够空间。

"你看,环海路的内侧就是以前村民的棚屋。"站在由村集体粮食加工房改造而来的民宿"归心十二间"的天台上,尹俊抬起手臂指向邛海的方向。如今,那里已是一片葱茏。转过身,在一片向阳的缓坡上,一座座二层小楼依山而建,砖红色的屋顶如同南红玛瑙般在阳光下熠熠生辉,与蔚蓝如镜的邛海相映,构成一幅绝美的湖光村居图。2016年,等待了3年的村民拿到了安置小区的新房钥匙,陆续搬到了这里。

"物理上,人离海比以前更远了;心理上,人与海却更近了。"尹俊说,眼看着邛海湿地植被越来越丰富,以前没见过的鸟儿越来越多地来到这里安家,湖水变得清亮,村民们越发珍视这失而复得的美丽家园,"绿水青山就是金山银山"的生态理念刻进了每一个大石板人心中。

大石板是个老地名,土生土长的西昌人都知道,但大石板社区却是个新社区。2021年初,原钟楼村、核桃村、民主村合并,几番商议,决定改名为大石板社区。

虽然3个村地脉相连,但家底却相差很大。山下的钟楼村、核桃村因为地理优势,先发展起来,集体积累资金分别达到400万元和1000万元,而山上的民主村,集体积累资金仅有6.66万元。

先富带后富、强村带弱村正是四川省推动村级建制调整的用意,但各村集体经济实力过于悬殊,如何稳妥推进、让各方都满意是一个棘手的新问题。经过一场场坝坝会商议,"AB股"融合发展的方案最终成形落地。所谓A股,是指合并前各村已产生收益的资产、资金仍由原村自主经营管理,收益由原村成员享有;B股则是指新合并的大石板社区股份,收益由大石板社区所有成员共享。

2021年4月,西昌大石板文化旅游开发有限公司成立,大石板社区整合社区闲置晒坝4050平方米、古树古寺古井等生态文旅资源入股,国有资本西昌邛海旅投入场,联手民营企业旅游开发专业团队,对全村进行景区化提升、专业化运营。不到1年时间,大石板社区集体经济总收入就超过了100万元。今年7月,大石板社区的探索实践入选四川省农业农村厅发布的全省新型农村集体经济发展十大优秀案例。

如今,大石板景区化提升一期工程已经完成,二期工程效果也初步呈现。山下热闹起来了,山上原民主村的村民要怎么更深入地参与到文旅产业链条中来,这是大石板社区党委近来想得最多的事情。开发生态农产品伴手礼、打造彝寨风情山庄……一个个点子冒出来,让大伙儿兴奋不已。

(资料来源:农民日报,2022-12-15。)

任务三　滨水康养旅游的产品案例分析

任务描述：
本任务结合背景资源介绍，给出典型滨水康养旅游目的地案例资料并剖析其内在结构与逻辑。

任务目标：
立足实际运用，全面和整体理解滨水康养旅游产品体系。

一、案例目的地简介

威海市，位于中国山东省东部，北、东、南三面濒临黄海，土地总面积为5822.52平方千米，是一座具有重要战略地位的滨海城市。作为国家历史文化名城和全国文明城市，威海以其独特的海滨风光、丰富的历史文化资源和优良的生态环境而闻名。

威海地理位置优越，北与辽东半岛相对，东与朝鲜半岛隔海相望，西与烟台市接壤，是山东半岛东部的重要节点。威海经济以渔业、旅游业和海洋产业为主导。城市的海洋资源丰富，拥有多种海洋生物和丰富的海洋能源。

威海是国家海洋生态文明建设示范区，海岸线长968千米，近岸功能区水质达标率100%，符合一、二类海水水质标准的海域达98.6%；拥有8处国家级、省级海洋保护区，200多千米清洁沙滩，30多个公益性滨海公园，7处大型滨海旅游度假区。作为海滨城市，威海的气候宜人，四季分明，冬季温暖湿润，夏季凉爽，平均气温在10.8℃至23.2℃之间。威海的生态环境得到良好保护，空气质量优良，连续多年达到全国环境质量评价一级标准，海水质量达到国家一类标准，森林覆盖率达43%，是理想的避暑胜地和康养旅游目的地。

威海是中国较早开放的城市之一，具有悠久的开放历史和深厚的文化底蕴。城市拥有众多历史遗迹和文化景点，包括刘公岛、威海卫城等，每年吸引大量国内外游客。随着旅游业的发展，威海已成为滨海康养旅游的热门目的地。威海市政府大力发展海洋康养产业，投资建设了多个滨海旅游度假区和海洋公园，提供丰富的康养旅游产品和服务，包括海水浴场、海上运动、海洋疗养等，吸引了大量寻求健康生活方式的游客。

二、目的地旅游资源与产品分析

威海南海新区位于威海市南部，地处威海市南向发展轴与环海发展带的关键节点。南海新区核心起步区160平方千米，管辖区域259平方千米，东部依托南海新港，建设临港产业区;中部两河环抱,建设综合商务区;西部则依托生态资源,建设以威海南海医养小镇为核心的旅游度假区(见图5-2)。

图5-2　威海南海医养小镇项目位置

威海南海医养小镇东西长470米,南北长1436米,可建设用地约2060亩,结合威海南海新区已有配套的自然景观和医疗资源,旨在打造一个集医疗、养生、旅游、休闲、商住于一体的综合康养景区。项目区域紧邻黄海香水海湾,海水导入小镇四周开挖的循环景观河道与湖泊,清澈的海水和丰富的海洋生物为各类水上活动和海滨康养提供了条件。

针对现状条件,南海医养小镇开发方本着注重生态保护的原则,确保海洋和海岸线资源的可持续利用。南海医养小镇保留了中央三组水系,同时结合地形起伏,打造两山三水的中央景观核心——以大地景观、文化特征为特色的细胞公园;同时依托细胞公园与东西向生态主廊,延伸5条生态廊道,将场地划分为五大功能组团,确保组团与组团之间的生态均好与品质建设。依据产业策划与产业体系,结合周边城市道路与组团情况,确定康、医、养、居、商五大主题组团布局(见图5-3)。

图5-3　威海南海医养小镇功能布局

核心功能层面,以三甲医院威海南海新区医院、康复中心、养老中心所在区域为引领,以未病先防、健康疗养为特色的健康中心,以介助介护、海景养老为特色的养老中心,共同形成集医、康、养于一体的康养综合体,力求滨海康养旅游长效保障(见图5-4)。

图5-4　威海南海医养小镇内部康养综合体示意图

在康养旅游商、住层面,建设面朝南方保障冬季阳光入户的低密度度假公寓楼,以及国际化的时尚购物商场,以海洋特色休闲、美食、娱乐为特色的购物商圈,提供从购物到海滨休闲的丰富体验。

威海南海医养小镇将自然景观、医疗优势与康养旅游完美结合,充分考虑了生态保护和可持续发展,旨在为康养旅游者提供高品质、多元化的康养体验,以及全生命周期的大健康服务,同时为当地居民创造健康、和谐的生活环境,实现全龄、全时、全域的康养度假新生活。

项目小结

本项目深入分析了滨水康养旅游的核心特征,详细探讨了滨水康养旅游基于水域环境的基础资源、多样化形态及关键要素,从而构建了一个全面的理论框架。基于这一框架,项目针对不同的地理和自然资源条件,详细介绍了滨水康养旅游的各种产品类型,同时明确了对应的目标市场和功能定位。

此外，项目还着重考虑了滨水康养旅游对环境的影响和生态保护的重要性，对滨水康养旅游产品进行了综合性的评估，确保其发展既符合市场需求，又能够实现生态和可持续性目标。

项目训练

一、简答题

1. 中国北方地区在发展滨水康养旅游方面面临的限制因素主要有哪些？
2. 在各类滨水康养旅游产品中，能够普及化开设和分布的是哪些？
3. 威海发展滨海康养旅游的主要优势是什么？

二、能力训练

请以大理洱海的滨水康养旅游产品为例，从产品定位、产品资源到产品特色等方面对其进行全面深入的分析。

选择题

项目六
温泉康养旅游

 项目描述

通过学习,了解温泉康养旅游的基础资源及其形态、温泉康养旅游产品应具备的要素及常见的温泉康养旅游产品类型,能够结合目的地资源禀赋要素评价温泉康养旅游项目并开展简单的项目策划。

 学习目标

知识目标

1. 了解温泉的基本结构、特点和分布。
2. 了解温泉康养旅游的基础资源及其形态。
3. 了解温泉康养旅游产品应具备的要素。
4. 了解常见的温泉康养旅游产品类型。

能力目标

1. 能够准确描述温泉康养旅游的特点、类型及形式。
2. 能够辨析目的地是否具备温泉康养旅游地建设要素,以及其分布和呈现的特点。
3. 能够结合目的地资源禀赋要素评价温泉康养旅游项目并开展简单的项目策划。

素养目标

1. 培养学生尊重自然及与自然和谐共生的意识,具备较强的科学思辨能力。
2. 培养学生在温泉康养中的科学实践能力,增强健康意识,提升自我健康管理的能力。

知识导图

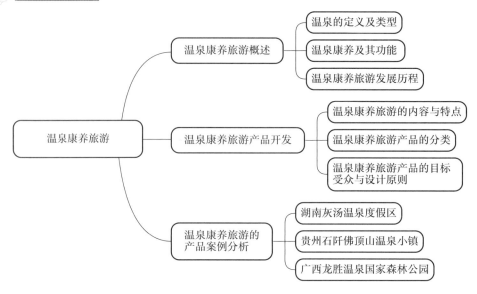

【项目引入】

中国温泉康养市场在哪里？

随着经济的发展,城镇化过程中城市人口快速聚集及经济高速增长的同时,一系列城市与环境问题的矛盾逐渐凸显出来,快节奏、高压力的工作和生活环境下,疾病、亚健康等问题不断唤醒着城市人群对休闲康养度假的需求。喷薄而出的休闲健康养生需求,是康养旅游生长的土壤。温泉作为大自然极为宝贵的馈赠,是康养旅游较好的载体。早在2010年左右,在温泉娱乐化产品大行其道之时,一些行业有识之士就已经提出温泉康养的概念,还原温泉的康养本质,建议打造有别于其他旅游产品的温泉康养产品,为温泉旅游的升级转型指引了方向,也开辟了温泉康养的新发展方向。

温泉本身富含矿物质与微量元素,通过热力作用于人体,能起到康体强身功效。不同水质的温泉具有不同的疗效,碳酸泉对防治心脏病、高血压、动脉硬化等有一定效果;碳酸氢钠泉能滋润皮肤,软化皮肤角质层;硫磺泉对慢性皮肤病有缓解作用;盐泉能改善手脚冰冷、贫血及过敏性支气管炎等症状;而各种成分都有的单纯泉能促进血液循环,对中风、外周神经痛等有一定的舒缓功效。总之,泡温泉拥有美容养颜、排毒瘦身、缓解疲劳、舒筋活血的效用。

温泉旅游和中国经济一样,在国家供给侧深化改革、市场消费升级的背景下,面临着深刻的转变,开始进入一个转型关键期:娱乐化产品发展后劲不足、度假产品不断细分、寄予厚望的康养市场前景广阔。依托现有的温泉资源,积极探索适宜发展的温泉康养旅游模式,有助于推动温泉旅游的转型发展,有助于发挥温泉在推动地区经济发展、改善民生福祉中的巨大作用。

(资料来源:中国温泉旅游网,2018-09-14。)

任务一 温泉康养旅游概述

任务描述:
本任务对温泉的定义及类型、分布进行了介绍;并结合上述基础知识,导入温泉康养概念,介绍其功能、发展历程。

任务目标:
了解温泉的定义及类型、分布,准确理解温泉康养概念的内涵、外延,了解国内外温泉康养旅游的发展历程。

一、温泉的定义及类型

(一)温泉的定义

温泉是天然且不可再生的水资源,功效繁多而用途广泛。通常,狭义上的温泉是指天然露头的温热水,广义上的温泉还包括经过人工钻孔、挖掘而出的温热水。不同国家根据温泉"温度"的不同对其定义和理解也不相同。

(1)中国温泉定义。根据《温泉旅游企业星级划分与评定》(LB/T 016—2017),温泉是指从地下自然涌出或人工采集,并含有多种对人体有益的矿物质及微量元素,且水温≥25℃的矿水。

(2)日本温泉定义。从地下涌出时水温在25℃以上或者在1千克的泉水中含有一定量的规定矿物成分的泉水(即使温度不够25℃)即为温泉。

(3)欧美部分国家定义。通常,高于20℃(美国为21.1℃)的地下水被称为温泉。部分地区以地下水温度高于当地年平均气温5~8℃来界定。

(二)温泉的类型

一般而言,根据温泉水的酸碱度,可以将温泉分为五类:酸性温泉,pH在3以下;弱酸性温泉,pH为3~6;中性温泉,pH为6~7.5;弱碱性温泉,pH为7.5~8.5;碱性温泉,pH在8.5以上。

此外,温泉水内溶有各种物质,包括阳离子、阴离子、复合离子和分子等,这些成分大部分来自自然界的岩石和矿物,有些来自火山气体。其中主要是氯离子、碳酸根离子、硫酸根离子,依照这些矿物质的化学成分所占的比例,可将温泉分为氯化物泉、碳酸氢盐泉、硫酸盐泉等十余种温泉。

按温泉的温度、活动、形态等物理属性,可将温泉分为普通泉、间歇泉、沸泉、喷泉、喷气孔(或硫气孔)泉、热泥泉六类。

(1)普通泉:最普通的温泉,泛指所有水温在沸点以下的温泉。

(2)间歇泉:藏在地下深处的温泉透过垂直细长的孔道,在一定的时间会强劲地喷出地面。

(3)沸泉:在沸点温度的泉源,温度接近100℃。

(4)喷泉:温度在沸点以上,如果再加上地质条件,就会构成壮观的喷泉,喷出的高度可达30~50米。

(5)喷气孔泉:所喷出的蒸汽含有相当成分的温泉物质,如硫磺泉最为明显,这些含有二氧化碳和硫化氢的气体,喷出时与空气结合,产生硫黄,可用于制作家用温泉浴的"温泉汤包"。

(6)热泥泉:含有大量黏土的混浊温泉,不习惯的人会觉得是在浸泥汤,而喜爱此泉的人则会发现热泥泉对美容护肤、身体康复别具疗效,因此许多温泉医院采用泥疗法。热泥泉虽然温高水浊,但洗后皮肤滑腻,十分舒畅。

(三)中国温泉的主要类型及分布

根据泉水的温度将温泉划分为三类:低温泉(温度介于25℃至50℃)、中温泉(温度介于50℃至75℃)和高温泉(温度高于75℃)。中国大陆地区还存在温度高于100℃的温泉,但数量极少,仅在西藏自治区那曲市、当雄县、萨迦县,以及云南省龙陵县、金平苗族瑶族傣族自治县等地区有零星出露。中国大陆地区三类温度的温泉数量差异显著,低温泉数量最多,占比达61.9%;其次是中温泉,占比为29.8%;高温泉数量最少,占比为8.3%。

由于地质条件等因素的改变,温泉可能会出现,也可能会消失,而同一处温泉通常有不止一个出水口,导致温泉数量难以精确统计。现有资料显示,全国温泉资源点超过5000处。近年来开发地热资源的力度越来越大,新的温泉不断涌现,较难统计到底有多少个温泉。邱楠生等(2022)以中国大地构造陆块区和造山系分区为基础,结合地热域划分和区域地理特征,根据温泉分布位置,将中国温泉从北到南依次划分为5个大区进行分析。

(1)西北温泉区。由天山—兴蒙造山系大兴安岭以西、塔里木陆块区和华北陆块区太行山脉以西构成。温泉数量较少,主要分布在西北缘,东缘有零星分布,均为中、低温泉。

(2)北方温泉区。由天山—兴蒙造山系大兴安岭以东和华北陆块区太行山脉以东构成。温泉主要分布在渤海湾盆地四周和该区西南角,以中、低温泉为主,有较少高温泉分布。

(3)青藏—三江温泉区。主要为西藏—三江造山系和秦祁昆造山系祁连山以西地区,囊括了整个青藏高原。藏南、三江地区温泉数量多,东北缘数量较少,低、中、高温泉均有大量分布。

(4) 扬子温泉区。主要由秦祁昆造山系祁连山以东和扬子陆块区构成。温泉数量较多,以低温泉为主,其次是中温泉,高温泉数量较少且集中在该区西南角。

(5) 东南温泉区。与武夷—云开—台湾造山系重合,温泉数量多,低、中、高温泉均有大量分布。

二、温泉康养及其功能

随着人们对健康的日益重视和老龄化社会的到来,康养成为多数人不得不思考的问题。温泉自带康养属性,自然地成为多数人休闲养生的目的地,近年来中央到地方政府的大力支持也加快了温泉小镇的建设。温泉康养已逐渐成为人们选择"康养+旅游"时的首选。

大多数温泉本身具有保健和疗养功能,是传统康养旅游中的重要资源。温泉旅游的开发历来是地方旅游发展的重点内容,作为一种康养旅游,温泉旅游的形态将逐渐从单一的温泉体验发展到娱乐休闲与温泉疗养相结合的复合旅游体验,最后形成以温泉康养为主、其他多种休闲娱乐服务为辅的综合性康养旅游服务。现代温泉康养已经从传统的温泉汤浴拓展到温泉度假、温泉养生,以及结合中医药、健康疗法等其他资源形成的温泉理疗等。

随着温泉康养的迅猛发展,为了规范和指导行业发展,中国旅游协会温泉旅游分会在继续推进温泉观光休闲旅游的同时,让温泉回归健康本质,大力推进以健康养生、预防保健、康复疗养为主要功能的温泉康养旅游,构建温泉观光休闲旅游和温泉康养旅游并重发展的全新市场格局,组织辽宁省冰雪温泉旅游协会、箱根集团等协会和企业以及相关专家编写了《国家温泉康养旅游项目类型划分与等级评定》。

该标准对康养旅游和温泉康养旅游进行了定义:康养旅游是指通过养颜健体、营养膳食、修心养性、关爱环境等各种手段,使人在身体、心智和精神上都达到自然和谐的优良状态的各种旅游活动的总和;温泉康养旅游则是以具有保健、康复和疗养等功效的温泉资源及温泉设施为主要依托的一种康养旅游。

具体来说,温泉的康养功能有以下四个方面。

(1) 美容养颜。泡温泉能使皮肤毛孔迅速张开,有利于人体吸收温泉内能够改善皮肤状况的矿物质元素,使皮肤更加滋润。温泉中的化学物质能美容养颜,如硫磺泉可软化角质、含钠元素的碳酸泉能美白等。

(2) 排毒瘦身。泡温泉时,人的皮肤毛孔张开,身体内的毒素能够通过毛孔随着汗液排出体外,这不仅能增强体质、提高免疫力,在一定程度上还能瘦身。

(3) 缓解疲劳。泡温泉能让身心得到放松,人在剧烈运动后会感到肌肉疲劳,泡温泉具有消除疲劳、缓解肌肉酸胀的效果,这是因为水压和温热会使人体内的乳酸(疲劳物质)更容易排出。

(4) 舒筋活血。冬季天气寒冷,人们的活动量减少,加上工作时久坐不动,容易出现血脉凝滞、经络不畅等症状,泡温泉可以促进血液循环,加速新陈代谢。

综上所述,我国温泉资源发展潜力巨大,前景广阔,是康养旅游的首要选择。通过合理的开发和管理,不仅可以为游客提供高质量的康养体验,还能为当地带来显著的经济效益和社会效益。

三、温泉康养旅游发展历程

(一)国外温泉康养旅游发展历程

国外温泉康养旅游的发展经历了由单一到复杂的过程,从传统上来说,欧洲和亚洲温泉的发展比较具有代表性。

1.欧洲温泉康养旅游发展历程

西欧温泉康养旅游的发展遵循"洗浴疗养—保养休闲—综合性温泉度假观光"的历史轨迹。公元前1世纪,罗马人在温泉城巴斯建设了一个罗马式的温泉浴池,这是一大众浴池,现位于城市中央的罗马浴池博物馆就是古代罗马人创建的巨大露天浴场的遗存。1326年,第一个温泉疗养地"斯巴"(SPA)在比利时南部列日镇近旁的Spau山谷出现,其后"斯巴"演化为温泉旅游度假区的代名词。早期对温泉的开发同样体现在温泉资源的疗养功能上,1562年,威廉·特纳医生论述了英格兰、德国、意大利各处天然温泉对多种病症的疗效作用;17世纪晚期,伴随着英国国家经济的增长及都市人群闲暇生活需求的多样化,温泉开发逐渐兴盛。18世纪,巴斯逐渐成为英国著名的消费型城市,向温泉观光城市方向发展。在法国,被称为"温泉皇后"的美丽小镇维希(位于法国中南部的阿列省),在罗马时代就是众所周知的温泉城,后经拿破仑三世的大规模改建,集博彩、游乐、歌剧、宾馆为一体,成为欧洲家喻户晓的综合性温泉度假胜地。

中欧温泉康养旅游的发展以德国为代表。德国对温泉的利用具有浓厚的疗养、保养意识。其著名的温泉城市威斯巴登在公元829年就有以"草地温泉"命名的温泉产品出现,今日威斯巴登城内的温泉仍然以疗养、保养功能为主。17世纪,德国在温泉区建设了"温泉保养馆",其具有治疗人体酸痛的显著功能,在18世纪风靡欧洲各国。

东欧温泉康养旅游的开发利用同样历史悠久。匈牙利享有"温泉之国"的美誉,在罗马时代就建有温泉治疗设施,并面向贵族、妇女和农民。俄罗斯、捷克、斯洛伐克、罗马尼亚同样有着丰富的温泉资源。

2.亚洲温泉康养旅游发展历程

亚洲温泉康养旅游的发展以娱乐功能为主,以保健功能为辅。以发展较具代表性的日本为例,日本被认为是亚洲温泉地发展较好的代表之一。日本称澡堂为"风吕",日本也有"风吕民族"的称誉。日本温泉地经历了从"汤治"到保养、休养、观光、娱乐的全过程。早在17世纪初期,日本人就发现了温泉的医疗功效,并开始制作介绍温泉功效的小册子,由此,"汤治"(以温泉治病)便在民间兴起并逐渐受到国民的喜爱。日本学者山村顺次在总结日本温泉地的发展状况和特点的基础上,将日本温泉地划分为疗养型、中间型和观光型3种类型。观光型温泉地在日本所占比例达83%，因此观光型温泉地被认为是日本温泉旅游发展的主流。

3. 美洲温泉康养旅游发展历程

17世纪以后，伴随着各国经济增长，温泉开发在欧洲大陆的法国、德国、意大利、西班牙、葡萄牙等国快速发展的同时，在美洲，人们也效仿"斯巴"(SPA)开发了许多有名的温泉，如美国纽约州的"Saratoga SPA"、西弗吉尼亚州的"White Sulphur SPA"等，"享用温泉"成为当时人们的一种时尚，此时的温泉旅游仍然以温泉治疗为导向。

总的来说，进入现代，特别是第二次世界大战之后，现代旅游对温泉旅游的发展有着巨大推动作用，各国对温泉旅游开发的研究主要围绕如下几方面：①温泉旅游资源的分布、类型、特点；②温泉的医疗功能；③温泉旅游资源开发的综合评价。温泉旅游开发受到重视，如国际旅游科学专家协会(AIEST)第39届年会专门讨论了温泉旅游再开发问题，认为传统的温泉疗养正向新型的保健旅游转变。因此，以温泉治疗为主导的传统温泉旅游开始向以温泉疗养保健和休闲娱乐并重发展的综合性现代温泉度假型旅游转变。温泉旅游在世界范围内得到广泛发展，尤以美国和日本的温泉旅游度假区最为闻名。大多数温泉旅游度假区自然环境良好，不仅有舒适的住宿条件、一流特色的饮食服务、高档次的康体中心、良好的疗养设施等，还提供专业化的疗养医师和健身指导，而且还增加了现代化的休闲娱乐设施，如高尔夫球场、滑冰场、赛马场、会议中心和游乐场所等。

知识活页

依云小镇(Evian)，世界著名的温泉康养旅游小镇

(二)国内温泉康养旅游发展历程

国内温泉康养旅游的发展大致可以分为三个阶段。

1. 第一阶段：大受欢迎，发展迅猛

国内温泉旅游最早出现于20世纪90年代。1995年左右，广东开始兴起一种露天温泉。1997年，广东恩平金山温泉度假村开业，主要由露天泡池构成。一年之后，珠海御温泉度假村开业，日式风格、唐风主题，让人眼前一亮，改变了大家对温泉的传统看法，"温泉是一种疗养业"的理念迅速形成。这种温泉模式代表了当时中国温泉发展的主流方向，即观光休闲温泉。自从御温泉度假村开业，这种模式迅速风靡全国。

2. 第二阶段：同质化严重

1997年到2008年是中国温泉业高歌猛进的时期。2017年，中国旅游协会温泉旅游分会的统计显示，中国温泉已有2538家在运营，还有一些小的温泉没有统计在内。全国温泉旅游地年总接待量达7.6亿人次，年营业收入达2428亿元。到目前为止，中国经勘察确定的温泉资源点、温泉井等有5000多处。大部分交通条件好、环境好的温泉已被开发完毕。由于缺乏有效的管理和保护，这些地方有的已经出现了资源枯竭现象，如水位下降、水量减少，行业生态面临挑战。同时，市场也发生了巨大的变化，这种观光休闲业态的温泉旅游，已经到了产业的衰落期，主要表现为同质化竞争严重。同一个区域，如珠三角地区就有两三百家温泉旅游地，提供的内容、服务大同小异。这导

知识活页

南京汤山温泉康养小镇,"千年圣汤,养生天堂"

致客单价过低,顾客在温泉旅游地停留时间较短,盈利点较少。同时,温泉项目过分依赖房地产开发,"温泉养生"这种概念的产品,过于概念化或者不接地气,导致温泉旅游业出现发展缓慢的迹象。

3. 第三阶段:亟须新业态

由于发展放缓与产品同质化严重,温泉旅游业亟须改革创新,在原有生态基础上与其他行业进行融合以创造新业态。2018年,中国温泉旅游业步入了文化和旅游融合发展的时代。然而,突如其来的疫情给温泉旅游业带来巨大挑战,行业收入普遍下降,大部分温泉企业面临新的挑战。现有的温泉旅游业态难以满足当下和未来的发展需求。由于文旅康融合发展的市场刚刚起步,温泉和大健康的结合缺乏具体配套政策支撑,温泉康养市场还处于一种萌发的状态。如何兼顾现在和未来,高瞻远瞩地进行项目定位,中国温泉旅游业发展的路径和方向是什么,现如今后疫情时代温泉康养能否焕发第二春,不论是对于投资者还是经营者而言,都值得深思。

任务二　温泉康养旅游产品开发

任务描述:
本任务结合前述温泉资源,分析依托于温泉的康养旅游活动内容和特点。在此基础上,针对温泉康养旅游产品的开发设计进行了具体全面的分析。

任务目标:
了解温泉康养旅游的内容和特点,掌握温泉康养旅游产品的类型与设计。

一、温泉康养旅游的内容与特点

(一)温泉康养旅游的内容

结合温泉旅游资源,特别是适合温泉康养的旅游资源,常见的温泉康养旅游项目有以下几种。

1. 温泉与康体养生

随着社会上亚健康状态人群的不断增多,人们对养生、康复的需求越来越多。因此,在设计温泉项目时,依托医院、生命科学研究中心等机构,充分发挥医学、生命科学与健康管理的作用,结合现代理疗手法,把温泉的健康养生价值与日常的体检、医疗、诊断、康复、疗养、健身等一系列手段深度结合,打造温泉康复疗养基地,让旅游者感受到整个身体是属于大自然的,而大自然的灵气也聚集为身体里的活力。全国四大温泉康复中心之一、亚洲著名温泉——汤岗子温泉疗养院即为此类温泉的代表。

2. 温泉与会议休闲

发展以温泉水疗为吸引、以会议度假酒店为载体、以会议接待为重点业务的"温泉会都"模式。除了少量处于偏远地区、交通相对不便的温泉之外,会议服务几乎成为大多数温泉度假村经营发展的重要业务。

3. 温泉与运动游乐

在温泉泡浴的基础上,发展满足旅游者体验性、参与性需求的运动游乐项目,休闲与娱乐并重。

(1)温泉+水游乐。发挥温泉的亲水本质,把游泳池、人造沙滩、造浪池、水上表演项目作为重要内容融入温泉产品的开发中,增强人们的亲水参与性与体验性,让人们放松心情,舒缓身心。

(2)温泉+高尔夫。将高端温泉水疗SPA与高尔夫运动充分结合,形成面向高端市场的经典休闲组合产品,是顶级温泉度假村开发的经典模式。在这一模式中,文化的创新融入是整体品质提升的关键。

(3)温泉+滑雪场。结合冬季最时尚、最具挑战性的滑雪项目,将养生与运动美妙结合,形成强大的吸引力与竞争力,从而有力推动冬季旅游的突破。此种模式是北方地区温泉度假村开发的重要模式,以青岛即墨天泰温泉度假区、辽阳弓长岭温泉滑雪旅游度假区为代表。

(二)温泉康养旅游的特点

温泉康养旅游是指以康养为主要目的,以温泉资源为基础,充分利用温泉水、温泉地微气候与良好的生态环境及其他自然疗养因子,并结合特定的温泉康养设施、配套服务设施及专业服务,通过温泉体验、运动健体、营养膳食、健康教育、修心养性、文化活动、融入自然、关爱环境等各种健康促进方式,使人在身体、心智和精神上达到自然和谐的优良状态的各种温泉旅游活动的总和。其最核心的特点是通过泉水的特殊功效,结合良好的生态环境,调整人们的身心状态,提升生活质量。

温泉康养旅游有康养旅游的共有特点,同时也具有其独特的特点:治病美容功效。碳酸泉对皮肤有良好的滋养效果,对褥疮皮炎、皮肤粗糙、黑毛孔、痤疮均有缓解作用。碳酸氢钠泉对人体皮肤疾病、风湿性关节炎、神经衰弱等病症均有一定的辅助治疗功效。硫化氢泉主要是对皮肤疾病有辅助治疗作用。硫酸盐泉每升泉水固体成分总量大于1克,有止泻作用,主要用于浴疗。

这些特点为旅游目的地提供了更多的机遇和更大的发展空间,同时也为游客提供了更加健康、愉悦的旅游体验。

二、温泉康养旅游产品的分类

温泉康养旅游产品可以根据消费对象的年龄、健康程度、主导需求,以及温泉康养旅游产品的内容等进行分类。分类后就可以有针对性地开发产品。

（一）按消费对象年龄分类

从消费对象年龄看，不同年龄阶段的人群对温泉康养的需求和偏好是不一样的，温泉康养旅游产品可分为少儿型、青年型、中年型和老年型四个层次。

少儿型温泉康养旅游产品更多偏重对温泉和环境的认知，培养其良好的"三观"；青年型温泉康养旅游产品更多偏重温泉运动、温泉体验等；中年型温泉康养旅游产品更多偏重温泉休闲、温泉体验和温泉辅助康养等；老年型温泉康养旅游产品更多偏重温泉养生、健康管理服务和温泉辅助康养等。

（二）按消费对象健康程度分类

从消费对象健康程度看，温泉康养旅游产品可以分为健康类、亚健康类和康复类三个层次。健康类温泉康养旅游产品更多偏重在"康"上面，即通过开展诸如温泉观光、温泉运动、温泉体验等活动，维持身心健康；亚健康类温泉康养旅游产品介于"康"和"养"之间，即在"康"的基础上，通过适度的"养"来修复身心，达到健康的状态；康复类温泉康养旅游产品则主要偏重在"养"上面，即主要通过温泉疗养、温泉康复等活动，来修复身心，恢复健康。

（三）按消费对象主导需求分类

从消费对象主导需求看，温泉康养旅游产品可以分为养身型、养心型、养性型、养智型、养德型和复合型六种。

养身型温泉康养旅游产品以维持和修复身体健康为主，例如温泉运动、温泉体验等；养心型温泉康养旅游产品以维持和修复心理健康为主，例如温泉冥想、温泉静坐和温泉文化体验等；养性型温泉康养旅游产品以维持和修复良好的性情为主，例如温泉太极运动、温泉音乐体验等；养智型温泉康养旅游产品以获取知识、提高智力为主，例如温泉科普宣教、温泉探险、温泉科考等；养德型温泉康养旅游产品以提高品德修养为主，例如温泉文化体验、生态文明教育等；复合型温泉康养旅游产品是指包括两种以上主导需求的温泉康养旅游产品。

（四）按产品内容分类

从产品内容看，温泉康养旅游产品可以分为温泉主导康养、温泉运动康养、温泉体验康养、温泉辅助康养、温泉康养科普宣教、健康管理服务六种。

1. 温泉主导康养

温泉主导康养是指以温泉自身良好的环境和景观为主体，开展以温泉生态观光、温泉静态康养为主的康养活动，让游客置身于大自然中，感受温泉和大自然的魅力，陶冶性情，维持和调节身心健康。具体产品如温泉观光、温泉浴、植物精气浴、空气负离子呼吸体验、温泉冥想和林间漫步等。

2.温泉运动康养

温泉运动康养是指让游客在优美的温泉环境中,主动地通过肌体的运动,来增强机体的活力和促进身心健康的康养活动。具体产品如丛林穿越、温泉+瑜伽、温泉+太极、温泉+定向运动、温泉+拓展运动、山地自行车、山地马拉松、温泉+极限运动、温泉+球类运动等。

3.温泉体验康养

温泉体验康养是指游客通过各种感官感受和认知温泉及其环境、回归自然的康养活动。温泉体验康养主要包括温泉食品体验(康养餐饮、温泉采摘)、温泉文化体验(温泉体验馆、康养文化馆)、回归自然体验(温泉探险、温泉烧烤)、温泉休闲体验(温泉露营、温泉药浴)、温泉住宿体验(温泉康养木屋、温泉客栈)等。

4.温泉辅助康养

温泉辅助康养是指针对亚健康或不健康的游客,依托良好的温泉环境,辅以完善的人工康养设施设备,开展的以保健、疗养、康复和养生为主的康养活动。具体产品项目如温泉康复中心、温泉疗养中心、温泉颐养中心、温泉养生苑等。

5.温泉康养科普宣教

温泉康养科普宣教主要是指对游客开展温泉知识、温泉康养知识、养生文化和生态文明教育等活动。具体产品项目如温泉教育基地、温泉户外课堂、温泉体验馆、温泉博物馆、温泉康养文化馆和温泉康养宣教园等。

6.健康管理服务

健康管理服务主要是指为游客开展健康检查、健康咨询、健康档案管理、健康服务的活动。具体产品项目如健康检查评估中心、健康管理中心等。

三、温泉康养旅游产品的目标受众与设计原则

(一)各类温泉康养旅游产品的目标受众和作用

温泉康养旅游产品可以根据其特色、功能和目标受众进行分类,不同的温泉康养旅游产品有不同的受众和作用。

1.生态养生型

目标受众:都市工作繁忙的职场人、家庭游客、老年人。

作用:提供一个远离城市喧嚣、与大自然亲近的环境,让游客放松身心,恢复元气。具体产品项目如温泉木屋度假、SPA桑拿疗养等,通过优美的景观达到放松、愉悦的效果,以洗涤心灵。

2.运动休闲型

目标受众:运动爱好者、需要适当运动的人群。

作用:参与各种户外活动,如滑雪、高尔夫等,锻炼身体,增强体魄。同时,新鲜的

山区空气有助于提升心肺功能,同时能让人放松心情,适合开发静态疗愈项目,如空气负离子养生馆、植物精气养生馆、温泉心理咨询室。

3. 休闲度假型

目标受众:压力大的都市人、心灵追求者、需要放松和调整的人群。

作用:在安静的温泉中进行冥想、按摩等活动,通过文化体验来修身养性,以实现心灵的宁静和身体的舒适,有助于调整心态,净化心灵,达到身心和谐。

4. 医疗保健型

目标受众:身体亚健康、需要调养的人群;对药材和食疗感兴趣的人群。

作用:利用当地的药材和有机食材,为游客提供健康饮食,达到调理身体、增强免疫力的作用。

每种温泉康养旅游产品类型都有其特定的目标受众和作用,但不论哪一种,它们都旨在让游客在享受大自然的美景和新鲜空气的同时,获得身心的放松和修复。结合多种旅游要素,为不同的人群提供定制化的康养服务,不仅能够满足市场的多样化需求,还能为旅游目的地带来更高的经济效益。

(二)温泉康养旅游产品的开发设计原则

1. 保护至上,绿色开发

温泉资源首先是一种自然资源,因此在开发的同时首先要坚持保护至上的原则,促进旅游可持续发展,达到温泉资源和人类的平衡共生。自然资源类旅游资源有一定的特殊性,它有其自身的脆弱性,很容易遭受人为的破坏,因此一定要坚持"保护至上"的原则,坚持绿色开发。

2. 立足整体,统筹规划

作为一项大众全民参与的新兴旅游产业,温泉康养旅游是一项长期的系统工程,不能一蹴而就。我国正处于旅游业发展的初级阶段,可以多学习旅游业较为发达的国家或地区的先进经验,做好科学定位,统筹规划发展,促进产业的持续和循环发展。我国人口多、面积大,可以以点带面,综合发展旅游业。

3. 结合地域特点,突出地方特色

每个地域的温泉资源都有其本身的特点和功效,应该立足于温泉资源本身的特点来开发,从而对游客产生持久的吸引力,促进温泉康养旅游的进一步发展。突出温泉资源修身养性、调节机能、康体保健的养生作用,结合一些特色或体验类活动,深入挖掘当地历史文化,突出地方特色。

4. 可持续发展原则

温泉康养旅游产品在进行开发设计时应以可持续发展为根本前提。相较于普通的休闲度假旅游产品,温泉康养旅游产品的参与性和体验性更强,可能会对周围环境产生破坏,而在旅游区内开发功能型的消费建筑景观时,应注重建筑同自然、人文的和谐统一,秉持温泉建筑的可持续发展原则,力求践行建筑生态型发展模式。

5.以人为本的游乐康体原则

温泉康养旅游产品的开发是以人为核心开展的,坚持以人为本的产品设计开发原则,是温泉康养旅游的本质要求。温泉康养旅游旨在依托于温泉资源,通过健身康体、养颜修身、营养膳食、关爱环境等综合手段,使人达到身体、精神与自然万物和谐的状态。

任务三 温泉康养旅游的产品案例分析

任务描述:
本任务结合背景资源介绍,给出典型温泉康养旅游目的地案例资料并剖析其内在结构与逻辑。

任务目标:
立足实际运用,全面和整体理解温泉康养旅游产品体系。

一、湖南灰汤温泉度假区

(一)案例目的地简介

湖南宁乡市隶属长沙市,地处湖南省中部偏东北、长沙市西部,是长沙通往湘中、湘北之要冲,总面积2906平方千米,人口140.38万人(2023年末),属亚热带季风性湿润气候。宁乡市山川秀美,人文荟萃,名胜古迹广布境内,旅游资源极为丰富,其中刘少奇同志故居、沩山密印寺、灰汤温泉度假区等均为声名远播的旅游胜地。灰汤镇与毛泽东故居韶山、刘少奇故居宁乡花明楼镇成"品"字形排列,各相距30多千米,交通便利。

灰汤温泉度假区位于湖南省宁乡市南部灰汤镇,总面积48平方千米,地处长沙、韶山、湘乡三市交界地带,距长沙57千米,距离宁乡市区约40千米。泉水水温高达89.5℃,年平均气温16.2~17.6℃,雨量适度,日照充分,空气新鲜,气候宜人。灰汤温泉是中国三大著名高温复合温泉之一,已有2000多年的历史。

(二)目的地旅游资源与产品分析

从20世纪60年代开始,灰汤温泉度假区先后建成了多座温泉山庄和度假村酒店,如省总工会职工疗养院、华天城温泉酒店、灰汤紫龙湾温泉酒店、湘电灰汤温泉山庄。其中,湘电灰汤温泉山庄始建于1988年,至今已有30多年历史,山庄占地300余亩,集温泉养生、运动休闲、会议培训、健康体检于一体;依山构筑,风光秀美,景色十分怡人,入选"新潇湘八景"。灰汤温泉度假区几大酒店共有各类豪华客房1000余间,24小时天然温泉水供应,"黄金管家"贴身服务,打造舒适惬意的休闲环境,让游客感受家一般的温馨。

各大酒店温泉中心拥有国内一流的温泉游泳(跳水、戏水)馆、露天温泉池70多个,另有保龄球馆、乒乓球馆和标准网球场、篮球场、羽毛球场、台球室等各种休闲健身设施,有豪华KTV包厢、棋牌套间,是举办各类团体娱乐、体育赛事的理想场所。温泉中心免费提供游泳圈、拖鞋、浴巾、洗发水、沐浴露,泡温泉必须自备泳装。同时,各温泉中心均有个人储物柜,可免费存放个人物品。此外,各大酒店都配有大、中、小各类会议室,度假区医疗体检中心技术力量雄厚,并配有移动式体检设施,对单位团体可提供上门体检服务。

灰汤温泉附近的池塘,冬春水暖,所养鱼、鸭肉嫩、骨酥、髓多、味美,鸭则更兼有滋阴、补肾、益肝、注肺的功效,被称为"汤鱼""汤鸭",为明清两朝贡品,而池塘中的"汤蛙""汤鳖"更是宴席珍肴。灰汤温泉属高温碱性温泉,为低矿化重碳酸—钠氟硅质水,PH为9,矿化度为0.222~0.32 g/L,总硬度为0.387~0.96德度,含有对人体有益的硫、氡、钼、铜、锌等29种微量元素,素有"天然药泉"之称,对治疗多种皮肤病及关节炎等慢性疾病有奇效,故有"玉女投辕以利百姓而成温泉"之神话传说。

二、贵州石阡佛顶山温泉小镇

(一)案例目的地简介

石阡佛顶山温泉小镇位于贵州省铜仁市石阡县中坝街道。石阡县,位于贵州省东北部,铜仁市西南部,总面积为2173平方千米,辖19个乡镇(街道)、315个行政村(社区),总人口46万(2024年初),仡佬、侗、苗、土家等12个少数民族人口占总人口的74%,森林覆盖率达69.74%,是国家重点生态功能区、国家生态保护与建设示范县、国家生态文明建设示范工程试点县和多民族聚居区。

中坝街道位于石阡县中心城区南面,距县城8千米。中坝街道以中低山及丘陵地貌为主,地势高低起伏大,境内植被茂密,水源水质极佳,森林覆盖率达61%。中坝街道地理位置优势明显,交通便利,境内思剑高速、江瓮高速横穿而过,城市快速通道、G211线横贯南北。

中坝街道附近有夜郎古泉旅游景区、石阡万寿宫、五德桃园、凯峡河漂流等旅游景点,有石阡苔茶、石阡土鸡、石阡香柚、石阡豆腐乳、石阡草凳、石阡泡椒等特产,有仡佬毛龙节、石阡木偶戏、石阡说春、侗族悄悄年、仡佬族敬雀节、仡佬族民歌等民俗文化。

(二)目的地旅游资源与产品分析

佛顶山温泉小镇以石阡温泉资源为基础,以丰富而具有特色的地域文化为支撑,以温泉乐养理念为指导,打造成以温泉"三养"为核心,集观光旅游、度假养生、医疗保健、休闲娱乐、文化体验、运动康体、养老服务等功能于一体的特色温泉小镇。佛顶山温泉小镇分三期打造。一期建设面积12500余平方米,建设内容为无心汤院、温泉接待中心、寻川汤隐、温泉小镇景观道路、滨河景观等。二期建设内容为御汤生温泉度假酒店、石阡温泉小镇水乐园、温泉商业街区及沿河汤宿,以及景观工程及相关配套。三期规划为温泉养老康复度假区,将争取成为贵州养老服务综合改革试点项目、温泉养老康复度假示范基地。

寻川汤隐共计有60余个不同种类的森林温泉泡池,借助日本"秘汤"概念,以良好的山地森林环境、清新的空气和安静的山地空间为依托,按照国家五星级温泉标准建造,以梵净山深厚的佛禅文化为主题,植入石阡独特的长寿文化,以温泉保养和佛禅养心养性为核心功能,是面向喜欢参禅悟道、追求心灵清净的幽雅之士而打造的佛禅主题森林之汤。泡池一泉一景,回归自然,具有返璞归真、天人合一的温泉养生意境。

无心汤院采用山地退台式建筑,独门独院,每套均设有温泉泡池、独立庭院。融合了中式传统及仡佬族独特建筑风格,17栋隐匿在山林里的汤院共有68间豪华客房,室内皆提供温泉泡池,让您在舒适的气氛及环境中享受不一样的温泉体验。私密原生态庭院,提供大量户外休闲游乐空间;现代化智能天窗,闲卧床榻便可仰望浩瀚星空;开放阳台,可远眺山峦叠翠;观景泡池,可欣赏百家灯火。楼宇间参天古木林立,奇花异草簇拥,虫鸣鸟叫,桃红柳绿,让人神清气爽,心旷神怡。13栋小汤院各包含4间独立客房;3栋中汤院为整栋出租,每栋内包含3~4间客房,以及客厅、厨房、室外无边际泳池、温泉泡池;1栋大汤院为整栋出租,包含1间主卧套房和4间豪华客房,以及禅缘餐厅、禅思会议室、室外无边际泳池、温泉泡池及干蒸桑拿房。无心汤院接待中心设有禅心中餐包厢、禅味餐厅、禅静行政酒廊及禅悟多功能厅。

石阡温泉小镇水乐园,总占地面积约6万平方米,园内建设有11组大型游乐设备,12个游玩项目,其中最大项目——真沙海啸池、海浪池,面积为1万余平方米,浪头最高可达5米,可同时容纳5000人游玩;迷城水寨共计30余条滑道,可同时容纳2000人游玩;园内最高项目——高速飓风滑道,高度为28米,滑道最大下滑角72°,5秒可滑行到终点。石阡温泉小镇水乐园既有让人惊声尖叫的刺激项目,也有让人爽快玩乐的亲子游乐设施,多重主题活动、亲子戏水互动搭配精彩纷呈的游园风情歌舞演绎,无论是全家总动员,还是情侣甜蜜游、老友探险记,都能在这里收获专属的乐趣和安宁。

御汤生温泉度假酒店是贵州第一家以"合"文化为主题的温泉度假酒店,以高端温泉中心为配套服务设施,小镇生活体验为背景;客房总量为435间,房型分为高级大床/双床房、豪华大床房、家庭亲子房、豪华套房。房内高档时尚的设施设备让您在青山绿水、花香鸟语的自然舒适环境里体验五星级的睡眠。原生态的古朴装饰伴您与大自然零距离亲近;庭院中的绿竹与鲜花簇拥,醉人迷香。白天清风和煦,夜晚星月明照,凭栏临风或床头小憩,郁郁青山与悠悠碧水尽收眼底。酒店是西南地区唯一一家园林式温泉度假酒店。酒店另设有康乐中心,包含户外泳池及儿童乐园。

佛顶山温泉小镇就餐环境优雅别致、菜式丰富,提供当地时令果蔬、特色美味等,给您不一样的味觉享受。酒店餐厅精心设计后推出的自助餐,样式丰富、荤素搭配、营养均衡。自助餐集南北烹饪之精华,可以满足您不同口味的选择。小镇最具特色的餐饮就是为您独家定制的温泉养生餐饮,精心搭配的药膳饮食使得沐浴温泉的疗养效果更好。酒店餐饮宴会区域包含云台中餐厅、缘聚大堂吧、盛宴全日西餐厅、新光宴会厅,以及多个多功能会议室,可满足各种中小型会议需求。

三、广西龙胜温泉国家森林公园

(一)案例目的地简介

龙胜温泉国家森林公园位于广西桂林龙胜各族自治县江底乡。江底乡,位于龙胜各族自治县东北部,与兴安、灵川、资源和湖南的城步四县毗邻,处于两省五县八乡交界之地,行政区域251.2平方千米;生态环境独特,森林资源丰富,全乡森林覆盖率达89.6%。龙胜温泉国家森林公园位于越城岭南端桑江上游,距桂林市129千米,距县城31千米,公园最高海拔1060米,最低海拔290米,年平均气温17.6℃,是桂林西北黄金休闲养生旅游线的重要组成部分。

龙胜温泉开发于20世纪80年代,距今已有40余年的历史。龙胜温泉藏于森林之中,空气负离子含量高,纯天然泉水,是亲近自然、休闲度假的好去处。

(二)目的地旅游资源与产品分析

龙胜温泉国家森林公园内峰峦叠嶂,怪石嶙峋,林木葱郁,谷幽涧深,溪水清澈。森林公园以龙胜温泉为核心,主要景观还有猴山、五剑山、鑫字山、棋盘山、白面奇石、飞云洞、龙音潭瀑布、季节泉、岩门索桥等。这里有银杏、长柄山毛榉、篦子三尖杉等珍稀植物和黑熊、猕猴、鹿、麝、灵猫、娃娃鱼等珍稀动物。大自然的原生态与民族文化的原情态的完美结合,是龙胜温泉国家森林公园的最大特点。

白面红瑶寨,位于离龙胜温泉6千米处的公路边。寨边枫木参天,寨门有清代寨规石碑,寨前矗立的"红瑶柱"是瑶民图腾崇拜。村民人人皆会唱山歌,热情好客。

红军岩,位于白面红瑶寨旁,这块奇特的岩石"横空出世",像巨人有长臂从山中伸出数米,人们比喻它为"遨游的巨鲨""飞翔的机翅""横刺的巨剑",游人无不惊叹大自然的神工和伟大,岩下有小坪,可容一二十人聚会。《龙胜县志》记载,红军岩过去叫龙舌岩,1934年12月,红三军团某部首长在此崖下会见参加桂北瑶民起义的瑶老,向他们指出革命的道路,在石壁上书写"继续斗争,再寻光明""红军绝对保护瑶民"的口号。瑶民很感动,当下顺着笔迹原样雕刻成石刻,至今清晰可见。为了纪念此次会见,瑶民将龙舌岩易名为"光明岩",现叫"红军岩"。

螃蟹沟是附近生态保护得较为完整的地方之一,这里山清水秀,上游的村民生态环境保护意识好,这里野生动植物比较多,在小溪里就能抓到螃蟹,也因螃蟹多而得名。螃蟹沟徒步起始点位于龙胜温泉中心酒店门口,经过酒店前方的纯木质侗族风雨桥,沿着大约1.5米宽的依山而建的水泥路,沐浴着穿过树林的晨光,呼吸着极其新鲜的空气,一路前行。行约一个半小时就到了一个名叫"黄泥坳"的小村庄。螃蟹沟徒步不仅能够深刻体验大自然的美丽景色,而且还能感受独特的少数民族风光。

龙胜温泉是龙胜温泉国家森林公园的核心和灵魂,被誉为"华南第一泉"。泉水由地下1200米深处岩层流出,水温在45~58℃,水中含量有锂、锶、铁、锌等十几种于人体有益的微量元素,泉水隐逸在茂盛的原始森林中,温度适宜,可冷热交替泡汤,既养生又消暑。游客可自由沐浴温泉,仰望星空,静享氤氲流淌的温泉。整个龙胜温泉泉池有20多个,其中包括亲亲鱼池、高温蓄水池、清逸池、静谧池、幽然池、清源、清新池、静雨池、静心池、药浴池、翡翠池、钟磬池、鼓乐池、儿童戏水池、天籁池、游泳池。

龙胜温泉国家森林公园内建有宾馆、度假村、浴池、商场、餐馆、保健按摩中心、娱乐设施、银行储蓄、邮电等旅游服务设施。为满足不同层次消费需求,景区依山就势建有四家酒店600多间房:龙福山庄(准三星级)、金泉山庄(准四星级)、中心酒店(四星级)、温泉SPA宾馆(五星级)。凡入住四家酒店中的任何一家均免费泡温泉。

龙胜温泉活泉水中含有多种矿物质,能帮助皮肤新陈代谢和补充微量元素:钾是良好的新陈代谢剂,镁是完美的天然排毒剂,锰是消除皮肤压力的灵丹妙药,而溴化物又是较好的天然保湿成分。为了让游客感受温泉水的神奇功效,龙胜温泉公司引进了"亲亲鱼""汉方温泉SPA""牛奶浴""花瓣浴""瑶家草药浴""水上排球"等,并通过萃取温泉水中特有的美容微量元素,加以桂北瑶族的美容秘方,结合现代的科学技术精心研制出龙胜温泉水系列护发、护肤产品。

项目小结

本项目介绍了温泉康养旅游的载体、内容特点及国内外温泉康养旅游的发展历程,对温泉康养旅游产品的开发与设计进行了阐述,通过湖南灰汤温泉度假区、贵州石阡佛顶山温泉小镇、广西龙胜温泉国家森林公园三个典型案例,呈现了不同地区温泉旅游资源的特点与产品设计特色。

项目训练

一、简答题

1. 结合理论知识推测,温泉分布是否与地势起伏变化有关,呈现什么样的分布趋势。
2. 分析对比国内外温泉康养旅游的发展差异。
3. 探讨影响温泉康养旅游开发的综合因素。

二、能力训练

结合国内外温泉康养发展趋势,深入思考我国温泉康养旅游的发展,选定区域开展温泉康养旅游产品设计。

选择题

项目七
中医药康养旅游

项目描述

通过学习,了解中医药康养旅游的相关知识、中医药康养旅游发展的一般规律,以及如何提供高质量的中医药康养旅游产品与服务。

学习目标

知识目标

1. 了解中医药康养的基础知识和基本方法。
2. 了解我国中医药资源分布。
3. 了解中医药康养旅游发展历程。
4. 了解中医药康养旅游的内容、特点、产品分类。

能力目标

1. 能够准确描述中医药基础理论并应用于康养旅游。
2. 能够掌握中医药康养旅游地建设要素。
3. 能够结合典型案例简要评价不同类型的中医药康养旅游项目。

素养目标

1. 具备较高的人文素养,了解中国传统文化和中医药文化,能够向游客传播中医药文化和康养理念。
2. 具备创新思维素养,能够结合市场需求和游客需求,创新康养旅游产品和服务。

项目七　中医药康养旅游

知识导图

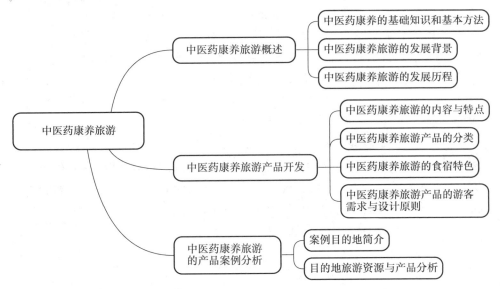

项目引入

"神秘的东方力量"！亚运村拔罐医生：真的拔不完……

杭州亚运会乒乓球男子团体赛上，伊朗队在四分之一决赛中爆冷淘汰传统强队日本队，时隔65年再摘铜牌，成为最大黑马。伊朗选手背上遍布的拔罐印也吸引网友注意，网友调侃："原来是打通了任督二脉！"

不仅伊朗运动员，杭州亚运会期间，多国运动员体验了拔罐疗法这股"神秘的东方力量"。

1. 中医推拿门诊成亚运村最炙手可热的科室

9月28日，记者从杭州亚运村综合门诊部了解到，开赛以来，亚运村中医推拿门诊处于满负荷运作状态，平均每位医生一天要按摩二三十人，拔罐最受欢迎，每天上午就预约满了。

火罐疗法又叫拔罐疗法，是一种古老的中医治疗方式。原理是将罐内空气消耗以形成负压，通过出痧的方式促进闭阻在身体内的寒、湿、瘀血等排出体外。拔罐火到国外，泳界巨星菲尔普斯的"带货"功不可没——他在征战奥运会时，身上的火罐印记给观众留下深刻印象。之后许多国外运动员开始尝试拔火罐，本届杭州亚运会也不例外。

杭州市第一人民医院承担了亚运村综合门诊部的医疗保障任务，自开村以来，里面的中医推拿门诊就成了最炙手可热的科室。

"开赛以来，中医推拿门诊就满负荷运作、一刻不停，平均每个医生一天下来要按摩二三十人,每天不到中午就预约满了。现在的外国运动员对中医的了解比我们想象的要普及得多,很多外国运动员一进来就直接问有没有拔火罐的项目。"中医推拿门诊吴珏灿医师表示:"拔不完,真的拔不完。"

2.拔罐有助于加快运动损伤复原,但也不是人人适合

中医推拿科医生表示,亚运村里这股拔罐之风之所以风靡,并非运动员赶潮流,而是身体需要——紧张的赛事,肌肉酸痛在所难免。特别是游泳运动员,常泡在水里,身体容易寒湿,拔罐可以把侵入身体的寒湿排出体外,有助于加快运动损伤复原,确实可以在比赛的正常发挥方面起到积极的作用。

吴珏灿表示,拔罐有疏通经络、活血化瘀、消肿止痛、祛风散寒等作用,一般用于颈肩腰背臀腿痛、伤风感冒、头痛、咳嗽、胃脘痛、腹痛等;但拔罐虽然好,也不是人人适合,比如皮肤破损者、血小板减少的患者、体质太虚弱的老年人,以及孕妇的腹部、腰骶部等,都不宜拔罐。

(资料来源:光明网,2023-09-29。)

任务一 中医药康养旅游概述

任务描述:

本任务对中医药康养的基础知识和基本方法、中医药资源的分布进行了介绍,并结合上述基础知识,导入中医药康养旅游概念,介绍其发展背景和发展历程。

任务目标:

了解中医药康养的基础知识,准确理解中医药康养概念的内涵、外延,了解中医药康养旅游发展背景和发展历程。

一、中医药康养的基础知识和基本方法

(一)中医药康养的基础知识

中医药在养生保健方面的效果为人们所接受,伴随中医药产业和旅游业的融合发展,中医药康养旅游逐渐兴起。中医学以整体观念为主要指导思想,以阴阳五行为理论依据,以辨证论治为诊疗特色,结合"治未病"的思想,提倡"三分医,七分养,十分防"。中医药以预防、保健、康复、修养等为主的养生理念,符合当前人们对以健康为主题的旅游活动的需求。

1.整体观念

整体观念是关于事物和现象的完整性、统一性和连续性的认识。中医学非常重视

人体本身的统一性、完整性及其与自然界的相互关系,认为人体是一个有机的整体,构成人体的各个组成部分之间在结构上不可分割,在功能上相互协调、互为补充,在病理上则相互影响。广义上,中医认为天、地、人是一个互相影响的整体,人在天地之间受天地各种变化的影响。狭义上,中医认为人体的肝、心、脾、肺、肾五脏和六腑是一个整体,它们各自的机能活动都是有机联系在一起的,不是孤立的器官能运作的。

2. 阴阳五行

阴阳,指世界上一切事物都具有的两种既互相对立又互相联系的力量;五行,由"木、火、土、金、水"五种基本物质的运行和变化所构成。中医用五行说明脏腑的生理功能与相互关系,如肝气喜条达而恶抑郁,有疏通气血、调畅情志的功能,相应于木之生长、升发、条达的特性,故肝属木;心具有主血脉而推动血液运行的功能,相应于火之温热、光明的特性,故心属火;脾为生化之源,相应于土之生化万物的特性,故脾属土;肺气主肃降,相应于金之清肃、收敛的特性,故肺属金;肾有主水、藏精的功能,相应于水之滋润、下行的特性,故肾属水。五行的相生相克如图7-1所示。

图7-1 五行相生相克示意图

3. 辨证论治

辨证论治是中医认识疾病和治疗疾病的基本原则,是中医学对疾病特有的一种研究和处理方法。所谓辨证,就是根据望、闻、问、切四诊所收集的资料,通过分析、综合,辨清疾病的病因、性质、部位,以及邪正之间的关系,概括、判断为证。论治又称施治,是根据辨证的结果,确定相应的治疗方法。

4. "治未病"

"治未病"是中医学的独特理念。这个词最早出现在《黄帝内经》中,书中指出:"是故圣人不治已病治未病,不治已乱治未乱。""治未病"就是以预防理念为指导,针对"未病"的不同状态、不同阶段进行调理,提前采取适宜的措施,防止疾病的发生、发展。其内涵包括未病先防、欲病治萌、既病防变、瘥后防复。

(二)中医药康养的基本方法

中医养生方法是中国传统文化的重要组成部分,经过几千年的发展和实践,形成了许多有效的养生方法。

1. 饮食养生

常言道:药补不如食补。人们的日常生活离不开每日三餐,如何合理地调配饮食,使之更有利于人体健康、滋补养生,是人们所关注的问题。饮食养生是中医学中一个重要的传统理论,在长期的实践中积累了极为丰富的经验。在古代,人们注重食物的药用价值,如枸杞、红枣等。现代人也应该注意饮食搭配,多吃蔬菜水果、五谷杂粮等健康食品。

2. 运动养生

中医认为,经常而适度地进行体育锻炼,可促进血液循环,改善大脑的营养状况,促进脑细胞的代谢,使大脑的功能得以充分发挥,从而有益于神经系统的健康,有助于保持旺盛的精力和稳定的情绪。运动养生是用活动身体的方式维持健康、增强体质的养生方法。我国传统的太极拳、气功等就是很好的运动方式,现代人还可以选择适合自己的运动方式,如慢跑、游泳、瑜伽等。

3. 按摩养生

按摩是以中医的脏腑、经络学说为理论基础,并结合西医的解剖和病理诊断,用手法作用于人体体表的特定部位以调节机体生理、病理状况,达到理疗目的的方法。从性质上来说,它是一种物理的治疗方法。中医认为,按摩可以促进气血流通,缓解疲劳。我国传统的推拿、拔罐等就是很好的按摩方式,现代人还可以使用按摩器或找专业的按摩师进行按摩。

4. 中药养生

中药是中医治疗疾病的重要手段,同时也可以作为养生品使用。中药有很多种类,如枸杞子、黄芪、当归等。现代人可以根据自己的需要选择适合自己的中药来养生。人在需要时,服用中药有助于提升人体免疫力,比如,淫羊藿、党参、冬虫夏草等中药可以增加细胞免疫功能;人参对人体中枢神经具有兴奋与抑制双向调节作用,可以提升大脑功能,减缓大脑衰老的速度,增强机体的抗病能力。

5. 穴位按摩

穴位按摩是中医学的重要组成部分,它是以中医学理论为指导,以经络腧穴学说为基础,以按摩为主要施治,用来防病治病的一种手段。中医认为,人体有很多穴位,按摩这些穴位可以调节气血流通,缓解疲劳。例如,太冲穴、涌泉穴、风池穴等都是常用的穴位。现代人可以使用按摩器或找专业的按摩师进行穴位按摩。

6. 气功养生

气功养生是在中医、道家、佛家、儒家等传统养生理论指导下,运用特定的方法配合呼吸和意念来调节人体身心健康的一种身心修养方法,通过自我调控意念、呼吸和身躯来调整内脏活动,加强自身稳定机制,从而达到祛病益寿的目的。气功是中国传统的一种养生方法,通过调整呼吸和身体姿势来调节气血流通,增强体质。现代人可以选择适合自己的气功练习方式,如太极拳、八段锦等。

7. 心理调节

健康的心理是身体健康的保证,心理健康、身体健康是延年益寿的基础。自古以来,人们就认识到人的心理状态与身体健康有着密切的关系。中医认为,情绪对身体健康有很大的影响。因此,调节好自己的情绪是保持身体健康的重要方式之一。现代人可以通过冥想、瑜伽等方式来调节自己的情绪。

知识活页

传统中医治疗理念

8.针灸养生

针灸能够调和气血、平衡阴阳,进而补虚泻实,全面调整脏腑的机能。针灸可以改善人体各个系统的功能,对于养生保健具有重要意义。现代人可以选择到正规的中医机构接受针灸治疗,也可以自己在家使用针灸器材进行自我治疗。

(三)中医药资源分布

我国中医药药用植物资源很丰富,古代人们就逐步了解、识别出了很多药用植物,这些药用植物具有治疗、预防疾病和保健的功能。我国地形复杂,地域辽阔,药用植物资源分布很广。按照气候特点、土壤和植被类型,以及药用植物的自然地理分布特点,将中医药资源分为八大区域。

1.东北区

东北区中医药资源的分布区域包括黑龙江省大部分、吉林省和辽宁省的东半部及内蒙古自治区的北部。地貌上包括大、小兴安岭和长白山地区,以及三江平原。本区是我国最寒冷地区,热量资源不够充足,大部分地区属于寒温带和中温带的湿润与半湿润地区。代表药用植物有人参、五味子、黄柏、刺五加、赤芍、桔梗、牛蒡子、关龙胆等。

2.华北区

华北区中医药资源的分布区域包括辽宁省南部、河北中部及南部、北京市、天津市、山西省中部及南部、山东省、陕西省北部和中部,以及宁夏回族自治区中南部、甘肃省东南部、青海省、河南省、安徽省及江苏省的小部分。地貌上西北高、东南低,夏季较热,冬季寒冷,大部分地区属于暖温带。代表药用植物有地黄、黄芪、怀山药、怀菊花、怀牛膝、潞党参、亳白芍、亳菊、莱阳莱胡参、杏仁、山楂以及西洋参等。

3.华东区

华东区中医药资源的分布区域包括浙江省、江西省、上海市、江苏省中部和南部、安徽省中部和南部、湖北省中部和东部、湖南省中部和东部、福建省中部和北部以及河南省和广东省的小部分。全区丘陵山地占四分之三,平原占四分之一,雨量较充沛,属于北亚热带及中亚热带。代表药用植物有浙贝母、麦冬、玄参、白术、白芍、杭菊花、延胡索和温郁金等。

4.西南区

西南区中医药资源的分布区域包括贵州省、四川省、云南省的大部分,西藏自治区东部、甘肃省东南部、陕西省南部、湖北省及湖南省西部以及广西壮族自治区北部。全区绝大部分为山地、丘陵及高原,属于北亚热带及中亚热带。代表药用植物有川芎、川附子、黄柏、川黄连、云木香、云南三七、云黄连、云当归、天麻、杜仲、半夏、茯苓等。

5. 华南区

华南区中医药资源的分布区域包括海南省、福建省东南部、广东省南部、广西壮族自治区南部、云南省西南部以及台湾地区和南海诸岛。本区大陆部分的地势为西北高、东南低;气温较高,湿度也大,属南亚热带及中亚热带。代表药用植物有广藿香、巴戟天、钩藤、槟榔、诃子、肉桂、降香、沉香、广豆根、千年健等。

6. 内蒙古区

内蒙古区中医药资源的分布区域包括黑龙江省中南部、吉林省西部、辽宁省西北部、河北省及山西省北部、内蒙古自治区中部及东部。地势东部有山脉及平原,中部有山脉及高坝,南部地势也高,而北部则为大草原。代表药用植物有蒙古黄芪、多伦赤芍、关防风、知母、麻黄、黄芩、甘草、远志、龙胆、桔梗、酸枣仁、苍术等。

7. 西北区

西北区中医药资源的分布区域包括新疆维吾尔自治区全部、青海省及宁夏回族自治区北部、内蒙古自治区西部以及甘肃省西部和北部。本区内高山、盆地及高原相间分布,但高平原占绝大部分,沙漠及戈壁也有较大面积。本区日照时间长,干旱少雨,气温的日较差较大。从北到南地跨干旱中温带、干旱南温带及高原温带。代表药用植物有肉苁蓉、锁阳、甘草、麻黄、新疆紫草、阿魏、枸杞子、伊贝母、红花、罗布麻、大叶白麻等。

8. 青藏区

青藏区中医药资源的分布区域包括西藏自治区大部分、青海省南部、四川省西北部和甘肃省西南部。本区海拔高,山脉纵横,多高山峻岭,地势复杂。气候属高寒类型,日照强烈,光辐射量大。植被主要有高寒灌丛、高寒草甸、高寒荒漠草原、湿性草原以及温性干旱落叶灌丛。代表药用植物有冬虫夏草、甘松、大黄、胡黄连、川贝母、羌活、藏黄连、天麻、秦艽等。

二、中医药康养旅游的发展背景

中医药康养旅游是人们前往异地寻求中医药资源与人文审美,同时体验、享受中医药相关服务,从而获得身心愉悦、回归健康状态的旅行。中医药康养旅游是多学科融合的综合体,是旅游学、康养学、中医学及其他人文社会科学等学科交叉碰撞的产物。

有别于传统的观光旅游,中医药康养旅游对于提升国民健康素质、改变国民健康旅游理念、促进我国健康产业发展、弘扬中医药康养文化等,均具有十分重要的作用。发展中医药康养旅游,是保障和改善民生的一项重大举措,对于满足人民群众多层次、多样化的旅游服务需求,提高旅游服务业发展水平,有效扩大就业创业,促进经济转型升级和形成新的经济增长点等,均具有十分重要的意义。

在大健康产业"药、医、养、食、游"融合发展中,中医药是不可忽略的资源宝库,也越来越受到现代消费者的青睐。比如,现代社会竞争激烈、亚健康状态普遍,很多人愿意选择并接受按摩、刮痧、拔罐、艾灸等独具中医特色的健康干预调理服务,这为城市里支持社会力量创办中医养生保健机构提供了发展空间。又如,近几年,年轻人掀起"国潮热",开始追寻中华传统文化,因此可以推出一批中医药康养旅游的网红打卡地,让年轻群体在游乐中了解中医文化及其养生精粹。再如,当前中国社会老龄化程度加深,退休人群规模扩大,他们对养生保健有着巨大的消费需求,一些中医医疗机构已经开始自建、托管养老机构或与养老机构开展合作。此外,有些地方还推出了满足亲子游需求的养生谷,在乡野间开辟中药材种植基地,集科普、种植、观光、采摘、度假、调理等功能于一体。结合现代消费需求发掘中医药康养产业潜力,一定能探索出更多的新经济、新业态。

2016年,《国家康养旅游示范基地》(LB/T 051—2016)发布,以此引导推动旅游和健康服务业的融合发展。同年,国务院印发的《中医药发展战略规划纲要(2016—2030年)》提出要发展中医药健康旅游服务,推动中医药健康服务与旅游产业有机融合,发展以中医药文化传播和体验为主题,融中医疗养、康复、养生、文化传播、商务会展、中药材科考与旅游于一体的中医药健康旅游。2021年,《"十四五"文化和旅游发展规划》也强调"发展康养旅游"。近年来,全国各地对中医药文化名胜古迹、博物馆、中药材种植基地、药用植物园、药膳食疗馆等特色旅游资源进行开发,建设中医药特色旅游乡村、度假区、主题文化街、特色酒店,形成与中药科技农业、中药材种植、田园风情生态休闲旅游结合的养生体验和观赏基地,吸引了大量的游客。

三、中医药康养旅游的发展历程

旅游产业与中医药康养产业的有机融合,发展快速,逐渐完善。早在2015年11月,中医药康养旅游产业就进入国家视野,国家旅游局和国家中医药管理局联合下发指导意见,明确提出中医药健康旅游发展的重要任务;次年,国家旅游局和国家中医药管理局再次发文,要求用3年左右时间,加速建成一定数量规模的国家中医药健康旅游示范区、示范基地以及示范项目等。国务院印发的《中医药发展战略规划纲要(2016—2030年)》,也明确提出中医药康养旅游的具体要求和定位。

在国家政策的支持、引导,以及消费市场的刺激下,中医药旅游产业融合发展,推动中医药健康服务与旅游产业有机融合,为中医药康养旅游产业的发展带来了重要机遇,越来越多的中医药康养旅游项目、基地或综合体不断涌现。与此同时,国家旅游局颁布《国家康养旅游示范基地》标准,进一步规范康养旅游基地的建设,让人们在旅游的同时,体验标准化、规范化的中医药健康服务,使产业健康可持续发展,在弘扬中医药文化的同时推动区域经济发展。随着"一带一路"倡议的实施,合作伙伴认可中医药

2022年湖南省首批中医药康养旅游省级示范体验基地名单

文化,建成一大批中医药中心,这在传播中医药文化的同时,增强文化自信,推动中医药康养旅游国际化。

综上,中医药康养旅游是传统旅游产业和中医药融合的新业态,它是以中医药资源为基础,以良好的自然环境和经典的人文资源为依托,集自然文化、休闲、康养、医疗、保健于一体,以维护、改善和提升游客身心健康为目的的旅游活动集合。

任务二　中医药康养旅游产品开发

任务描述:

本任务结合前述中医药康养的基本知识,介绍中医药康养旅游产品的开发,对中医药康养旅游的内容与特点,中医药康养旅游产品的分类,以及中医药康养旅游产品的游客需求与设计原则进行了具体全面的介绍。

任务目标:

了解中医药康养旅游的内容与特点;熟悉中医药康养旅游产品的分类;理解中医药康养旅游产品的游客需求与设计原则。

一、中医药康养旅游的内容与特点

（一）中医药康养旅游的内容

中医药康养旅游的内容主要包括以下几个方面。

1. 中医药文化体验

参观中医药博物馆、中药材种植基地、药用植物园等,了解中医药的历史、文化和制作过程,感受中医药的魅力。

2. 中医药观光

游览中医药名胜古迹、主题文化街等,欣赏中医药建筑、雕塑、绘画等艺术作品,领略中医药文化的独特韵味。

3. 中医药疗养康复

在中医药特色酒店、度假区、养生基地等,享受中医药康复理疗、药膳食疗等服务,体验中医药在康复保健方面的独特效果。

4. 中医药美容保健

在中医药美容保健馆等,体验中医药美容护肤、美发养颜等服务,感受中医药在美容保健方面的神奇功效。

5.中医药科普教育

参加中医药科普讲座、实践活动等,了解中医药的科学原理、制药技术等,增长中医药知识,增强自我保健意识。

(二)中医药康养旅游的特点

中医药康养旅游是将旅游和中医药康养相结合的新型旅游模式,与传统的旅游相比较,中医药康养旅游的特点主要体现在以下几个方面。

1.文化性

中医药康养旅游以中医药文化为核心,通过参观中医药博物馆、中药材种植基地等,让游客了解中医药的历史和文化,感受中医药的魅力。

2.养生性

中医药康养旅游注重游客的身心健康,提供中医药康复理疗、药膳食疗等服务,让游客在旅游过程中放松身心,享受养生保健的乐趣。

3.科普性

中医药康养旅游还提供中医药科普讲座、实践活动等,让游客了解中医药的科学原理、制药技术等,增长中医药知识,增强自我保健意识。

4.多样性

中医药康养旅游内容丰富多样,包括文化体验、观光游览、疗养康复、美容保健、科普教育等多个方面,可以满足不同游客的需求。

5.互动性

中医药康养旅游强调游客的参与和互动,让游客亲手制作中药材、体验中医理疗等,增加游客的参与感和体验感。

6.专业性

中医药康养旅游活动的开展以中医药理论为核心,强调自然生态环境要素,具有较强的专业性。因此,中医药康养旅游活动需要在专业人员指导下按照专业规范和规定程序开展。

二、中医药康养旅游产品的分类

中医药康养旅游产品是在中医药康养旅游基础上,相关产业和基地根据自身的特征、优势,在产品开发上发挥自身的资源优势,以中医药资源、文化内涵、中医药康养保健手段为主要吸引物而产生的各种预防和治疗疾病、保健、康复、休闲、养生、美容等产品或服务的统称。

1.养生保健类产品

养生保健类产品是以中医理论为指导,采用中医药特色疗法或手段,以健康、养

知识活页

博鳌超级中医院(研究型)

生、保健为主要目的而提供的系列非治疗类中医药产品和服务,如推拿、足疗、药膳、药饮等。以推拿为例,推拿是一种非药物的自然疗法、物理疗法,通常是指医者运用自己的双手作用于人的体表,如不适或疼痛部位、特定腧穴,具体运用推、拿、按、摩、揉、捏、点、拍等形式多样的手法和大小不同的力道,以期达到疏通经络、推行气血、扶伤止痛的疗效。

2. 医疗保健类产品

不同于中医药医疗机构,康养旅游基地提供的医疗保健类产品重预防、重治疗(常见病、多发病),主要开展中医针灸、拔罐、刮痧、体质鉴别、"治未病"等服务,同时也可邀请名医坐诊,吸引游客了解和感受中医药产品和文化。以针灸为例,针灸是针法和灸法的总称。针法是指在中医理论的指导下把针具(通常指毫针)按照一定的角度刺入人的体内,运用捻转与提插等针刺手法来对人体特定部位进行刺激从而达到治疗疾病的目的。刺入点称为人体腧穴,简称穴位。根据传统中医理论,人体共有361个穴位。灸法是以预制的灸炷或灸草在体表一定的穴位上烧灼、熏熨,利用热的刺激来预防和治疗疾病。通常以艾草最为常用,故而称为艾灸,另有隔药灸、柳条灸、灯芯灸、桑枝灸等方法。如今人们生活中经常用到的是艾条灸。

3. 美容保健类产品

在中医基础理论和人体美学理论指导下,采用中医技术与中医药资源,将传统理论与现代科技结合,开发塑形美体、护肤养颜的美容保健类产品。中医美容的手段多种多样,大致可分为中药、食膳、针灸、推拿按摩、气功五大类。此外还有心理、养生等方法。每一大类又有若干种具体方法,如中药美容,有内服法和外用法。外用法又分贴敷法、洗浴法等,而贴敷法又可进一步细分为患处皮肤贴敷、脐敷、穴位敷等,洗浴法又可进一步细分为熏洗、擦洗、沐浴、浸浴等。这些方法都属于自然疗法,安全可靠,避免了化学药物和有些化妆品对人体的危害。

4. 观光与文化体验类产品

依托中医药自然资源与人文资源优势,开发相应的观光与体验活动,让消费者在观光活动中认识中医药、感受中医药、熟悉中医药,在体验中加深对中医药的认识和了解,增加对中医药文化的认同与喜爱。如贵阳药用植物园,其占地面积700余亩,园区生态环境良好,60%左右的面积为森林所覆盖,平均海拔1070~1232米,气候温和湿润,具有优美的亚热带高原立体生态景观特色,具有科研、科普、生产、游览四大功能。

5. 购物旅游类产品

购物旅游类产品是中医药康养旅游基地基于中医药资源和文化直接生产或衍生而来的可供游客购买的产品,如当地药材、中药饮片、中医器械、药妆、工艺品等。

6. 生态康养类产品

生态康养类产品主要是依托自然资源,结合传统中医药"天人合一"的自然观和"形神统一"的整体观理论体系所开发的一类养生产品。中医药康养旅游基地通常依托当地的气候和生态环境,构建诸如温泉养生、矿物质养生、森林养生等业态。

7.学术会展类产品

通过举办大型会议、会展、节庆等活动,吸引消费者关注,让人们了解中医药、认识中医药,在活动中普及中医药知识、传播中医药文化。

8.少数民族医药类产品

少数民族医药是我国中医药的重要组成部分,是指各少数民族特有的医药。少数民族医药众多,如藏医药、蒙医药、维吾尔医药、傣医药等。藏医药历史悠久、独具特色、疗效显著,是藏族人民在复杂的自然环境中与各种疾病长期斗争所形成的民族医学,是中国医学宝库中的重要组成部分。2006年,藏医药经国务院批准列入第一批国家级非物质文化遗产名录。此外,少数民族医药还包括壮医药、苗医药、朝医药、瑶医药等。

三、中医药康养旅游的食宿特色

(一)住宿

中医药康养旅游住宿以中医药文化为主题,提供不同类型的住宿选择,让游客在住宿过程中感受中医药文化的魅力,享受中医药特色服务和产品,达到身心健康的目的。

1.中医药文化主题酒店

以中医药文化为主题,装修和设计体现中医药文化元素,提供中医药特色服务和产品,让游客在住宿过程中感受中医药文化的魅力。

2.中医药养生度假村

以中医药养生为主题,提供中医药康复理疗、药膳食疗等服务,让游客在度假过程中享受养生保健的乐趣。

3.中医药特色民宿

以中医药特色为主题,提供中医药文化体验、中药材采摘等服务,让游客在民宿中感受到中医药文化的独特韵味。

4.中医药文化研学基地

以中医药文化研学为主题,提供中医药文化讲解、中药材种植体验等服务,让游客在基地深入了解中医药文化。

(二)饮食

中医药康养旅游饮食以药食同源和养生理念为指导,选用具有药用价值的食材和药材,根据游客的体质和需求,定制个性化的药膳方案,让游客在品尝美食的同时还能养生保健,达到身心健康的目的。

知识活页

亳州市首家康养主题民宿开门迎宾

1.药食同源膳食

以药食同源的理念为指导,采用具有药用价值的食材,根据游客的体质和需求,定制个性化的药膳方案,让游客在品尝美食的同时,享受养生保健的乐趣。中医素有"药食同源"之说,表明医药与饮食属同一个起源。实际上,饮食的出现,比医药要早得多,因为人类为了生存、繁衍,必须摄取食物,以满足身体代谢的需要。经过长期的生活实践,人类逐渐了解了哪些食物有益,可以进食;哪些有害,不宜进食。通过讲究饮食,某些疾病得到医治,而逐渐形成了药膳食疗的养生方法。

2.二十四节气养生膳食

根据二十四节气的特点和游客的体质,选用不同的食材和药材,制定有针对性的养生膳食方案,让游客在不同的节气中体验不同的养生效果。二十四节气凝结着和谐统一、应时而动的智慧,是我国古代人民长期积累下的一套时间知识体系,反映季节、气温、物候的变化,讲求人与自然在时序中的和谐统一。人们不仅依靠二十四节气知识在农业生产中努力实现与大自然的协调,也在日常饮食中借此达成人体内循环与外界气候大循环的协调。

3.彭祖养生膳食

以彭祖养生理念为指导,选用具有药用价值的食材,注重五味搭配和食疗效果,让游客在品尝美食的同时,达到养生保健的目的。彭祖膳食养生,重在通过饮食或药饵的调养来补益人体之精气神明,调整人体内部的阴阳五行关系,使整个人体系统和器官功能协调平衡,从而达到健康长寿之目的。屈原在《楚辞·天问》中有"彭铿斟雉,帝何飨?受寿永多,夫何久长?"的记载。

4.中医药特色小吃

选用具有药用价值的食材,制作具有中医药特色的小吃,如中药材制成的糕点、保健茶等,让游客在品尝美食的同时,感受中医药文化的魅力。常见的如龟苓膏,它是一种利用龟板、土茯苓、蒲公英、金银花、菊花等中药材熬制而成的黑色半流体状食品,成品一般会散发淡淡的中药香气,目前在商超中均可见到龟苓膏即食零食,这种零食具有滋阴润燥功效,是适合办公和居家的零食品种。

5.中医药养生饮品

选用具有药用价值的食材和药材,制作具有养生效果的饮品,如保健茶、养生酒等,让游客在品尝美味的同时,享受养生保健的乐趣。如流行于中国广东省、香港特别行政区、澳门特别行政区的凉茶,是当地人民根据当地的气候、水土特征,在长期预防疾病与保健的过程中,以中医养生理论为指导,以中草药为原料,食用、总结出的一种具有清热解毒、生津止渴、祛火除湿等功效的茶饮。

知识活页

"中药味"十足的新茶饮风

四、中医药康养旅游产品的游客需求与设计原则

(一)中医药康养旅游产品的游客需求

不同类型的游客在选择中医药康养旅游产品时会有不同的需求和偏好。在开发中医药康养旅游产品时,需要充分考虑不同类型游客的需求和偏好,提供有针对性的服务和产品,以满足游客的需求。

1. 文化体验需求

游客希望了解中医药的历史和文化,感受中医药的魅力。对此,中医药康养旅游产品需要提供中医药文化体验服务,如参观中医药博物馆、中药材种植基地等。

2. 康复理疗需求

游客可能因为身体原因需要康复理疗服务,如针灸、推拿等。因此,中医药康养旅游产品需要提供中医康复理疗服务,以满足游客的需求。

3. 健康养生需求

游客追求健康的生活方式,希望通过中医药康养旅游产品达到养生保健的目的。因此,中医药康养旅游产品需要提供药膳食疗、保健茶等服务和产品,以满足游客的健康养生需求。

4. 美容保健需求

游客对美容保健有兴趣,希望通过中医药康养旅游产品达到美容保健的目的。因此,中医药康养旅游产品需要提供中医美容保健服务,如塑形美体、中药美容等,以满足游客的美容保健需求。

5. 亲子互动需求

家庭游客希望在旅游过程中能够参与亲子活动,增进亲子关系。因此,中医药康养旅游产品需要提供亲子活动、中医药文化体验等服务,以满足家庭游客的亲子互动需求。

(二)中医药康养旅游产品的设计原则

中医药康养旅游产品的设计需要综合考虑市场需求、文化特色、资源整合、创新发展、可持续发展、服务质量、多元化和国际化等多个方面,打造具有中医药特色的旅游目的地,为游客提供优质的旅游体验。

1. 市场需求为导向原则

中医药康养旅游产品的设计应以市场需求为导向,针对不同类型游客的需求和偏好,提供有针对性的产品和服务。

2. 文化特色原则

中医药康养旅游产品的设计应突出中医药文化的特色,将中医药文化融入旅游产

品和服务中,增强产品的文化吸引力和竞争力。

3. 资源整合原则

中医药康养旅游产品的设计应整合当地自然资源和文化资源,包括中药材种植基地、中医药博物馆、中医药特色小镇等,打造具有中医药特色的旅游目的地。

4. 创新发展原则

中医药康养旅游产品的设计应结合现代科技手段,推动产品和服务的创新发展,提高产品的科技含量和附加值。

5. 可持续发展原则

中医药康养旅游产品的设计应坚持可持续发展的原则,注重环境保护和资源的可持续利用,实现经济效益、社会效益和环境效益的统一。

6. 服务质量原则

中医药康养旅游产品的设计应注重服务质量的提升,提供完善的旅游服务保障,包括导游讲解、住宿餐饮、安全保障等,确保游客在旅游过程中享受到满意的体验。

7. 多元化原则

中医药康养旅游产品的设计应坚持多元化的原则,针对不同年龄、性别、职业、地域的游客提供多样化的产品和服务,满足游客的个性化需求。

8. 国际化原则

中医药康养旅游产品的设计应坚持国际化的原则,借鉴国际经验,与国际标准接轨,提高产品的国际竞争力和影响力。

知识活页

美起来!中医告诉你身边常用的美容养颜对药

任务三　中医药康养旅游的产品案例分析

任务描述:

本任务结合背景资源介绍,给出典型中医药康养旅游目的地案例资料并剖析其内在结构与逻辑。

任务目标:

立足实际运用,全面和整体理解中医药康养旅游产品体系。

一、案例目的地简介

国医小镇(前身为岭南中医药文化博览园),位于广州市从化区太平镇格塘村,是以继承与弘扬中华民族中医药历史传统文化为主题,以振兴祖国中医药建设事业为使命,融合中医药文化与旅游、生产与加工、产品与技术、商业与流通、教育与科研于一体的特色小镇。国医小镇项目始建于2008年9月,由广州中凯商业投资有限公司投资,联合北京当代中医药发展研究中心、广州中医药大学中药学院、中山大学生命科学学院、中国中医科学院中药资源中心等多家技术支持合作单位,实现资源整合、优势互补。十多名专家组成项目团队对全国各地同类项目进行考察、调研,同时对项目进行定位和选址,最后达成统一意见:国医小镇项目定位为集中医药文化传承、健康养生旅游、大学生实习、科普教育、中医药科研成果转化等于一体的综合性项目,并选择广州从化为项目发展的主要地区。2014年开始建设的项目有博览园大桥、博览园大牌坊、国医园、百草园、四季花海、中医药历史文化浮雕长廊(全长1028米)、岭南中草药种质种苗繁育基地、中医药文化博览中心,2015年批复马骝山南药森林公园项目,2016年国家中医药管理局批复了全国中医药文化宣传教育基地项目。2016年4月,国医小镇规划专家组编制出《国医小镇总规划案》,总规划将原项目12亿元投资规模扩大到40亿元,计划打造一个文化与旅游、生产与加工、教育与科研的集成化全产业链式综合服务体系。

国医小镇项目定位:高品位、前瞻性、具有岭南特色、蕴含中医药文化,融合生产研发、教育保护、观光养生等功能于一体的综合性中医药文化小镇。项目理念:以博览园区的自然山地为依托,以中草药种植为基础,以中草药研发为突破,以博览园观光为载体,以博物馆展示为媒体,规划建设一个集生产研发、教育保护、观光养生于一体的综合性中医药文化小镇;以传承与弘扬中国中医药文化为己任,极力推动行业与区域经济的发展。

二、目的地旅游资源与产品分析

该项目分为三大主体、五大板块、八个基地,三大主体分别是岭南中医药文化博览园、马骝山南药森林公园、岭南民俗民宿文化村。五大板块分别是中医药文化旅游区、中药材资源培育区、中药材商品贸易区、中医药科研教育区、岭南民俗民宿文化村。八个基地分别是中草药种质种苗基地、岭南地道药材示范基地、中药材创新技术研发基地、中国中草药文化研究基地、中草药养生旅游示范基地、民族药浴健康研究基地、中小学生科普教育基地、大学生教学与实习基地。

(一)三大主体

1.岭南中医药文化博览园

博览园为国医小镇旅游板块主体建设内容,以弘扬中医药历史文化为主题,建设有多项中医药文化景点和园林景观,供游客观光、体验、学习。其中,中医药历史文化浮雕长廊,是目前世界上最长的中医药历史文化浮雕,并荣获"最长砂岩深浮雕"吉尼斯世界纪录称号。岭南中医药文化博览园目前为全国中医药文化宣传教育基地。

2. 马骝山南药森林公园

森林公园项目横跨国医小镇,包含旅游、资源培育、科研教育三个板块,规划面积278.7公顷。公园以保护北归线上森林资源和药用资源为宗旨,以中医药文化为引领,以中医药健康养生为体验,结合农业生产种植,依靠森林资源与技术优势打造林下经济,建立中草药种植产业体系。公园充分发挥中医药资源优势,使旅游资源、商业服务业资源与中医药资源有效结合,形成体验性强、参与度广的中医药健康旅游产品和服务体系。针对旅游市场需求,大力开发以中医药观光、中医药文化体验、中医药养生、中医药特色医疗、中医药疗养康复、中医药美容保健、中医药会展节庆、中医药购物、传统医疗体育等为专题的供给侧旅游产品,打造以中医养生保健服务为核心,融中医医疗服务、中医药健康养老服务于一体的森林旅游星级景区。

3. 岭南民俗民宿文化村

利用本地自然资源,对项目所在地广州市从化区太平镇格塘村进行升级改造,发展新农村建设,打造具有中医药文化特色的民俗民宿文化村,体现具有传统中医药文化氛围的建设格局、风格、元素,以传承与发展中医药文化为理念,结合中医药文化旅游区的健康产业,开发更为丰富、灵活的中医药养生体验项目,将生态保护、旅游开发、农村建设、农业发展有机融合在一起。

(二)五大板块

1. 中医药文化旅游区

以中医药文化旅游为特色、以中医药健康养生为体验,充分发挥中医药资源优势,使旅游资源、商业服务业资源与中医药资源有效结合,形成体验性强、参与度广的中医药健康旅游产品和服务体系。

2. 中药材资源培育区

依托现有中医药科研资源,与农林科学院、中医药科研机构、中草药研究型种植企业和国家行业主管机构紧密合作,推进中药材规范化种植养殖。重点促进中药材种植养殖业绿色发展,制定中药材种植养殖、采集、储藏技术标准;加强道地药材种苗繁育基地建设,大力发展中药材种植养殖专业合作社和合作联社;提高规模化、规范化水平,重点实施山区中药材产业推进行动,引导农户以多种方式参与中药材生产,推进乡村振兴。

3. 中药材商品贸易区

将为我国中医药领域相关企业和机构构建全产业链式协同及集成作业模式。为集群企业提供法治化、国际化营商环境,优化公平竞争的市场环境,提高贸易便利化水平,搭建外贸营销平台,提高我国对外贸易服务的综合水平。建设内容:中医药高峰论坛会议酒店、健康养生园、国医大师流动工作站、中医药商品展览中心、中医药物流与采购中心、中医药企业总部办公区、中医药企业生活服务配套区、入驻金融机构。

4. 中医药科研教育区

与高校、科研院所合作,建设公共研究平台,重点开展具有重大经济价值的中医药标准化、现代化研究;建立相关研究机构,重点从事中国药文化的研究、专类中草药研究;举办中草药文化、健康产业的高层学术论坛与国际学术交流。

5. 岭南民俗民宿文化村

利用本地自然资源,对项目所在地广州市从化区太平镇格塘村进行升级改造,发展新农村建设,打造具有中医药文化特色的民俗民宿文化村,体现具有传统中医药文化氛围的建设格局、风格、元素,以传承与发展中医药文化为理念,结合中医药文化旅游区的健康产业,开发更为丰富、灵活的中医药养生体验项目,将生态保护、旅游开发、农村建设、农业发展有机融合在一起。

(三)八大基地

1. 中草药种质种苗基地

重点从事特定种类中草药的种植、研究、开发等,如设置檀香园、雪莲园、兰园、姜园、梅园等。

2. 岭南地道药材示范基地

结合园区的生态环境特征,建立与亚热带人工次生林有机结合的中草药生产与保育模式。与中山大学和广州中医药大学等共建药用植物园,作为中草药种植资源保育基地与大学生药用植物学野外实习基地。

3. 中药材创新技术研发基地

与高校、科研院所合作,建设公共研究平台,重点开展具有重大经济价值的中草药标准化、现代化研究;建立相关研究机构,重点从事中国药文化的研究;举办中草药文化、健康产业的高层学术论坛与国际学术交流。

4. 中国中草药文化研究基地

与高校、科研院所合作,建设公共研究平台,重点开展具有重大经济价值的中草药标准化、现代化研究;建立相关研究机构,重点从事中国药文化的研究;举办中草药文化、健康产业的高层学术论坛与国际学术交流。

5. 中草药养生旅游示范基地

打造中草药种植观光、中草药成果产业化、健康养生的旅游目的地,使其具有国际社会效益,对国内同类项目建设起到示范作用。

6. 民族药浴健康研究基地

药浴园可将药浴与当地生态环境相结合,建立"温泉药浴",以供游客及参观者体验中国药浴文化。

7.中小学生科普教育基地

中小学生科普教育基地,不仅能让学生感受大自然的"天地万物"理念,还能让学生学习基本的中草药文化常识,了解悠久的中国中草药历史文化。

8.大学生教学与实习基地

联合广东省、港澳台地区的著名大学,为大学和从化当地培养中医药、中草药人才提供实习场所和研发基地,培养一批国际化、专业化的高水平技术人员队伍。

项目小结

本项目深入探索了中医药康养旅游的特性,分析了其基础资源、形态及要素,在此基础上,介绍了多样化的中医药康养旅游产品类型,以及与之对应的目标市场和功能。

项目训练

选择题

一、简答题

1.怎样理解整体观念?

2.阴阳五行学说的基本内容是什么?

二、能力训练

请结合中医药康养旅游产品的游客需求与设计原则,分析自己家乡有没有适合开发中医药康养旅游项目的地方。

模块三
技能模块

项目八
康养旅游饮食服务管理

 项目描述

通过学习,了解康养旅游饮食的概念,以及康养旅游饮食服务的概念、特征及内容;理解康养旅游饮食的营养配餐服务管理、选配食材服务管理和合理烹饪服务管理,能够结合康养旅游饮食服务管理的重点内容针对不同类型的康养旅游提供饮食服务。

 学习目标

知识目标

1. 了解康养旅游饮食的概念。
2. 了解康养旅游饮食服务的概念与特征。
3. 熟悉康养旅游饮食服务的内容。
4. 掌握康养旅游饮食服务管理的重点。

能力目标

1. 能够准确描述康养旅游饮食服务的内容。
2. 能够运用康养旅游饮食服务管理的知识为康养旅游消费者提供个性化的服务。
3. 能够结合康养旅游饮食服务管理的知识高质量地完成不同类型康养旅游中的饮食服务。

素养目标

1. 培养学生树立康养旅游中的服务意识。
2. 具备服务质量意识,能保质保量地完成各种情境下的康养旅游饮食服务。
3. 能够遵循客观规律和科学精神,履行道德准则和行为规范,对康养旅游饮食服务管理的内容进行认真反思与总结,不断提升个人形象与素质。

项目八　康养旅游饮食服务管理

知识导图

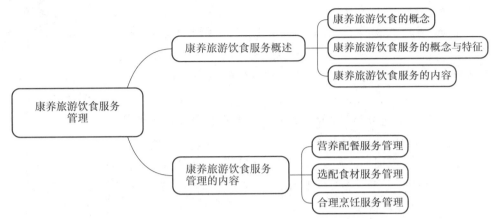

项目引入

细品康养美食　感受食全"石"美

民以食为天。舌尖上的味道,总是令人食欲大振,欲罢不能。旅游"六要素","吃"名列榜首。石柱"六养"中,"食养"更是不可或缺的。

石柱土家族自治县,隶属重庆市,地处长江上游南岸、重庆东部、三峡库区腹心,是以古代巴人为主体、与其他民族融合而成的土家族栖息地之一。石柱县属中亚热带湿润季风区,气候温和,雨水充沛,四季分明,蕴藏着相当丰富的物质资源。同时,由于相对封闭的地理环境,这里的自然环境和饮食习俗很少受到外界的干扰和同化。

优质的自然环境、深厚的文化积淀以及繁荣的经济发展,为石柱的美食发展奠定了得天独厚的基础条件。近年来,石柱围绕打造"全国著名康养休闲生态旅游目的地"总体目标,积极统筹规划布局,创新康养菜品,提升餐饮文化,全力发展特色突出、文化厚重、绿色生态、健康养生的康养美食文化。2017年,石柱得到业界人士和广大群众认可,获得了"中国康养美食之乡"荣誉称号。

在我国博大精深的饮食文化中,土家族地区由于独特的自然环境和历史沿革,其饮食喜好可以说是别具一格。丰富的森林资源孕育了40多种可食用菌,大量山珍如黄连、天麻、竹笋等既是名贵中药材,又是土家菜品的绝佳辅料,加之石柱逐步发展为全国辣椒和莼菜产业大县,当地的餐饮具有了更鲜明的特色和更独特的风采。

正所谓"土家三宝、绝味三肴"。餐前吃嘟粑羹,温心养胃;餐中食莼菜鱼,健康养身;餐后吃绿豆面,营养饱腹。"土家三宝"是世代生活在这片沃土的土家儿女的智慧结晶,也是色、香、味、形俱佳的招牌菜品,得到了众多食客的一致好评。取新鲜的乌鱼切片、上浆后备用,将提前煲好的清鸡汤放入锅中煮沸,然后依次放入洗净的莼菜、调好浆的乌鱼片,煮至鱼片上浮,再将汤面去油,最后装盘,根据喜好加入香菜叶,一碗色泽晶莹剔透、味鲜细嫩的莼菜鱼即可端上餐桌。莼菜鱼不但极为鲜美、入口即化,还富含蛋白质、氨基酸、维生素和微量元素等,有清热消肿之功效,是到石柱必尝的菜品。

如今,随着石柱康养餐饮发展的基础条件日益坚实,这里基本建成了完整的康养菜品标准和菜系,特色鲜明的康养美食文化逐步成形。石柱县正以"中国康养美食之乡"城市名片为载体,推动康养美食特色化、标准化、品牌化发展,打造莼菜宴、莲藕宴、土豆宴、土司王宴"四大宴席",力求通过育人才、强品牌、挖菜品、提文化,推动全县康养美食工作快速发展,将"食养"经济培育成为新的消费增长点。

(资料来源:重庆日报,2020-08-19。)

任务一　康养旅游饮食服务概述

任务描述:

本任务对康养旅游饮食的概念,康养旅游饮食服务的概念、特征及内容进行全面的介绍。

任务目标:

了解康养旅游饮食的概念;熟悉康养旅游饮食服务的概念,能准确陈述康养旅游饮食服务的特征;掌握康养旅游饮食服务的内容。

一、康养旅游饮食的概念

康养旅游饮食是指在旅游活动中注重健康和养生的饮食方式,它强调选择新鲜、天然、有机的食材,以满足身体的营养需求,注重调养身体和保持健康。与传统旅游方式中只注重美味和便利的饮食观念不同,康养旅游饮食更注重食物对身体的益处,并以促进身心健康为目标。

二、康养旅游饮食服务的概念与特征

(一)康养旅游饮食服务的概念

康养旅游饮食服务是指为康养旅游活动提供的专门的餐饮服务。它包括为旅游者提供符合康养原则的健康饮食选择,以满足他们对健康和养生的需求。康养旅游饮

食服务致力于为旅游者提供健康、美味和满足需求的餐饮体验,帮助他们在旅行中达到养生和康复的效果。通过饮食的改善和调整,为旅游者提供全方位的康养服务,使旅行更加有意义。康养旅游饮食服务的内涵包括以下几个重要方面。

一是营养定制。康养旅游饮食服务根据旅游者的个人需求和健康状况,提供定制的营养饮食方案。比如,针对不同的体质类型和健康问题,提供专门的饮食计划和菜品选择,以满足旅游者的个性化需求。

二是原材料选择。康养旅游饮食服务注重选择新鲜、天然、有机的食材。这些食材不含人工合成的化学物质和农药残留,有利于身体健康,同时也符合环境保护的原则。

三是烹饪技法。康养旅游饮食服务注重使用健康的烹饪技法,如清蒸、慢炖等,以保留食材的营养成分和天然风味;避免使用过度油腻和重口味的调料,以保持食物的健康特性。

四是营养均衡。康养旅游饮食服务提供营养均衡的餐饮选择,保证旅游者获得足够的蛋白质、碳水化合物、脂肪、维生素、矿物质等营养元素,同时避免过多的糖分、油脂和添加剂的摄入,以维护身体健康。

五是美味兼顾。康养旅游饮食服务注重提供美味可口的食物。通过精心搭配食材和调味,以及独特的菜品创意,让旅游者在享受健康饮食的同时,也获得美味的享受和满足。

六是专业指导。康养旅游饮食服务可提供专业的饮食指导和建议,帮助旅游者了解健康饮食的原理和方法,以及如何在旅行中做出健康的餐饮选择。

(二)康养旅游饮食服务的特征

康养旅游饮食服务是康养旅游的一部分,通过将康养环境和康养文化与餐饮产品相结合,提供专业化的服务,旨在满足旅游者的康养需求。康养旅游饮食服务除了具有普通休闲餐饮服务的特征,还有着自身的特征。

一是专业性。康养旅游餐饮服务将康养环境和康养文化相结合,追求身心和环境的和谐,并强调生态环保。餐饮从业人员需要具备较高的精神文化素养、自然环境保护和服务素养,以提供专业的服务。

二是针对性。不同年龄段的旅游者对康养旅游产品的需求不同(见表8-1),因此康养旅游饮食服务需要针对不同人群的需求进行开发和调整,以满足旅游者的特定需求。

表8-1 不同年龄段游客对康养旅游产品的需求

年龄段	康养旅游产品需求描述
青少年 (12~18岁)	通常更关注身体健康和活力。他们可能对户外活动、运动项目、团队合作等有兴趣,希望通过康养旅游产品来锻炼身体、增强体能,同时释放压力、增强自信

续表

年龄段	康养旅游产品需求描述
青年人 （18～40岁）	青年人对康养旅游产品的需求更加多元化。有些青年人可能关注身体健康和养生，期望通过康养旅游产品来放松身心、缓解工作压力；有些青年人可能更关注美容养颜，希望通过康养旅游产品来改善外貌和提升形象
中年人 （40～60岁）	中年人对康养旅游产品的需求可能更加注重保健养生和疾病预防。他们可能关注健康饮食、中医养生、健身锻炼等方面的产品，希望通过康养旅游产品来增强免疫力、延缓衰老、减轻慢性病症状
老年人 （60岁及以上）	老年人的康养旅游需求通常更加关注身体康复和养老福利。他们可能需要专门的康复疗养产品，如温泉疗养、康复训练等，同时也希望享受悠闲舒适的养老生活

三是延续性。康养旅游饮食产品的功效显现并非一蹴而就，而是需要一个漫长的调养过程。对于不同年龄段、身体状态的旅游者，康养旅游餐饮产品发挥不同的功效，因而具有延续性。这也是由康养旅游本身的停留时间较长且具有反复性的特点所决定的。

三、康养旅游饮食服务的内容

（一）康养膳食产品

1.康养药膳

药膳是通过中医理论的指导，根据用餐者身体状况、体质以及疾病情况的不同需求，运用辨证饮食的原则，将食物与具备一定药理和功效的中药进行合理的搭配，运用适当的烹调方式和加工技术，制作出美味可口的食品。药膳的目的是通过补养人体各器官，以期达到保健的效果。

首先，药膳由药物、食物、调料等部分组成，其组合依据为"药食同源"。食品物质也具有"四性""五味"以及"归经"的药物性质。例如，虾，味甘，性温，归肝、肾经，有补肾壮阳之功效，与锁阳、沙苑子同为补阳类。因此，中药与食物可以而且必须根据中医方剂理论来组合。其次，药膳既含有人体代谢所必需的各种营养成分，又含有扶正固体、养生健体、防病治病的药性。例如，当归炖羊肉，将当归、枸杞、红枣等药材和羊肉一起炖制，具有补血、调经、益气的作用。最后，药膳的加工烹调除了要达到食品加工的基本要求（色、香、味、形、质），还必须依照药膳的具体功效，对入膳的药物按照中药炮制技术进行特殊的制作，兼顾可食性和药用性。

2.康养茶膳

茶膳是指配合茶饮的饮食方式，强调茶与食物的搭配和相互影响。它是中国传统饮食文化的重要组成部分，旨在通过茶与食物的合理结合，达到调理身体和享受味觉体验的目的。自古以来，我们的祖先就有"吃茶"的习惯。唐代《茶赋》中就有记载：

"茶,滋饭蔬之精素,攻肉食之膻腻。"以茶入菜,历史悠久,它顺应了人们对食物返璞归真、养生保健的消费新需求。

茶膳的制作要注重茶入菜的手法。首先,了解每种茶的特性非常重要。成功制作一道的茶膳需要同时了解茶的特性和食材的特性。在制作过程中,要注意茶叶或茶汤的用量,过多会使菜肴变得苦涩,过少则无法展现茶的香味。其次,要注重烹饪方式。不同的茶叶需要搭配不同的烹饪方式。以铁观音茶叶为例,它的茶叶较大,冲泡后散发出兰香,茶性清淡,稍带涩苦。因此,铁观音适合用来泡茶汤做饺子。对于寒凉的海鲜,可以使用同样是凉性的绿茶进行烹饪,如龙井虾仁。

总之,茶膳的制作要注重茶入菜的手法,需了解茶的特性和食材的特性,根据不同的茶叶选择适合的烹饪方式,以保持菜肴的原汁原味,并融入茶的香气,同时符合茶的本性和健康的要求。

3.康养饮品

饮品是以水为基本原料制作而成的液体食品,通过不同的制造和配制方法可供人们直接饮用。饮品包括水、茶、果汁、牛奶、酒、汽水等。从营养价值的角度来看,茶、果汁和酒在不同程度上对人体都具有一定的保健功效。

1)酒精类饮品

酒是一种具有特殊功能的饮品。早在周代人们就开始意识到饮酒与保健养生之间的关系,《诗经》中写道:"为此春酒,以介眉寿。"主要的酒精类饮品有白酒、红酒、黄酒和药酒等。

(1)白酒。中国白酒是世界六大蒸馏酒之一,并且是唯一采用纯粮固态发酵技术的蒸馏酒,蒸馏酒传统酿造技艺被列入中国非物质文化遗产名录。"酒为百药之长",这是祖先对白酒药用功效的高度评价。适量饮用白酒可以促进血液循环,有助于保护心血管健康。但需要注意,过量饮用白酒可能会对身体健康造成负面影响。

(2)红酒。红酒是一种以葡萄为主要原料发酵而成的酒类,富含多种氨基酸、矿物质和维生素,这些都是人体所必需的营养素。适量饮用红酒可以促进血液循环,有助于降低心脏病和中风的风险。女士适量品饮红酒,可起到养颜美容的效果。

(3)黄酒。黄酒是世界三大古酒(黄酒、葡萄酒、啤酒)之一,是中国传统的一种发酵酒,富含多种有益物质,是我国江浙一带人们餐桌上的一道传统饮品。黄酒酒精度适中,含有丰富的氨基酸和维生素,有助于促进食物消化和吸收,是理想的药引,因此黄酒常用作酒基制成养生保健的药酒。适量饮用黄酒可以舒缓疲劳,健脾补肾,对身体有一定的保健作用。

(4)药酒。药酒是将中草药与酒类混合而成的酒,具有一定的药用价值。药酒中的中草药成分可以起到调理身体、预防疾病和促进健康的作用。不同的药酒配方对应不同功效。例如,药性药酒,以防治疾病为主,在配方上有严格要求;补性药酒,其主要功效是对人体起滋补增益的作用,促进人体健康,使人精力充沛。

2)非酒精类饮品

(1)茶饮。茶是世界上广泛饮用的饮品之一,茶根据发酵程度的不同,可以分为六大类:绿茶、黄茶、白茶、乌龙茶、红茶和黑茶。茶叶中含有茶多酚、茶碱、维生素和矿物质等多种营养物质,对人体有良好的保健作用。绿茶具有抗氧化和抗疲劳的作用,红茶可以暖胃祛寒,乌龙茶对祛脂减肥有一定效果。此外,还有各个民族通过特殊工艺制作的茶饮和现代调制的茶饮。不同民族根据地域条件制作的茶具有特殊的保健功效。例如,藏族的酥油茶是在茶中加入食用酥油而制成,而蒙古族的奶茶是将茶叶慢慢熬煮,然后加入鲜奶和盐而制成,有时还会加入黄油和炒米等,这些都是含有多种营养成分的滋补饮品。现代调制的茶饮包括各种花草茶、果茶和酒茶等,种类繁多。玫瑰花茶有活血调经和缓解压力的作用,金银花茶能清热解毒和消肿通络,不同花草茶有着不同的保健功效。现代调制的茶饮深受年轻人喜爱,通过不同的配料和制作方法,可以调制出各种果茶和花草茶,例如柠檬红茶、茉莉绿茶等。

(2)豆浆。豆浆是一种营养丰富的非乳制品,它由大豆经过研磨、煮熟而制成。豆浆是植物性蛋白质的重要来源。大豆的蛋白质含量高达35%,含有人体所必需的氨基酸,对维持身体的正常功能至关重要。对于素食者或者寻求动物性蛋白质替代来源的人来说,豆浆是一种优质的蛋白质选择。豆浆富含多种营养素,包括钙、铁、维生素B、维生素D和膳食纤维等。此外,豆浆中的脂肪主要是不饱和脂肪酸,对心脏健康有益。需要注意的是,豆浆可能不适合某些人群,例如对大豆过敏的人需要谨慎食用。

(3)乳制品。乳制品是以动物乳汁为原料制成的食品,例如牛奶、酸奶、奶酪等。乳制品是优质蛋白质、钙和维生素D的来源,对人体健康有益。乳制品中的蛋白质含有丰富的氨基酸,对于维持身体的正常功能至关重要。然而,乳制品对人体健康的作用也因个体差异而有所不同。一些人乳糖不耐受或对乳蛋白过敏,可能就不适宜摄入乳制品。此外,全脂乳制品富含饱和脂肪,长期过量摄入可能增加患心脏病的风险。

(4)果蔬汁。果蔬汁是由新鲜水果和蔬菜榨汁而成的饮品。果蔬汁对人体健康具有积极的影响,果蔬汁富含维生素、矿物质和抗氧化物质,可以为人体提供丰富的营养。喝果蔬汁是一种方便的补充营养的方式。果蔬汁中的抗氧化物质,如维生素C和多酚类化合物,有助于中和自由基,减少氧化损伤,保护细胞和组织免受损害。适量摄入果蔬汁可以增强机体的抵抗力,降低感染疾病的风险。

(二)康养食材选择

食材是烹饪过程中使用的原材料。根据不同的菜品、地域和风格,选择的食材也会有所不同,其营养和卫生要求也有所差异。食材可分为蔬菜水果类、肉禽蛋类、水产类、五谷杂粮类、饮品类及调味品类。

1.蔬菜水果类食材

蔬菜水果类食材富含水分、无机盐、维生素和膳食纤维,脂肪含量低,对人体有益。

知识活页

从不醉不归到健康养生,黄酒酒业如何发展?

2. 肉禽蛋类食材

肉禽蛋类食材包括猪肉、牛肉、羊肉、鸡肉、鸭肉等，富含蛋白质、脂肪和无机盐，但不同产地、不同养殖方式的肉禽蛋食材，其营养成分有所不同。蛋类质地柔软细腻，味道鲜美，营养价值高。常见的蛋类有鸡蛋、鸭蛋、鹅蛋和鹌鹑蛋等。

3. 水产类食材

水产类食材包括鱼类、甲壳类（如虾、蟹）和贝类（如牡蛎、河蚌），富含蛋白质、脂肪、维生素和无机盐。鱼肉中含有一种脂肪酸，具有抑制血小板聚集和扩张血管的作用，有助于预防或减轻冠状动脉粥样硬化。

4. 五谷杂粮类食材

五谷杂粮类食材是指谷类和其他植物种子类食材，主要用于制作主食和副食。它们富含多种营养素，包括碳水化合物、蛋白质、膳食纤维、维生素和矿物质。

5. 饮品类食材

饮品类食材是指用于制作各种饮品的原材料。饮品类食材包括水、酒、果汁、牛奶和茶等。这些食材可以单独使用，也可以组合在一起制作出不同口味和风格的饮品。

6. 调味品类食材

调味品类食材在烹饪过程中用于辅助烹调，提升菜肴的口味，包括食用油脂、淀粉、添加剂等。食用油脂是高热能的营养食品，提供人体所需的脂肪酸。淀粉类佐助食材可以消化分解为葡萄糖，被人体吸收利用。

对于康养旅游饮食服务人员来说，了解各类食材的性质、特点、营养价值和卫生知识非常重要，能够帮助他们更好地提供让游客满意的服务。

（三）康养烹饪制作

饮食与营养是维护人体健康的重要因素，而选择适当的食材和运用合理的烹饪方式对食物的营养价值具有重要影响。不同的烹饪方式能够改变食材的物理和化学性质，从而影响其营养成分的含量、稳定性和吸收率。

烹饪是一门专门的技术，合理的烹饪是实现合理获取营养的基本要求之一。从科学的角度来看，烹饪工艺能够将原材料中的蛋白质、脂肪、糖类等成分转化为最适合人体感官和营养吸收的形式。烹饪工艺和食材的最佳搭配能够增强食欲，使食物的色、香、味更加出众，同时符合人们对健康的要求。因此，在康养旅游饮食领域，深入研究烹饪方式对食材营养价值的影响具有重要的理论和实践价值，可以指导人们选择合适的烹饪方式，并合理搭配食材，以实现全面的营养摄入。

烹饪是通过煎、炒、煮、炖、烤等多种不同的加工方式将食材加工成色、香、味俱佳的美味佳肴。在国内，常用的烹饪方式包括蒸、煮、炖、炒、煎、油炸和烤等，可根据食材和需求选择不同的方式。不同的烹饪方式对营养素的影响不同。例如，蒸是一种将处理好的食材放入器皿中，置于蒸笼中利用蒸汽煮熟的烹饪方式。与其他烹饪方式相比，蒸能更好地保留食物中的营养素尤其是水溶性维生素。在烹饪油菜、鱼类、西兰花和莴苣等食材时,选择蒸煮可以减少营养素的流失。另外,煮是一种常见的健康烹饪方式,将处理好的食材放入沸水或冷水中煮熟,并进行简单的调味即可食用。相比其他烹饪方式,煮对脂肪的影响较小,但可以促进蛋白质、糖类的水解。在煮的过程中,食材中的矿物质(如磷、钙)和水溶性维生素会溶解到汤中,从而使汤中保留了食物的营养素。此外,炖主要适用于烹饪肉类,通过长时间的煨煮使肉类软烂可口。炒是用高温快炒的方式快速烹制食材,能够缩短烹饪时间,减少食材中的水分流失,有助于保留营养成分和口感。在炒菜时,也应注意营养平衡、低盐低油的原则。

康养旅游饮食服务人员应了解不同烹饪方式对食物中营养素的影响,并在服务过程中提供营养均衡的选择,鼓励优先采用减少食物营养素流失和保持食物原本风味的烹饪方式,不断创新和研发新的菜品,特别是针对康养旅游特殊人群的菜品。

任务二　康养旅游饮食服务管理的内容

任务描述:
本任务对康养旅游饮食营养配餐服务管理、选配食材服务管理及合理烹饪服务管理三方面内容进行全面介绍。

任务目标:
了解营养配餐的基本要求、原则,能对康养旅游者中的普通人群及特殊人群进行营养配餐服务;熟悉选配食材的原则及方法,能为康养旅游者选配食材;掌握合理烹饪服务管理。

一、营养配餐服务管理

《黄帝内经》中提到"五谷为养,五果为助,五畜为益,五菜为充",以及"谷肉果菜,食养尽之,无使过之,伤其正也",这些观点体现了饮食需求既要营养全面又要营养平衡的理念。为了满足这种需求,营养配餐服务应运而生。该服务以营养学、烹调学、食品卫生安全等学科知识为理论基础,结合食品工艺学、食品微生物学、食品美学等相关科学体系,提供全新的康养旅游饮食服务模式。

康养旅游饮食服务中的营养配餐服务旨在根据营养学的原则和要求,科学搭配食材,精心烹饪,确保食物营养全面。同时,该服务注重保持营养的平衡,避免营养过剩或不足的问题,以保持身体的健康状态。这一服务的核心理念是通过合理搭配谷物类、肉类、蔬果类等多种食材,将其充分融入日常饮食,使人们获得全面的营养支持,同时保持健康的体态。通过康养旅游餐饮行业专业人员的配餐,各类人群在康养旅游活动中,可以根据各自对营养素的需要,结合当地食物的品种、生产季节等因素,合理选择原料,达到平衡膳食的目的。例如,在冬季,人们喜欢选择到云南昆明、丽江、大理等气候温暖的地区居住疗养。云南盛产各种珍贵的中药材和食用菌,在饮食搭配上可以根据当地特色食材和应季的果蔬等,通过滇菜的烹饪手法,为游客提供既具有当地特色又富含较高营养价值的膳食。

(一)营养配餐的基本要求

1. 营养供给充分

营养供给充分指的是食物要能提供人体代谢和生理功能所需的能量和营养素。为了满足不同生理状态的实际需要,要对食物的种类、数量和质量进行适当调配。

2. 食物要符合食品安全标准

康养旅游饮食服务要确保食物安全、无毒害。有害因素如有毒动植物、致病性微生物和有毒化学物质等都可能导致食物中毒;农药残留等污染物质可能会引起"三致"(致癌、致畸、致突变)反应。

3. 合理选配和烹调

合理选配与烹调是实现合理膳食的基本要求。正确的烹饪方式能使食材尽可能保留营养素,进而成为符合口味、易于消化、符合卫生要求的饮食佳肴。

4. 膳食多样化

膳食多样化是指食物品类丰富、多样,具有色、香、味、形等特点。这种多样性可以增进食欲,促进消化液分泌,有利于人体对食物营养成分的吸收和利用。

5. 创造良好的就餐环境

创造良好的就餐环境可以使进食者在愉快的氛围中享用餐点,是保持健康食欲和充分吸收营养的重要条件。

(二)营养配餐的基本原则

1. 总体原则

(1)因人配餐。在配制膳食时,需考虑游客的国籍、民族、宗教、职业、年龄、性别、体质、忌讳等因素。根据不同游客的特点、类型和禁忌等要素,搭配适应个人需求的营养膳食。

(2)因时配餐。不同季节有不同的新鲜食材。因此,搭配膳食时应根据四季节气规律选择合适时令的食材。同时,在不同时令,相同食材的营养价值也存在差异。

(3)根据价格配餐。不同经济收入和职业的人群,其消费水平不同。因此,在膳食配制过程中,应兼顾价格因素,在确保菜品品质的同时,提供不同价格范围内多样化的膳食搭配。

(4)根据主题配餐。根据节日、庆典、文化活动、宴会主题或宴请目的的不同,创造与主题相应的用餐环境和氛围,设计和配制与主题相结合的菜品。

知识活页

立春吃什么？

(5)根据生理特点配餐。根据用餐者的生理特点、工作强度和饮食习惯等，定制膳食。生理特点包括体重、身高、腰围、年龄、性别和病理情况等因素；工作强度分为轻度、中度和重度三个级别；而饮食习惯需考虑用餐者的口味、餐次和饮食结构。

(6)四季膳食平衡。基于烹饪原料多样化和互补性的原则，合理搭配主食和副食，确保膳食中各类营养物质的合理配置。调配膳食要根据季节和人体的变化，实现四季膳食的平衡。

2.普通人群的营养配餐

(1)粗细搭配。营养配餐中的粗细搭配指的是在食物组合中合理选择粗细颗粒食物的比例。通常，粗细搭配主要涉及主食、副食和配菜的选择。第一，主食粗细搭配。主食通常包括米饭、面食、杂粮等。粗细搭配指不同主食的比例，例如，选择一部分粗粮(如糙米、全麦面包)和适量的细粮(如白米饭、精白面)作为主食来提供能量。第二，副食粗细搭配。副食常常是指主食以外的食物，如豆类、薯类、坚果等。在副食的选择上，可以根据个人需求和口味喜好，搭配粗细不同的食物。例如，选择高纤维的豆类作为副食的一部分，以及适量的坚果等。第三，配菜粗细搭配。配菜包括各种蔬菜和水果。在配菜的选择上，可以选择不同膳食纤维含量和口感的蔬菜和水果，以满足营养和口感的需要。例如，选择绿叶蔬菜、根茎类蔬菜等提供膳食纤维和维生素，同时搭配适量的水果。

(2)荤素搭配。荤素搭配是指在一顿餐食中合理搭配肉类(荤食)和蔬菜(素食)的比例和种类。这种搭配可以提供均衡的营养，满足人体对蛋白质、维生素、矿物质和膳食纤维等多种营养素的需求。荤素搭配将荤食和素食结合起来，根据个人的需求和健康状况，合理搭配不同食材。例如，可以在一顿餐食中搭配鱼肉和青菜、豆腐和蔬菜、鸡肉和雪菜等。

(3)主副食搭配。主食通常是提供能量和碳水化合物的食物，如米饭、面食、土豆、玉米等。副食则是指主食以外的食物，通常包括蔬菜、水果、豆类、坚果等。主副食搭配的原则是根据个人的需要和喜好，合理分配主食和副食的比例和种类。主食提供主要的能量和碳水化合物，而副食则提供蛋白质、膳食纤维和其他营养素。搭配不同种类的副食，可以增加食物的营养多样性。

(4)酸碱搭配。食物的酸碱搭配是指在饮食中合理搭配酸性和碱性食物的比例，以保持体内酸碱平衡。酸碱搭配理论认为，人体血液和细胞健康需要保持一定的酸碱平衡，可以通过食物的选择和搭配来影响体内的酸碱平衡。蔬菜和水果多为碱性食物，摄入丰富的蔬果可以帮助平衡酸性食物的摄入。肉类和鱼类多属于酸性食物，可以适度控制其摄入量，尤其是红肉和加工肉制品。酒精、咖啡，以及一些含糖饮料属于酸性食物，应适度摄入，同时多喝水以帮助保持酸碱平衡。具体的酸碱搭配应根据个人的健康状况和饮食喜好来调整，最重要的是保持均衡饮食，包括多样化的食物组合，摄入足够的营养素和适量的能量。

(5)五味调和。五味调和是传统中医理论中的一个重要概念，指的是在饮食中合理搭配五种基本味道(酸、甜、苦、辣、咸),以实现营养平衡和促进健康。中医学认为,不同味道的食物对人体具有不同的作用和药理特性。每种味道对应不同的脏腑器官,并与五行理论和经络相联系。通过合理搭配五味,可以调节脏腑功能,平衡阴阳,促进气血的运行,从而维护身体的健康。在日常饮食中,应尽量摄入各种味道的食物,避免偏食或过度偏好某一味道。不同体质和健康状况的人需要根据自身情况进行个性化的五味调和。

3. 特殊人群的营养配餐

不同的康养旅游产品对应有不同的市场,如养老度假旅游产品以"银发"市场为主,登山攀岩等体育康养旅游产品以中青年市场为主等。基于过往学者的研究,本书中康养旅游饮食的特殊人群为幼儿、青少年、老年人、各类亚健康人群以及素食人群。

(1)幼儿膳食。幼儿膳食的营养配餐非常重要,因为他们处于生长发育的关键阶段,需要各种营养来支持他们的身体发育。幼儿膳食应包括五大主要食物类群,即谷物、蔬菜、水果、蛋白质食品和脂肪类食物。这些食物类别分别提供不同的营养物质,如碳水化合物、蛋白质、维生素、矿物质和脂肪,需要在每餐中搭配适当的比例。幼儿膳食一般宜用蒸、炖、滑、炒等烹饪方式,少用煎、炸、烤等烹饪方式,丰富的菜式可提高幼儿食欲。

(2)青少年膳食。青少年正处于快速成长时期,他们需要充足的营养来支持他们的发育。为了满足青少年身体发育和成长的需求,膳食应包含富含钙、铁、维生素等营养元素的食物。在考虑膳食的数量和质量时,需要确保食物提供各种必要的营养物质,并注意食物的多样性,多选择时令蔬菜和水果。同时,可以尝试使用不同的烹饪方式和调味品,在烹调过程中注重食物的色彩、口感和外观,使膳食更加美味和有吸引力。

(3)老年人膳食。老年人膳食应保持适量的蛋白质供给,并且选择高质量的蛋白质食物。同时,老年人的膳食还应注意以下几点:减少脂肪和植物油的摄入,以预防高血压、心脑血管疾病等慢性病;在蛋白质的摄入方面,优先选择鱼、鸡、虾、瘦肉、牛奶、鸡蛋以及易于消化的豆制品等高质量蛋白质来源;应尽量考虑食物的细、软,可以增加汤菜、炖品等温热食物,以减轻吞咽和消化的负担;在菜品上应以清淡为主,忌油腻、干硬和生冷的食物。

(4)高血压和冠心病人群膳食。高血压和冠心病是两种与饮食密切相关的心血管疾病。对于高血压和冠心病患者,膳食应注意减少摄入动物性脂肪,改用植物油作为主要油脂;尽量避免食用含有高胆固醇的动物内脏,如脑、肝、肾等;选择高质量的植物性蛋白质以及鱼肉、精瘦肉等;尽量减少食用高糖食物,特别是添加了大量糖分的加工食品,多选择新鲜的蔬菜和水果作为替代;注意少用油炸、油煎和爆炒等高油脂的烹饪方式,可选择蒸、煮、炖或烤等低油脂的烹饪方式。

(5)糖尿病人群膳食。糖尿病是一种与胰岛素绝对或相对分泌不足以及胰岛素利用障碍有关的代谢类疾病,与遗传和环境因素(如膳食)密切相关。糖尿病患者应减少主食中糖类食物的摄入量,以减轻胰岛细胞负担,降低血糖波动;适量增加蛋白质和脂肪(主要是植物油)的摄入量,以满足能量需求;减少食用糖分和淀粉含量高的瓜果蔬菜,适当多配一些柔嫩、富含粗纤维且低糖分、低淀粉的新鲜蔬菜,以增加饱腹感和营养摄入,同时尽量少食多餐。

(6)肥胖人群膳食。肥胖人群需要减少能量的摄入量,以达到减重的目的。可以通过减少碳水化合物和脂肪的摄入来控制能量的摄入;减少糖类和淀粉类食物(如糖、白米饭、面包、面条等)的摄入,增加蔬菜和水果的摄入;同时,要确保摄入足够的蛋白质,以维持身体功能;增加谷物、蔬菜、水果和豆类等富含膳食纤维的食物的摄入量;选择低油脂的烹饪方式,如蒸、烤、煮和炖,以减少油脂的摄入量;避免食用过多的油炸食物和高热量的加工食品。

(7)素食人群膳食。素食人群分为三类:一是"严格素食者",严格素食者不食用任何动物来源的食物;二是"乳蛋素食者",乳蛋素食者不食用任何肉类和鱼类,但会食用乳制品和蛋类;三是"鱼素食者",除了水产(以鱼为主)和蛋奶,他们不食用其他与动物有关的食物。因此,素食者为避免蛋白质以及铁、锌等元素的缺失,在饮食上应当注意:第一,选择多样化的植物性蛋白质来源,如豆类、豆制品(如豆腐、豆浆等)以及全谷物(如大麦、燕麦、糙米、小米、玉米等),坚果和有些蔬菜也是植物性蛋白质的良好来源;第二,选择植物性铁质来源食材,如绿叶蔬菜(菠菜、羽衣甘蓝等)、豆类、全谷物和坚果,同时搭配富含维生素C的食物(如柑橘类水果、草莓、番茄等)可以提高铁的吸收率;第三,补充足够的钙质,可以选择豆制品(豆腐、豆浆等)、豆类、坚果(杏仁、腰果、核桃等)、绿叶蔬菜(菠菜、油菜、芥蓝等)和钙强化的植物奶(如杏仁奶等)。素食者需要保持多样化的膳食,食用各类植物性食物以获得所需的营养。

二、选配食材服务管理

合理选配食材是指对食物原材料,在形态、结构、性质、营养价值等方面进行选择搭配,使菜肴除了具有色、香、味、形,还要满足人体所需的营养以及卫生要求。它不仅是健康饮食的一道重要程序,也是康养旅游者在饮食方面合理获取营养的重要环节。

(一)康养旅游饮食食材选配的原则

1.季节性选择原则

选择符合季节的食材,以确保摄入新鲜和优质的食物。这也可以使餐桌上的食物更加多样和丰富。按季节选择食材可以确保食材的新鲜度、品质和营养价值。在康养旅游饮食制作过程中,选择应季的食材,注意水果和蔬菜的季节,考虑气候和烹饪方式,以及了解季节性食材的特点等,均可帮助服务人员为游客提供口感好、新鲜、营养价值高的食品。根据当地和季节的特点,选择符合季节的当地食材,有利于满足身体的营养需求,增添饮食的多样性,并促进人与自然的协调。

2.地方性选择原则

按地方选择食材是一种重要的原则,它强调根据地方特色和当地可获得的食材来进行康养膳食的制作。中国地大物博,物产丰富,但由于各个地区自然环境的差异,食材呈现出不同的特点。不同地区的气候和环境条件会影响可获得的食材的种类和品质。应注意选择适应当地气候和环境的食材,以确保其适应性和新鲜度。按地方选择食材有助于保护和传承地方饮食文化,提供新鲜、高品质的食材,并且具有更好的环境可持续性。因此,在选配食材时,坚持地方性选择原则是非常有益的。

3.多样性选择原则

多样性选择原则强调选择多种不同类型的食材以获得全面的营养。通过确保饮食中包括五大主要食物类群(谷物、蔬菜、水果、蛋白质食品和脂肪类食物),聚焦颜色多样的食材,选择不同来源的蛋白质,以及增添调味品和香料等,可实现食材选择的多样性。通过选择不同种类的食材,可以摄取各种营养素,维持身体的平衡和功能。同时,多样性的食材选择也有助于增加饮食的趣味和满足感,提供更多的美食选择。

(二)康养旅游饮食食材选配的方法

1.鉴定烹饪原料

根据营养配餐的基本要求,食物要符合食品安全标准。因此,康养旅游饮食食材选择的第一步便是鉴定食材原料本身能否作为原材料,主要可以从以下两个方面进行鉴定。

第一,食材必须符合国家法律要求,凡是国家保护野生动植物,均不能作为烹饪原料。

第二,食材必须符合安全性要求,不能有毒、变质或者农药及添加剂超标。这可通过外观鉴别、触感鉴别、嗅觉鉴别、包装标签鉴别等方法实现。

2.依据菜肴需求选择食材

康养旅游依据不同资源可以分为不同类型,不同类型的康养旅游中,游客对饮食有着不同的需求。根据游客对菜肴的需求,选择能够保证菜肴质量的食材,通常可以从以下方面进行选择。

第一,食材的数量。将构成菜肴的各种食材按适当比例进行搭配,其搭配形式多种多样。不同的菜肴,其食材数量的搭配要求各不相同。

第二,食材的颜色。食材色泽搭配合理,能使菜肴美观大方,给人以美的享受,从而促进食欲。在食材搭配过程中,要适应或突出主食材。菜肴色泽的搭配方法有相近色配和异色配两种。

第三,食材的形状。食材形状的搭配直接影响菜肴的外观形态。形状配合的原则是相似相配,即块配块、条配条、丝配丝、丁配丁。为突出主食材,一般辅助食材的规格选配应比主食材略小。

第四，食材的营养成分。菜肴的营养价值是衡量菜肴质量高低的关键因素。为使游客能从菜肴中得到充足的营养，选择食材时必须考虑食材营养成分的搭配。

3.考虑其他因素

中国地大物博，幅员辽阔，不同区域环境造就了不同的饮食文化、风情民俗。因此，康养旅游饮食服务管理还应考虑人文因素的作用，需要按照不同区域群体的健康状况、饮食文化及风情民俗进行食材的选择与搭配。

三、合理烹饪服务管理

合理烹饪贯穿菜肴制作的整个过程，包括选材、原料初加工、细加工、配菜组合和临灶烹调等环节。每一个环节都对菜品的品质产生一定的影响，因此，康养旅游饮食服务人员需要了解合理烹饪的要求和方法，这对做好康养相关的餐饮服务具有重要意义。本书主要从选材、原料初加工及细加工三个环节来阐述合理烹饪服务管理的主要内容。

首先，选材是合理烹饪的基础。选择新鲜、优质的食材是确保菜品口感和营养价值的关键。考虑到食材种类的多样化、烹饪方式的丰富性以及不同食材特点的差异性，烹饪者对不同食材的了解程度可能存在差异，在处理陌生食材时可能会选择不适合的烹饪方式。因此，康养旅游饮食服务的从业人员需要在熟悉原料的生产季节、产地、特有品质等方面下功夫。目前，随着信息技术使用的普及，烹饪者可以利用信息技术提升自身的烹饪能力。通过观察不同类型康养旅游中使用的食材的特点，选择准确、适合的烹饪方式，最大限度地发挥食物的营养价值。信息技术可以提供食材的产地溯源、质量评估和烹饪建议等有用的信息，帮助烹饪者做出明智的选择和决策。通过学习和应用信息技术，烹饪者能够更好地了解食材的特点，并运用合适的烹饪技巧，以保证康养旅游饮食服务的质量和满足顾客需求。总的来说，康养旅游饮食合理烹饪服务管理需要重视选材环节。

其次，原材料的初加工对于康养旅游饮食合理烹饪至关重要。妥善处理食材可以保持其原始营养和口感，并提高烹饪效果。初加工包括洗净、剥皮、切块等步骤，要确保食材的品质和充分利用可食部分。例如，淘洗大米，应避免使用温热水或反复淘洗，这会加速大米中营养物质的流失。正确的洗米方法是使用冷水轻轻搅拌，只需去除杂质即可，避免损坏米粒。在肉类的初加工过程中，只需使用适量清水去除肉类表面的污垢即可，不要过度清洗或长时间浸泡。在对蔬菜类食材进行初加工时，最好使用流动的水进行清洗，而不是使用静止的水，这样可以确保蔬菜表面的污垢和农药残留被冲走。

最后，科学化细加工是康养旅游饮食合理烹饪的制胜法宝。细加工包括调味和烹制过程。调味是根据菜品的特点和游客口味需求，添加适量的调味料和配料，使菜品的味道更加丰富且层次分明。合理的配菜组合能突出食材的特点，提供丰富多样的口感和味觉体验。在烹饪过程中，应优先考虑食材的特性，并根据食材特性选择合适的

知识活页

贵州味道，鲜野惹人醉

知识活页

食物相生与相克

烹饪方式,以最大限度地保留食材中的营养成分。举例来说,主食和肉类食物的最佳烹饪方式是蒸、炒、煮;蔬菜的最佳烹饪方式是高温快炒和快速焯水。

项目小结

康养旅游饮食服务管理是康养旅游服务与管理中的重要内容。本项目介绍了康养旅游饮食服务管理的概念体系,主要内容包括康养旅游饮食服务的概念、康养旅游饮食服务的特征、康养旅游饮食服务的内容及康养旅游饮食服务管理的重点内容。重点介绍了康养旅游饮食服务的内容,以及康养旅游饮食的营养配餐服务管理、选配食材服务管理及合理烹饪服务管理,在服务过程中,应有机配合使用。康养旅游饮食服务管理不仅仅是康养旅游相关部门或企业的工作任务,更是康养旅游目的地的工作任务。如何利用康养旅游饮食服务吸引旅游者、延长他们在目的地的逗留时间及达到更强烈的重游意愿,是未来康养旅游建设的重点任务。

项目训练

一、简答题

1. 简述康养旅游饮食服务的特征。
2. 简述营养配餐服务管理的总体原则。
3. 简述合理烹饪服务管理的内容。

二、能力训练

康养旅游根据资源可分为不同的类型,如森林康养旅游、气候康养旅游、滨水康养旅游、田园康养旅游、温泉康养旅游、中医药康养旅游等,请你任选其中一种康养旅游类型,结合实际客人的特点(如年龄、职业等),查阅资料,为客人提供定制化的康养旅游饮食服务。

选择题

项目九
康养旅游住宿服务管理

 项目描述

本项目介绍了康养旅游住宿服务的概念、重要性、特点及发展趋势,康养旅游住宿服务安全管理、物品管理、信息化管理及收益管理的概念及必要性等。

 学习目标

知识目标

1. 了解康养旅游住宿服务的概念、重要性。
2. 了解康养旅游住宿服务的特点及发展趋势。
3. 了解康养旅游住宿服务管理相关内容的概念、意义及必要性。

能力目标

1. 能够准确描述康养旅游住宿服务的概念、重要性、特点及发展趋势。
2. 能够理解康养旅游住宿服务安全管理、物品管理、信息化管理及收益管理的概念及必要性。
3. 能够运用所学结合康养旅游住宿服务实际项目开展简单的管理工作。

素养目标

1. 具备发现问题、分析问题、处理问题的能力。
2. 具备创新性思维和发散性思维,在学习过程中能够举一反三,富有一定的创造性。
3. 具备基础管理思维和能力,养成对管理理论和实践进行学习的自觉性与主动性。

项目九　康养旅游住宿服务管理

知识导图

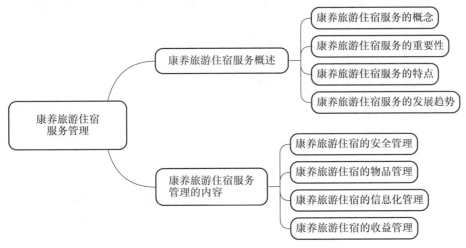

项目引入

　　一个冬天的夜晚，A康养度假中心接待了一位客人，酒店前台根据客人的预订信息，提前做好了接待准备。晚上九点半，一位打扮时尚、穿着高跟鞋的中年女性客人来到前台。前台服务员以最快的速度为客人办理了入住手续，并将其引领到客房。在房间内，服务管家根据客户档案及健康体检中心的体检报告，已经煮好了普洱茶，配上不含糖的茶点；足疗师也为客人准备好泡脚盆，盆里泡着具有温经通络、活血化瘀功能及对改善睡眠有帮助的艾草和红花。客人进入房间后喝着茶、泡着脚，与身边的服务管家交流着："每次工作疲惫的时候，就想来你们康养度假中心，泡个温泉，做个按摩，放松心情，静静地休养几天。春节前，能否安排一下：我要对公司的中层干部进行年终的奖励，让他们也来放松一下。"

　　康养度假中心细致周到的服务给客人留下深刻的印象，并带来更多的客源，这是客人对企业服务质量的认可。康养旅游住宿企业，最大的卖点就是以优质的康养服务，为客人提供高品质的住宿体验，这就要求服务人员应具备更高的素质与技能。

任务一　康养旅游住宿服务概述

任务描述：
　　本任务对康养旅游住宿服务相关概念、康养旅游住宿服务的重要性、康养旅游住宿服务的特点及康养旅游住宿服务的发展趋势进行全面的介绍。

> **任务目标：**
> 了解康养旅游住宿服务相关概念，能理解康养旅游住宿服务在康养旅游中的重要性，熟悉康养旅游住宿服务的特点，掌握康养旅游住宿服务的发展趋势。

一、康养旅游住宿服务的概念

康养旅游住宿服务是指以传统住宿业的空间、设施设备为基础，以康养服务项目及专用设施设备为依托，以服务人员优质、高效、人性化的服务为核心，为康养旅游者提供健康、舒适、温馨的住宿体验。

现代康养旅游住宿，已经突破原有的酒店住宿业态的边界，融合了多种住宿服务的形式，不断创新，以适应不同顾客群体的需求。本书所提到的康养旅游住宿业态，既包括具备康养旅游服务设施的传统酒店，也包括能提供康养住宿服务且受康养旅游者喜爱的其他住宿业态，如康养度假酒店、精品民宿、康养旅居公寓、生活方式酒店等。

二、康养旅游住宿服务的重要性

（一）康养旅游住宿服务是康养旅游产品的重要组成部分

"养生之诀，当以善睡居先。"这是明末清初著名的戏剧理论家和养生学家李渔在其著作《闲情偶寄》中提出的。李渔认为："睡能还精，睡能养气，睡能健脾益胃，睡能坚骨壮筋。"康养旅游住宿服务，就是要为旅游者提供优质的睡眠服务，满足旅游者对高质量睡眠的要求。

康养旅游者在旅游目的地停留时间较长，其中，住宿服务是康养旅游者在旅游过程中享受时间最长的服务项目。在康养服务设施方面，现代康养旅游住宿企业打破了传统酒店整齐划一、呆板、单调的客房设计，通过整体的设计、装修、布局，以及设施设备专配等方面的创新，将居住与健康联系在一起，将文化与艺术融为一体，把普通的客房变成风格各异、灵动、有个性的康养旅游住宿服务产品，以满足不同类型康养旅游者的需求。一些接待企业通过设置独立的康养空间，如温泉疗养区、中医理疗按摩区、健康体检区等，为住宿客人提供全方位的康养服务。可以说，康养旅游住宿服务已成为康养旅游产品的重要组成部分。

（二）康养旅游住宿服务质量直接影响康养旅游的整体质量

康养旅游者在旅游目的地停留过程中，往往希望在住宿方面能有宾至如归的温馨感，有居家的舒适与安全感。宜居的环境、独具特色的客房、配套的康养设施等都是优质住宿体验的重要基础，如易于操作的按摩设备、水温适宜的温泉水，都会提升住客的满意度；而服务人员温馨、贴心的服务更是住宿服务的重中之重，会给顾客留下深刻的印象。对康养旅游者而言，外出旅游不仅要赏心悦目，更要养身、养神。只有硬件设备质量上乘，软件服务优秀贴心，才能让康养旅游者真正满意。

(三)优质的康养旅游住宿服务可以吸引更多的忠实消费者

健康是人们永恒的追求,因此康养旅游的重游率较高。旅游者在选择康养旅游目的地时,不同于一般旅游目的地的网红酒店,后者被游客打卡之后,名气往往逐渐被新的网红酒店替代,生命周期短。而那些旅游体验佳、口碑好的康养旅游住宿服务接待点,会经过消费者的口口相传,变成大家认可和首选的名店。品牌的忠实拥护者,往往也是康养旅游住宿企业的"形象大使"和"推广大使",其宣传效果有时优于广告,更有利于产品的销售。

三、康养旅游住宿服务的特点

(一)目的性

养身、养心、养颜等是康养旅游者出游最主要的目的,他们在住宿方面的要求主要体现在康养服务上,因此接待企业须配备专业的服务团队。例如,配备心理咨询师、专业瑜伽教练、理疗按摩师等;在客房设计方面,客房内应增设康养空间,提供专业的康养服务项目,如足疗、按摩、瑜伽等,给客人丰富的养生住宿体验,满足其康养需求。

(二)品质化

康养旅游住宿不同于传统旅游住宿,传统旅游住宿只需满足游客基本的睡眠要求即可,而康养旅游住宿企业还需配备康养设施设备以为客人提供高效、优质的康养服务,使客人在康养旅游过程中能获得身心舒适的住宿体验。因此,在服务项目、服务内容、服务方式上,康养旅游住宿要能够满足游客个性化、多样化的需求,这就对硬件设施配备的质量及服务人员的服务质量提出了更高的要求。

(三)主题化

旅游者的康养旅游目的各异,这就要求住宿空间能满足各类康养需求。康养旅游住宿设施设备不再是传统酒店的统一的设施设备,而是根据不同康养主题设计的各式各样的客房产品,如以养心为主的禅修类客房、以康体为主的中医理疗保健类客房等,这样才能给旅游者提供多种多样的住宿体验。

(四)个性化

康养旅游者除对接待企业的硬件设施要求高,对私密性要求高,对服务的要求也更高。为了满足顾客的多样化需求,康养旅游住宿企业在个性化方面做足了文章,如上海阿纳迪酒店。它是上海第一家以注重睡眠为主题的城市奢华养生酒店。酒店在客房中除了配有蒸汽眼罩、血压计、精油,还配备有多达15种枕头的"枕头菜单",供顾客选择。纷繁多样的服务设施也给服务人员提出了更高的要求——既能进行传统的客房清扫等服务,又要掌握人体康养知识,还要能引导和帮助顾客完成康养客房体验和康养设施的使用。

四、康养旅游住宿服务的发展趋势

(一)康养住宿多元化,不比规模看品质

传统旅游酒店已经不是康养旅游者出游的唯一选择,旅游者不再一味地追求高星级、大品牌,而是呈现出个性化、多样化的旅游需求,这促使旅游住宿的供给不断变化。康养旅游住宿服务形式多样,经营方式灵活、特色更加鲜明的各类康养住宿接待点如雨后春笋。无论是只拥有十来间客房、位于森林深处的精品民宿,还是三亚海滨的五星级酒店,如果拥有优质的康养服务和设施,往往就更受旅游者青睐。在康养旅游住宿业的发展中,康养设备齐全、创意独特、环境氛围好、服务质量优的康养旅游住宿产品才最能吸引旅游者。

(二)AI技术渐普及,人工服务显尊贵

未来的康养旅游住宿服务中,一些基础性的服务工作会逐渐被AI技术所取代,如洗衣服务、客房送餐服务等,这些都可以由智能机器人来完成。从成本核算的角度来讲,人工成本要远高于使用人工智能的成本。但人工智能只能完成基础工作,不可完全取代人工服务。真正能够凸显服务质量的工作,必定是依赖高素质的服务人员来完成的。人工服务是有"温度"的服务,能及时地发现客人的需求,并及时提供服务;而智能机器人提供不了这种细致的、及时的服务。因此,康养旅游住宿服务多是采取人工服务模式,那些高素质的优秀服务人员会成为康养旅游住宿行业的"香饽饽"。

(三)康养客房主题化,文化布局是亮点

主题客房是住宿业发展至今的新变革。康养旅游住宿的客房,不再具有传统酒店"千房一致"的设施设备,而是通过配备康养设施,加上客房的特色布置,形成不同的风格,以吸引不同的目标客户群体;同时,通过文化的赋能来增加客房产品的附加值。其中,康养客房设计的重中之重是康养功能的布局,即客房内增加单独的康养空间,如设置禅、茶空间,中医保健理疗设施配备等,让旅游者在客房内就能完成康养保健,获得更高质量的住宿体验,这也是康养旅游主题客房的最大卖点。

一些康养旅游住宿企业引入生活化酒店的经营模式,让游客先体验,游客如果住宿体验佳,还可以购买企业所提供的康养服务设备等。这将康养旅游住宿服务产品做了进一步的延伸销售,同时也是对康养旅游文化的进一步推广与传播。

(四)康养住宿旅居化,服务设施家庭化

海滨城市正逐渐从旅游观光胜地变成康养旅居胜地。海滨城市优质的海滨资源、宜人的气候是许多内陆城市不具备的,异地度假、养生逐渐向旅居、养老发展。住海

边、吃海鲜、享受阳光、沙滩、海水及清新空气,是很多人的梦想。如今每年冬季大量的东北游客旅居海南避寒、疗养,海南省常被戏称为"东北第四省"。康养旅游者在旅游目的地停留时间较久,因而在住宿供给方面,一般的酒店客栈往往更多地向具有康养旅游服务设施的长住公寓、民宿等方向发展;在服务方面,公寓式服务、管家式服务更能让游客感受到家的温馨,故而更受康养旅游者的欢迎。

(五)大数据助力营销,营销渠道更宽广

电话销售、网络销售、大数据和人工智能等新技术的应用,把住宿业的分销渠道拓展至一个新的维度,微信、微博、抖音等媒介助力企业宣传,使康养旅游住宿销售变得更轻松。从企业角度来看,借助数字化营销手段,可以用更有效、更省钱的方式开拓新的市场;从旅游者的角度来讲,不必东奔西走,通过各种网络媒介及企业的平台,观看视频、三维立体仿真动画等就可直观地了解康养客房产品及服务项目,还可以通过消费者的评价口碑来考察产品质量,进而做出选择。

慎思笃行
Shensi Duxing

标间还是套间?

2020年夏天,A市某温泉度假村接待了两位直接到店的老年夫妇。前台服务员热情接待,并询问是否有预订。老先生说:"我们想订1个标间。"服务员了解了入住时间并查询电脑后回答:"不好意思,所有标间已售空。"只见两位老人对视了一下,脸上的笑容突然消失了。老夫人对老先生说:"我就说这旺季不好订房间,这下好了,没地方住了。"服务员看到后,立刻补充道:"旺季我们的客房一般都提前两周预订完,不过您两位很幸运,刚好有一个套间的客人提前退房。套间的价格虽比标间略高点,但是房间除引入温泉,还配有按摩理疗仪。"服务员发现老先生脸上忽然有了笑意,而老夫人仍然一脸严肃,便又接着介绍:"这套房间的价格是包含早餐的,一个房间还是朝阳的,您可以不出房间就能看日出!"这时老先生说:"我看贵就贵一点吧,听着还不错!"老夫人似乎还在犹豫。服务员接着介绍酒店的优惠措施:"您两位如果连续住三晚以上,还可以享受免费送机或送站服务。"这时,老先生脸上露出满意的笑容:"那就住套间吧,我们准备住五天,好好泡泡温泉……"老夫人也说:"嗯,我觉得这家店比刚才那家快捷酒店好。那家酒店进门连个服务员都没有,就出来个机器人,告诉我们没房间了。"

2024年中国酒店数字化行业发展趋势分析

知行合一

任务二　康养旅游住宿服务管理的内容

任务描述：

本任务对康养旅游住宿安全管理的概念、常见的康养旅游住宿安全管理类型，康养旅游住宿物品管理的概念和意义及特点，康养旅游住宿信息化管理的概念及必要性，康养旅游住宿收益管理的概念和功能及要素进行全面的介绍。

任务目标：

了解康养旅游住宿安全管理、物品管理、信息化管理、收益管理的相关概念及必要性，能准确陈述康养旅游住宿安全管理的类型，熟悉康养旅游住宿物品管理的特点，掌握康养旅游住宿收益管理的五要素。

一、康养旅游住宿的安全管理

（一）康养旅游住宿安全管理的概念

康养旅游住宿的安全管理是康养旅游住宿企业提供服务的基本保障，安全管理直接影响企业的经济效益。康养旅游住宿企业应该为游客提供安全的康养和住宿环境，满足游客需求。安全保障是康养旅游住宿企业经营的前提，企业对住店客人和内部员工都负有安全责任。康养旅游住宿从业者要将保障康养旅游住宿安全作为自己的基本职责，要认识到康养旅游住宿安全管理的重要性，理解安全管理的内涵。

（二）常见的康养旅游住宿安全管理类型

1. 防偷盗

防偷盗是康养旅游住宿安全管理的重要内容。不论是客房区域、公共区域还是员工活动区域，均要对员工加强内部安全的思想教育、警示教育，增强员工工作责任心；还要完善员工内部管理制度和规定，防止在康养旅游住宿区域内发生偷盗案件。

康养旅游住宿接待点地理位置大多在森林、户外营地、特色小镇、沙滩小岛等处，不法分子容易在这些较偏僻的地方实施偷盗作案。可能发生的案件类型主要有以下几种。

（1）康养旅游住宿企业内部员工在客房区域或员工活动区域实施偷盗。如果内部管理松懈混乱，不加强员工的思想教育、法治教育等，就容易出现内部员工利用工作之便实施偷盗行为，这种案件应该引起重视。

（2）住店客人中存在一些不法分子，其可能偷偷进到其他游客的房间实施偷盗。

（3）非住店客人混入康养旅游住宿区域实施偷盗，这种是康养旅游住宿偷盗案件中常见的类型。

2.防火灾

康养旅游住宿接待点多处于景区、花园、森林等植被较好地区，一旦出现火灾，后果非常严重，因此防火灾是安全管理的重要内容。康养旅游住宿场所功能多元，建筑物设施及装修要求较高，追求舒适、豪华的体验，其装修材料也存在消防安全隐患。

（1）室内装修材料可燃物多，大部分都含木材、纸质、布料等可燃性材料。

（2）室外绿色植被覆盖率高，均是可燃物，存在较多火灾安全隐患。

（3）住宿面积广，人员较多，疏散困难，大部分客人对内外部环境不熟悉，若疏散不及时，容易造成拥堵或遗漏。

3.防骚扰

康养旅游住宿的安全管理还包括防骚扰。骚扰是在他人不情愿的情况下，通过语言或身体行动对他人进行冒犯或侮辱的行为。康养旅游住宿从业者应该了解防骚扰的措施，要保护住店客人。防止住店客人被骚扰是康养旅游住宿企业的安全保卫职责。

康养旅游住宿中常见的骚扰有打扰别人，不被允许时悄悄靠近他人。例如，有一定知名度的公众人物就容易遇到骚扰，如未在其同意的情况下，强行对其进行采访、拍照并将照片放到网络；女性客人也容易遇到骚扰，女性客人在康养活动中，如在健身、美容、汤浴时可能受到骚扰或被偷拍等。此外，还存在住店客人被其他客人打扰的情况，如噪声干扰、烟味侵扰等。康养旅游住宿客人多为长住客，客人大多希望养心、养身、养神，让客人远离骚扰，在宁静和安全的环境中实现康养目的，这是每一个康养旅游住宿从业者的基本职责。

4.防疾病传播

近年来，民众对健康的关注有了很大的提升，防护意识进一步加强，对住宿业防疾病的要求也越来越高。疾病传播对人的危害极大，影响深远。康养旅游住宿从业者应该做好预防各类疾病特别是传染病的工作，确保客人和员工的身体健康，防止各类疾病在住宿区域内发生及蔓延。

5.防意外事件

防止意外事件发生也是康养旅游住宿安全管理的重要内容。避免意外事件的发生，是提高康养旅游住宿服务质量的重点。康养旅游住宿意外事件主要有以下几种。

（1）不慎滑倒摔伤。如客人行走在太滑或刚打蜡的地板上时滑倒；康养旅游住宿区域多曲径通幽的林荫小道，客人行走其中不慎滑倒；刚出游泳池或汤池的客人由于身上的水弄湿地面而不慎滑倒；客人在卫生间沐浴后不慎滑倒；等等。

（2）设施设备使用不当而发生意外事件。康养旅游住宿客人自行使用设施设备时操作不当，导致意外事故发生。例如，某女士在使用按摩椅时因不小心，头发被卷入设备而发生重大安全事故。

（3）康养旅游住宿客人健身过度而受伤，或控糖过度导致低血糖等症状。

（4）康养旅游住宿客人突发疾病。

（5）康养旅游住宿期间病养型和疗养型客人可能发生意外事件，如客人突然病情加重或突然死亡等。

二、康养旅游住宿的物品管理

（一）康养旅游住宿物品管理的概念和意义

康养旅游住宿的物品管理是指针对康养旅游住宿经营所需物品的采购、储存、保养和使用的管理活动。

康养旅游住宿的物品管理是保证康养旅游住宿业正常运行的物质条件，是提高服务质量的保证。科学合理的物品管理有助于节能降耗、高效管理、提高效益，加强物品管理有利于提高康养旅游住宿服务的品质，提升康养客人的入住体验感。

康养旅游住宿物品管理是一项重要内容，物品管理应该合理科学，遵循绿色环保、节能降耗的原则。康养旅游住宿企业应优化资源配置，让物品保持最佳运行状态。康养旅游住宿从业者应利用先进技术将物品管理好，探索管理创新方法，做到物尽其用。

（二）康养旅游住宿物品管理的特点

（1）物品种类多，管理难度大。不同用途的物品，其规格、性能、型号、价值和使用方法不同，许多物品单位价值小，但需求量大。

（2）物品种类多，采购难度大。种类繁多，设备用品分散在不同地区，采购难度加大。

三、康养旅游住宿的信息化管理

（一）康养旅游住宿信息化管理的概念

康养旅游住宿的信息化管理是用计算机信息系统处理大量数据从而实现高效管理的过程。它将住宿业信息管理系统与先进的管理理念相结合，转变康养旅游住宿的经营方式、业务流程、组织方式和管理方式，整合康养旅游住宿企业内外部资源，提高康养旅游住宿管理的效益与效率，增强竞争力。

住宿业信息管理系统被称为住宿业管理系统（property management system，PMS），同时又被称为前台管理系统或物业管理系统。PMS是住宿业较早运用的系统之一，实现了住宿业业务信息化，其功能结构包括客户档案管理、客户业务模块（预订、入住、在店期间、收银结账离店）、客房管理功能、报表功能和系统接口功能等。

（二）康养旅游住宿信息化管理的必要性

信息时代对住宿业提出了更高的要求，住宿业必须运用信息技术解决服务和管理问题。只有将信息化管理融入康养旅游住宿中,为客人提供智能化、个性化、信息化的服务,才能赢得市场。康养旅游住宿业对信息管理系统的依赖正持续增强,了解住宿业信息管理系统的工作内容,利用计算机操作信息系统处理相关住宿业务已成为康养旅游住宿从业者的基本要求。

四、康养旅游住宿的收益管理

(一)康养旅游住宿收益管理的概念和功能

我们经常听到一个通俗而经典的定义:"将合适的产品,在合适的时间,以合适的价格,通过合适的渠道,卖给合适的客户。"根据相关定义,收益管理(revenue management)又称产出管理、价格弹性管理,是指在不同的消费时段,对同样的产品收取不同的价格,给予不同的折扣,从而实现总体收益最大化的管理模式。从不同角度来看,收益管理的概念可以概括为:收益管理是对客户进行市场细分,对市场的需求进行预测,平衡好供求关系,优化重组自己的产品和服务,实施动态定价,组合好各渠道,最大限度地获取最高收益的管理过程。

收益管理是康养旅游住宿管理工作的主要内容之一,它是实施动态管理的一个过程,是衡量一家康养旅游住宿企业经营效果的客观评判。近年来,住宿企业大都在实施收益管理策略,在不增加投资成本的情况下,也能有效提高收入和利润。康养旅游住宿从业者应掌握收益管理的工作内容,把握收益管理的要素,以及衡量收益管理实施效果的方法和指标,对收益管理有一个基础认识,在各岗位上具备收益管理的理念和思维。

(二)康养旅游住宿收益管理的五大要素

1.产品

康养旅游住宿产品是客房、餐饮、会议、各类宴会、体育健身、休闲娱乐、理疗养生、体育康养、医疗康养、膳食康养、交通出行等一系列服务和相关的设施设备。对于康养旅游住宿企业来说,客房收入占比最大,是收入的主要来源。因此,客房产品是康养旅游住宿收益管理的主要研究对象。康养旅游住宿企业应该关注客房产品自身的竞争力,客房产品的档次分级,应尽可能满足不同客源对客房类型的选择,合理搭配不同房型数量,为收益管理工作创造良好的基础。

2.时间

康养旅游住宿产品主要是某个时段能够出租给客人使用的产品和服务,通常客人对这些产品和服务是没有所有权的,因此,时间对于康养旅游住宿收益管理具有重要的意义。企业需要在房间出租前,做出价格的调整和房量控制的决策;需要关注客人提前预订的天数、入住的天数,节假日预订情况,以及需求量每周的变化规律和季节波动性等;根据时间变化来了解需求的特性,做到对需求量的精准预测。

3. 价格

价格控制和调整是收益管理的核心问题。通常价格的波动和需求的波动成反比：当客房价格升高时，需求下降，客房出租率下降；当客房价格降低时，需求升高，客房出租率升高。价格的制定和管理关系到康养旅游住宿企业的销量和总收入，如何制定最优价格对收益管理有着重要影响。同时，企业也要了解客户对客房产品的价值认知及不同客户对价格的敏感度，从而实施不同的价格策略，找到最优价格，获得最大化收益。

4. 渠道

对康养旅游住宿企业而言，销售渠道是能将住宿产品及服务信息传送给消费者的途径；对消费者而言，渠道是能预订或购买康养旅游住宿产品及服务的途径。康养旅游住宿销售渠道主要分为直接销售渠道和间接销售渠道两大类。不管是直接销售还是间接销售，对康养旅游住宿企业而言，优化各渠道的预订房量比例是收益管理成功的因素之一。

5. 客户

康养旅游住宿市场的客源是多元的，按照不同的类型可划分不同的客源市场。如按照客户数量的多少，可以将客户分为散客和团体客。散客包括参加商务活动的公司协议客户、无协议价格的散客和长住型散客等；团体客包括公司团队和旅游团队。不同类型客户及对价格的敏感程度也不同，如度假型散客对价格的敏感度相对较高，商务散客对价格的敏感度相对较低。因此，可以对不同的客户实施不同的价格策略，如门市价、协议合同价、折扣价等。

收益管理的工作需要将五大要素进行最优组合，才能有效实现住宿的收益最大化。不断优化产品，提升康养旅游住宿的服务质量，抓住时机，对住宿需求做好预测，针对不同的客户制定不同的价格，通过各销售渠道将产品和服务销售给客户，是收益管理工作的要务。

知识活页

康养旅游住宿服务其他意外事件的处理

慎思笃行
Shensi Duxing

中国10个成功的康养地产案例之一
——中国台湾长庚养生文化村

这几年，国内很多地方、很多企业、很多规划机构都在做康养项目，而无论是康养小镇，还是森林康养基地，最后的落脚点大都是康养地产。

未来养老产业在中国一定会出现更多的创新模式。养老地产也许会成为中国的第一大产业。

台湾长庚养生文化村是银发安居的典范。长庚养生文化村以其完美的社区模式服务银发群体,让他们退出职场后仍能有高品质的生活,这种社区式的商业养老模式值得借鉴。

1. 项目概况

面积:占地510亩。

位置:台湾桃园县龟山乡。

户型设计:一室一厅约46平方米和一室两厅约73平方米的两个等级。

户数:4000户(已建成2000户左右)。

交通:每天上下午各有一班免费班车前往台北市区。

定位:集养老、医疗、文化、生活、娱乐等功能于一体的"银发族小区"。

入住资格:年满60岁且经长庚医院身体检查证明健康状况合格。

2. 项目特色

(1) 宽阔优雅的养生环境:享受17公顷青青草原、体验野趣农园、漫步休闲栈道,远离城市喧嚣烦恼,沉浸在大自然中,拥有最佳的健康养生环境。

(2) 全方位的照护规划:为银发族提供全方位照护服务,兼顾保健、医疗、养生、休闲、娱乐,满足银发族的生活需求,让他们享受家庭、社会的温暖关怀。

(3) 养生文化丰富多元:塑造多元养生文化,丰富退休生活,规划调养身心的休闲活动,参与社团活络人际,提供文化传承的发展机会。

(4) 住得好,付得起:全村4000户不同大小的住房,有良好的经营管理质量,提供多元化的银发学员课程,举办多样化的社团活动、文艺表演,安排住户中学有专长者担任教学或服务工作,贡献人生经验,真正享受快乐优质的退休生活。

3. 居家式养老的特色规划

(1) 全区无障碍环境设计。

(2) 紧急救援服务。每户设有紧急呼叫设施,以及全天候监控中心,随时提供紧急救援服务。

(3) 完整的小区机能。除了一般社区所有的生活、商业、运动等配套设施,这里还设有会议厅,可举办大型活动及银发族相关议题研讨会,增进交流;设有招待所,满足家属探访的住宿需求;设置各种宗教聚会场所,满足心灵需求等。

(4) 完善的健康照护。医养结合,定期安排健康检查、体能检测并提供处方建议,定期举办健康讲座、养生咨询,推动健康观念传播,促进与教导老年人形成自我保健观念;小区内设置小区医院、特约门诊、康复中心,方便看病康复;小区内设有自动血压仪、身高体重计、血糖计,供老年人对血压、体重及血糖进行自我监控,维持良好的慢性病管理;依托长庚医院提供紧急医疗转送服务(社区位于长庚医院对面)。此外,每周组织太极拳、戏剧、卡拉OK等丰富的休闲活动。

知行合一

4.经营模式

(1)出租模式:知晓—预约—参观—解说—登记住房—签订合同—缴费—入住—生活—到期续约—搬出(社区还为老年人提供试住服务,以及对13岁以上的人士提供为期两天的体验之旅。)

(2)出售模式:由于土地是政府作为福利低价划拨,每平方米造价不高,目前已售罄。买房有一规定:不能作为遗产处理,不住时须交回村里作为捐助。

(3)收费:费用包含入住保证金、管理费、膳食费、水电费、其他服务费(护工费等)。

(资料来源:搜狐网,2017-08-02。)

项目小结

本项目详细介绍了康养旅游住宿服务的概念、重要性、特点,并对康养旅游住宿服务安全管理、物品管理、信息化管理及收益管理的概念及重要性等进行阐述,总结了康养旅游住宿服务的发展趋势。

项目训练

选择题

一、简答题

1.什么是康养旅游住宿服务?康养旅游住宿服务的发展趋势如何?

2.什么是康养旅游住宿信息化管理?谈谈康养旅游住宿服务信息化管理的必要性。

3.康养旅游住宿服务收益管理的五大要素是什么?

二、能力训练

请结合你家乡所在地区的资源优势,谈谈你的家乡适不适合开展康养旅游活动。如果可以,请分析适合开展哪种类型的康养旅游活动以及面对的目标客户人群是哪些。

项目十
康养旅游心理服务管理

项目描述

本项目以心理服务为依托,从心理健康管理入手,介绍康养旅游心理服务种类及未来发展趋势,以及不同人群康养旅游心理服务内容。

学习目标

知识目标

1. 了解心理健康的定义和标准。
2. 了解康养旅游心理服务种类。
3. 了解不同人群康养旅游心理服务内容。
4. 了解康养旅游心理服务发展趋势。

能力目标

1. 能够准确识别常见的心理健康问题。
2. 能够结合康养旅游运用心理服务方法对常见心理健康问题进行积极干预。
3. 能够熟练掌握康养旅游心理服务内容。

素养目标

1. 具备良好的职业道德素养,能够根据自身的职业需求提升自己的专业素养。
2. 具备良好的人文关怀能力,能够在康养旅游心理服务管理中获得更高层次的精神享受和情感共鸣体验。
3. 具备积极乐观的人际沟通能力,能够在助人的过程中提升自己的修养和树立爱岗敬业的职业观。

知识导图

```
                                    ┌── 心理健康的定义及标准
                    ┌── 康养旅游心理服务概述 ──┼── 康养旅游心理服务的种类
                    │                         └── 康养旅游心理服务未来发展趋势
  康养旅游心理服务管理 ─┤
                    │                              ┌── 青少年康养旅游心理服务管理
                    └── 康养旅游心理服务管理的内容 ──┼── 中年人康养旅游心理服务管理
                                                   └── 老年人康养旅游心理服务管理
```

项目引入

你知道吗？土壤中含有天然抗抑郁成分。百忧解（Prozac）是美国销售量较好的抗抑郁药物，这种药物通过刺激神经传导物质血清素，来改善心理状况。可你知道吗？土壤中也有一种类似的抗抑郁物质。在第五届森林疗养国际研讨会上，谢方明医生将这种物质称为"土壤百忧解"。

土壤百忧解是一种微生物，学名为母牛分枝杆菌（Mycobacterium vaccae），这种细菌也会刺激血清素的产生，让人感到放松和快乐。母牛分枝杆菌最初从牛乳腺中分离而来，但这种细菌显然广泛存在于自然界中，黑暗潮湿的土壤环境最适合其生存。有研究表明，土壤中有一大类微生物具有免疫调节功能，对自闭、抑郁等精神问题具有预防效果，相信土壤百忧解便是其中之一（见图10-1）。

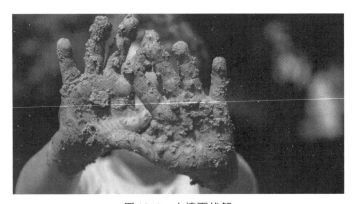

图10-1　土壤百忧解

过去森林疗养干预抑郁，我们主要是依靠日光浴、运动、放松训练、正念训练和自然联结等，认识到土壤百忧解的效果后，森林疗养干预抑郁有了更多机制。作为森林疗养素材，土壤百忧解很容易在实践中得到应用，简单安排一些泥土游戏或泥浴，访客便可以享受到健康益处。与化学药物相比,这种天然抗抑郁剂没有任何副作用和依赖性,据说效果同样能够持续三周。

对森林疗养和园艺疗法的爱好者来说,总会觉得接触土壤和照顾植物是减压和提升情绪的最好方式。之所以有这样的效果,相信土壤百忧解应该也是重要作用机制之一。每次走进自然,在体验自然变化和享受自然馈赠的同时,还可以通过呼吸、皮肤局部接触等途径,接触到土壤百忧解,会让人感觉生活中的一切都变得平和快乐。

据说,一把土里的微生物数量比地球上人的数量都多,种类丰富的土壤微生物深刻影响人类健康,而人类对此知之甚少。相信我们认识到土壤百忧解只是一个开端,土壤微生物与人类健康之间的关系将得到更多研究和证实。

(资料来源:搜狐网,2022-01-03。)

任务一　康养旅游心理服务概述

任务描述:
本任务对心理健康的定义及标准、康养旅游心理服务的种类及康养旅游心理服务未来发展趋势进行全面的介绍。

任务目标:
了解心理健康的相关概念,能准确陈述心理健康的定义及标准,熟悉康养旅游心理服务的种类,掌握康养旅游心理服务的内容与特点。

一、心理健康的定义及标准

(一)心理健康的定义

心理健康是指心理的各个方面及活动过程处于一种良好或正常的状态。心理健康的理想状态是保持性格完好、智力正常、认知正确、情感适当、意志合理、态度积极、行为恰当、适应良好的状态。心理健康受到遗传和环境的双重影响,尤其是幼年时期原生家庭的教养方式,对心理健康的发展影响甚大。心理健康突出表现在社交、生产、生活上能与其他人保持较好的沟通或配合,能较好地处理生活中发生的各种情况。

(二)心理健康的标准

人的生理健康是有标准的,一个人的心理健康也是有标准的。不过人的心理健康的标准不及人的生理健康的标准具体与客观。国外学者们对心理健康的标准做了一些表述。例如,英格里士认为:"心理健康是指一种持续的心理状态,当事者在那种状态下能做良好的适应,具有生命的活力,而且能充分发展其身心的潜能。这乃是一种积极的状态,不仅是免于心理疾病而已。"麦灵格尔认为:"心理健康是指人们对于环境及相互间具有最高效率及快乐的适应情况,不仅是要有效率,也不仅是要能有满足之感,或能愉快地接受生活的规范,而是需要三者具备。心理健康的人应能保持平静的情绪、敏锐的智能、适于社会环境的行为和愉快的气质。"马斯洛认为,心理健康的人要具备下列品质:①对现实具有有效率的知觉;②具有自发而不流俗的思想;③既能悦纳自身,也能悦纳他人;④在环境中能保持独立,欣赏宁静;⑤注意基本的哲学与道德的理论;⑥对于平常事物,甚至每天的例行工作,能经常保持兴趣;⑦能与少数人建立深厚的感情,具有助人为乐的精神;⑧具有民主态度、创造性的观念和幽默感;⑨能经受欢乐与受伤的体验。

我国著名心理学家首都医科大学教授杨凤池强提出了五条心理健康的标准:思维能够正确地对现实产生反应、情绪愉快稳定、意志坚强、人格健全以及人际关系协调。北京师范大学心理学教授郑日昌则提出了十条学生心理健康的标准,包括认知功能良好、情感反应适度、意志品质健全、自我意识正确、个性结构完整、人际关系协调、社会适应良好、人生态度积极、行为规范化以及活动与年龄相仿。

概括起来,国内学者提出的人的心理健康标准大致包括以下八个方面。

1. 良好的自我认知

一个心理健康的人能体验到自己的存在价值,既能了解自己,又能接受自己,具有自知之明,即对自己的能力、性格、情绪和优缺点能做出恰当、客观的评价,对自己不会提出苛刻的非分期望与要求,对自己的生活目标和理想也能定得切合实际,因而对自己总是满意的。同时,心理健康的人会努力发展自身的潜能,即使对于自己无法补救的缺陷,也能安然处之。一个心理不健康的人则缺乏良好的自我认知,并且总是对自己不满意,由于所定的目标和理想不切实际,主观和客观的距离相差太远而总是自责、自卑。此外,心理不健康的人总是要求自己十全十美,而又无法做到,于是总和自己过不去,结果使得自己的心理状态永远无法平衡。

2. 人际关系良好

心理健康的人乐于与人交往,不仅能接受自我,也能接受他人、悦纳他人,能认可别人存在的重要作用。心理健康的人能为他人所理解,为他人和集体所接受,能与他人相互沟通和交往,人际关系协调和谐,在生活小集体中能与他人融为一体,乐群性强,既能在与朋友相聚之时共欢乐,也能在独处沉思之时无孤独之感。在与人相处时,人际关系良好的人积极的态度(如同情、友善、信任、尊敬等)总是多于消极的态度(如猜疑、嫉妒、敌视等),因而在社会生活中有较强的适应能力和较充足的安全感。一个心理不健康的人,总是自别于集体,与周围的环境和人格格不入。

3. 热爱生活,乐于工作和学习

心理健康的人珍惜和热爱生活,积极投身于生活,在生活中能尽情享受人生的乐趣。他们在工作中尽可能地发挥自己的个性和聪明才智,并从工作的成果中获得满足和激励,把工作看作乐趣而不是负担。他们能把工作中积累的各种有用的信息、知识和技能储存起来,以便随时提取使用,以解决可能遇到的新问题。他们能够克服各种困难,使自己的行为更有效率,工作更有成效。

4. 能够面对现实、接受现实

心理健康的人能够面对现实、接受现实,能够主动地去适应现实,进一步地改造现实,而不是逃避现实。他们对周围事物和环境能做出客观的认识和评价并能与现实环境保持良好的接触,既有高于现实的理想,又不会沉湎于不切实际的幻想与奢望。他们对自己的能力有充分的信心,对生活、学习、工作中的各种困难和挑战都能妥善处理。心理不健康的人往往以幻想代替现实,不敢面对现实,没有足够的勇气去接受现实的挑战,总是抱怨自己"生不逢时",或者责备社会环境对自己不公,因而无法适应现实环境。

5. 能协调与控制情绪,心境良好

心理健康的人愉快、乐观、开朗、满意等积极情绪状态总是占据优势的,虽然也会有悲、忧、愁、怒等消极的情绪体验,但一般不会持续很久。他们能适当地表达和控制自己的情绪,喜不狂、忧不绝、胜不骄、败不馁、谦逊不卑、自尊自重,在社会交往中既不狂妄自大也不畏缩恐惧,对于无法得到的东西不过于贪求,争取在社会规范允许的范围内满足自己的各种需求,对于自己能得到的一切感到满意,心情总是开朗的、乐观的。

6. 人格和谐完整

心理健康的人,其人格结构的各方面,包括气质、能力、性格、理想、信念、动机、兴趣、人生观等能平衡发展,人格在人整体的精神面貌中能够完整、协调、和谐地表现出来。他们思考问题的方式是适中和合理的,待人接物能采取恰当灵活的方式,对外界刺激不会有偏颇的情绪和行为反应,能够与社会的步调合拍,也能与集体融为一体。

7. 智力正常

智力是人的观察力、记忆力、想象力、思考力、操作能力的综合。智力正常是人正常生活最基本的心理条件,是心理健康的重要标准。一个人如果智力低下,也不能算心理健康。

8. 心理行为符合年龄特征

人在生命发展的不同年龄阶段,都有相对应的不同的心理行为表现,从而形成不同年龄独特的心理行为模式。心理健康的人应具有与同年龄段大多数人相符合的心理行为特征。一个人的心理行为经常严重偏离自己的年龄特征,一般都是心理不健康的表现。

了解与掌握心理健康的定义及标准对于增强与维护人的心理健康有重要意义。一个人掌握了心理健康的标准,就可以以此为依据对自己的心理健康状况进行自我诊断,从而了解自己的心理状况。如果自己的某个或某几个方面与心理健康标准有一定距离,就可以有针对性地加强心理锻炼,以期达到心理健康水平。如果发现自己的心理状态严重地偏离心理健康标准,就要及时求医,以便尽早诊断与治疗。

知识活页

2022年国民心理健康调查报告:现状、影响因素与服务状况

二、康养旅游心理服务的种类

（一）按照资源类型分类

1. 森林心理疗愈

森林心理疗愈是结合了森林医学与咨询心理学的原理和技术，应用咨询干预技术和团体游戏模式，以自然景观为基础，以三个维度（观察日志、自然故事、创意表达）为载体，以七种自然疗法（森林漫步法、水岸冥想法、生物观察法、环境调查法、山顶参悟法、生态重构法、农耕体验法）为支撑，以解决个体在成长和发展过程中出现的认知行为失调等心理问题为导向，借助大自然神奇的力量，让人放松身心，减轻压力，释放情绪，破除沟通的壁垒，消除矛盾的根源，从而实现最本真的和谐相处模式，实现人的认知合理、情绪稳定、行为适当、人际和谐、适应变化等完好状态的一种心理治疗方法。

在森林疗愈师的陪伴下，人们沿着事先设计好的治疗路线漫步，在青山绿水、花草树木、蓝天白云、鸟语花香中与大自然融为一体，呼吸更多新鲜空气，体能得到极大消耗，身心得到极大放松，心理垃圾不断被清理，心理负能量不断被释放。人与自然、人与原生态文化不断产生连接，人被各种自然景观（山川、河流、森林、田野等）不断刺激，身心体验不断刷新，灵魂深处的潜能不断被激发，过往积极的体验不断被深化。在某一瞬间，人就会茅塞顿开、恍然大悟、豁然开朗，新思维和新的认知方法应运而生，心态和身体状态随之发生改善。

2. 温泉心理疗愈

温泉因其物理作用（温泉水的温度作用、浮力作用、静水压力作用和动水压力作用）和化学作用（不同类型、多种组合的矿物质和微量元素），可以在不同程度上舒缓身体压力、舒筋活络，放松紧张的神经，有效地消除身体上和心理上的疲劳，从而达到改善情绪、缓解抑郁症状的效果。加之不同温泉景区有不同的自然景观和人文景观，结合在地环境特有的气候、植被影响以及不同的疗法手段，泡温泉缓解中轻度抑郁症状的效果会更好。为了身心更加健康，我们不妨多泡泡温泉，舒缓身体的同时也能赶走抑郁情绪。

坚持温泉浴可以缓解中轻度抑郁症状

3. 滨海心理疗愈

除了绿意盎然的自然空间如树林和公园，海洋也能带来显著的减压和安神功效。潮起潮落、被盛日照耀得波光潋滟的海——这些光线、声响和景物的变化都蕴含一种"抚慰人心的力量"。人们在海边能全面触动所有感官，例如对手中或脚下的沙子有独特触感，能听到并感受到海浪的阵阵拍打，从而启动副交感神经系统，这会让人感觉平静。此外，人在海边可闻到大海的独特气味，还能看到一望无际的蔚蓝。蓝色有宁神静气和抚慰人心的功效，有节奏的海浪声也一样。一切综合起来就是丰富的多感官体验。海边的空气质量往往比市区理想，而且人们在海边的运动量一般比平时高。运动会促使身体分泌胺多酚，这是大脑中枢神经系统受到某种刺激时所分泌的一种化学物质，具有镇定作用，可减轻疼痛感，让人心情愉快。

（二）按照活动内容分类

1. 音乐心理疗愈

音乐能调节人的情绪，现代生理学家发现人体的各种节奏，如心跳、脑电波，有一个很大的特点，即趋向于和音乐的节奏同步同调。如果播放缓慢、庄重与平静的古典音乐，人的身体节奏就更能和这种音乐相适应、相平衡。用各种现代化生理仪器对心律失常的人进行观测，发现当他们听舒缓、庄重的音乐时，其心跳平均每分钟减慢五次，血压也稍有下降。原因是音乐可以改变脑电波的活动，许多人喜欢的曲子，能诱导出一种使人陷入冥想状态的脑电波，它能使身体活动放慢，全身放松，精神轻松。婴儿在妈妈的催眠曲声中甜蜜安详地入睡；搬运工的劳动号子，可使其紧张沉重的感觉减轻。这都是因为音乐直接影响了人大脑的活动。研究证明，人的中枢神经系统通过神经网络对人体外部环境进行持续监测。听过音乐后，脑岛的表达增加，为人对外界刺激的主观感受和动机反应的顺序整合提供了基础。音乐干预可以使精神分裂症患者大脑中的显著性网络（对外界刺激做出反应的大脑区域集合）和感觉运动网络（感知躯体运动的大脑区域集合）以及这些网络之间的关系正常化，但音乐疗法的长期有效性还有待进一步探索。

2. 冥想心理疗愈

正念认知疗法的一个重要手段就是正念冥想，正念冥想实际上是让参与者停止思考，不要去想，不要去观察，让自己远离消极的情绪和感觉，取而代之用一种好奇和接受的态度去观察消极的情绪和感受，就像路上的一辆车，让它们过去而不卷入其中。通过让自己远离负面情绪，积极的冥想可以帮助打破大脑中束缚你的"死绳结"，重建秩序，让自我意识重新占据主导地位，参与者的自我意识越强，在未来被负面情绪入侵的可能性就越小。因此，冥想是一种以低成本训练大脑和改善整体状态的有效方法。

3. 运动心理疗愈

运动对心理的影响是深远的。运动可以帮助改善情绪，减少焦虑，增强自信，改善睡眠，提高认知能力，提高学习效率，减少抑郁的可能性，增加心理弹性。运动可以促进人体释放内啡肽、多巴胺和其他激素，这些激素能有效减少紧张情绪并改善情绪。运动可以帮助人们建立自信，提升幸福感，并帮助更快地入睡，睡得更好、更放松。运动也可以提高认知能力，使大脑更加敏捷，提高学习效率，更好地记忆和理解新的知识。此外，运动也可以减少抑郁的可能性，增加心理弹性，帮助人们更好地应对压力、挑战和失败。

三、康养旅游心理服务未来发展趋势

（一）康养心理服务将日益普及

随着社会的进步和发展，人们的心理健康问题越来越多。而康养心理服务作为一

知识活页

运动对焦虑抑郁的疗愈

种解决心理问题的方法,也将会日益普及。未来,康养心理服务将会成为一项普及化的服务,更多的人将能够获得康养心理服务的帮助。

(二)康养心理服务将更加个性化

每个人的心理问题都是不同的,因此康养心理服务需要更加个性化。未来,康养心理服务将会更加注重个性化的服务,根据不同的个体情况提供不同的康养心理服务。这样能够更好地满足个体的需求,提高心理康复的效果。

(三)康养心理服务将更加科学化

康养心理服务只有建立在科学的基础之上,才能够更加有效地解决心理问题。未来,康养心理服务将会更加注重科学化的服务,使用更加先进的技术和方法,提高心理康复的效果。

(四)康养心理服务将更加多元化

康养心理服务需要结合不同的方法和技术,才能够更好地解决不同的心理问题。未来,康养心理服务将会更加多元化,结合不同的方法和技术,提供更加全面的服务。

(五)康养心理服务将更加专业化

康养心理服务需要专业的心理健康工作者来提供服务,这样才能够更好地解决心理问题。未来,康养心理服务将会更加注重专业化的服务,提高心理健康工作者的专业水平,提高心理康复的效果。

综上所述,康养心理服务的未来发展趋势和前景非常广阔。未来,康养心理服务将会日益普及,更加个性化、科学化、多元化和专业化,为人们提供更好的心理康养服务,提升人的幸福感。

任务二 康养旅游心理服务管理的内容

任务描述:
本任务对不同年龄阶段人群的心理健康问题及康养旅游心理服务内容进行全面的介绍,并对服务管理进行详细阐述。

任务目标:
了解不同年龄阶段人群的心理健康问题,掌握不同年龄阶段康养旅游心理服务的内容。

一、青少年康养旅游心理服务管理

青少年时期是人生的黄金阶段,也是个体发展和发育极富特色、极其宝贵的时期,然而这个时期同时也是人生的"危险期"。进入青春期的青少年,身体发育迅速。青少年的生理特征具有突变性,他们的形态、形体、内分泌等一系列生理状况都会发生快速而巨大的变化。生理变化是心理变化的物质基础。随着生理上的变化,加之外界环境的各种影响,青少年时期是个体心理迅速走向成熟而又尚未完全成熟的一个过渡时期。这个时期青少年的心理特征是错综复杂的。繁重的学习任务及人际关系等一系列成长问题也给他们带来极大的烦恼和困惑,他们极易出现自卑、不安、焦虑等负面情绪和叛逆心理。加强青少年心理健康疗愈是帮助青少年树立心理健康意识的助推器,是及时解决青少年困惑和心理危机的有效方法,是促进青少年拥有健康体魄和积极心理品质的重要手段。

(一)青少年常见的心理健康问题

1. 焦虑与抑郁

焦虑和抑郁是青少年中较常见的心理健康问题。许多青少年会因为学业、家庭关系或社交问题等产生焦虑和抑郁的情绪。

2. 自尊心低下

自尊心低下是青少年中另一个常见的心理健康问题。青少年在这个阶段容易受到同伴和家庭的影响,产生自卑和自我怀疑的情绪。这些情绪会影响他们的自信心和学习成绩。

3. 学习压力大

学习压力是青少年面临的另一个常见问题。许多青少年因为学习压力过大而出现焦虑和抑郁等心理问题。学习压力不仅来自家庭和学校的期望,还来自自己的内部要求。

4. 沉迷网络游戏

随着互联网和游戏的普及,有些青少年开始沉迷于互联网和游戏,这给他们的心理健康带来了巨大的风险和挑战。沉迷于互联网和游戏会影响他们的学习和社交能力,导致自闭和孤独等问题。

5. 社交问题

社交问题是青少年心理健康问题的重要组成部分。社交能力不足会导致青少年感到孤独和被排斥,增加抑郁和焦虑的风险。

(二)青少年心理健康与康养心理服务

大自然被誉为"最好的治疗师",它的美丽和宁静不仅能够带给我们视觉上的享受,还有助于心灵的疗愈。参与康养旅游可以体验户外休闲活动如徒步、露营等,可以让青少年亲近大自然,享受康养旅游心理服务带来的益处,从而对他们的心理健康产生积极影响。利用大自然可以从以下几个方面解决青少年的心理健康问题。

1. 减轻压力和焦虑

康养旅游能够提供一个远离喧嚣和压力的环境,使青少年能够放松身心。在大自然中行走、呼吸新鲜空气、欣赏美景,有助于缓解紧张情绪和焦虑感,改善心理健康状况。

2. 提高情绪和幸福感

大自然的美景和宁静环境能够唤起我们内心的喜悦和幸福感。康养旅游活动使青少年能够与大自然产生互动,体验大自然的美妙,从而增加积极情绪、提升幸福感和满足感。

3. 帮助心理放松和恢复

在大自然中进行康养旅游,可以帮助青少年恢复精力和集中注意力,提供心理放松的机会。研究表明,与大自然接触可以缓解注意力疲劳,提高工作和学习的效率。

4. 增强连接感和社交关系

许多康养旅游户外休闲活动都是团队参与的,例如徒步、露营和登山等。通过与他人共同参与活动,青少年可以与同伴建立紧密的联系和友谊,增强社交关系,并获得社会支持。

5. 促进冥想和内省

大自然提供了一个安静的环境,有助于冥想和内省。人在散步或徒步过程中,可以静下心来,与自己的内心对话,思考人生的意义和目标,提高自我意识和情绪管理能力。

总之,康养旅游针对青少年提供的心理服务能够减轻青少年的压力和焦虑,提高情绪和幸福感,帮助心理放松和恢复,增强连接感和社交关系。此外,康养心理服务还可以促进冥想和内省,增强身体健康。

二、中年人康养旅游心理服务管理

中年人大致包括30~55岁或30~60岁人群,是以躯体和心理从成熟到衰老的变化的标志来划分这一年龄阶段的。中年是从青年向老年过渡的阶段,也是人生的鼎盛时期。中年人的生理功能和心理状态都处于成熟阶段,比较稳定,但由于中年人处在社会中坚的地位,并承担着家庭和社会的较大责任,心理冲突和困扰的发生较重、较频,故心理健康问题更为突出。中年人智力发展达到最佳水平,知识积累达到一定程度,经验也比较丰富,因此中年时期是发挥创造力,在事业上多出成果的阶段。中年人由于迫切希望取得成果,具有较大的抱负,所以需付出艰辛的劳动。这样就容易导致持续紧张和周而复始的繁忙工作。此外,从家庭角度来说,中年人既要为子女的教养、学业、道德品质及社会适应能力担心,又要赡养和照顾老人;有时无法做好,也会引起伤感。这些繁杂的家务劳动与社会工作的重任,都集中到中年人身上,就可能造成持续、过度的紧张。如不正确对待和妥善处理,就会严重影响身心健康。

(一)中年人常见的心理健康问题

1. 心理压力沉重,心力疲惫

每一个中年人都承担着为社会创造价值的责任,但由于所承担的社会角色不断变换,人际关系不断变化,工作和工作环境不断变化等,中年人对工作做出的努力被抵消,因而造成巨大的精力和时间消耗,尤其是在社会高速发展的今天,他们常觉得有做不完的事,一刻也不能放松,常常会有紧迫感、压力感。在这种压力之下,人的神经系统高度兴奋,得不到充分的休息。久而久之,大脑中枢神经系统的兴奋与抑制功能失调,出现失眠、多梦、记忆力下降、工作效率降低、食欲下降、腹胀等症状;如果长期不愈,可能会对身体产生致命的威胁。

2. 孤独感加重

深藏于内心而不便告人的孤独感是很多中年人共有的心理状态。由于工作紧张和沉重的心理压力,他们无暇与老朋友来往或结交新朋友以维持感情交流。有些人出于自尊,内心深处有压力也不肯轻易表露;有些人一心扑在事业上,压根儿就没有朋友这个概念。长此以往,导致情感封闭,苦不堪言。

3. 缺乏安全感

中年人处于社会新旧交替的前沿地带,面对日新月异的变化,会产生一种风云突变、朝不保夕的危机感,变得有点缩手缩脚、优柔寡断。不少中年人坦率地承认自己常有不安全感,对自己的重大决策缺乏自信,他们害怕失败。

4. 对工作有厌倦感

长年累月的艰辛工作会使人感到劳累,严重时人会对工作产生厌倦感。当被厌倦感笼罩时,人会懒得做事,不想看书,不想研究问题,不想接触一切与工作有关的事情。

5. 年龄恐慌

近年来,由于年龄而产生的恐慌心理在中年人中弥漫开来。心理学家指出,人到中年面临随时被解雇的风险,又害怕因自己的年龄偏大而在招聘中被排斥,此种心理被称为"年龄恐慌症"。在竞争日益激烈的当今社会,不少人因为自己的年龄而感到恐慌。女性多为自己的容颜渐老而焦虑;男性则为年岁渐长,事业却没有多大进展而愁闷。有调查表明,多数中年人为自己的年龄恐慌过,且不少中年人因担心而造成心理疾患,"年龄恐慌症"开始袭击中年人。

6. 心理老化

人的心理发展与生理发展一样,也要经历幼稚、成熟、衰老的过程。随着生理年龄即将进入老龄阶段,人的心理也逐渐衰退,这种现象是正常的。但是,生理与心理并非完全同步,有的人年逾花甲,却仍然热爱生活、豁达乐观;而有的人虽处在中年,却暮气沉沉,缺乏生气和活力。后者的心理状态就是心理老化的表现。所谓心理老化,是指一个人的认知、情感、意志及个性品质与其年龄阶段特征相比,整体反应水平下降,心理机能明显退化和衰老。心理老化是一个人精神上"未老先衰"的一种表现,是一种心理病态,不仅会损害身体健康,引起各种心理疾病,还会埋没个人原本的才智,影响创造力的发挥,甚至导致精神萎靡不振、悲观失望,对生活失去信心。

7. 疑病症

中年是人生非常有价值的时段,也是身体素质开始下降的阶段,不少中年人此时易出现一种心理病变——"疑病症"。这类人往往过于关注自己身体的某一部分,尤其是对假想的身体病症焦虑不安。这种病的基本特点是患者总是担心自己的身体得了不能治愈的疾病并为此忧心忡忡、四处求医。一般情况下,此类患者怀疑自己患病的主要部位虽可涉及身体的各个部位,但以腹、胸、颈和头部最多。

8. 抑郁症

中年抑郁症,近来有蔓延之势。究其原因,主要在于现代人沉重的生活压力使然。现代人的生活节奏加快,得失变化无常,往往让人产生无助之感。加上人际关系愈发复杂,如果心理调适不当、不及时,很容易患上抑郁症。

9. "灰色"心理病

"灰色"心理病是美国加州大学赫白格教授在心理研究中发现的一种与更年期症状不完全相同的综合征。它更多出现于中年男性,主要特征表现为人的性格和心理发生突变,常感到焦躁不安,郁郁寡欢,缺乏决断,而自己却否认有任何毛病。"灰色"心理病是由于生理和心理的变化所致。在生理方面,人从童年、少年到青年,一直是在成长中度过的,但进入中年后,身体的成长由缓慢变停止甚至出现衰退,人变得容易疲劳,皱纹、白发出现,以及形体变胖等,使人产生力不从心、无可奈何之感,从而影响心理平衡,严重者出现心理疾病。在心理方面,首先产生的是对工作和生活的厌倦感。熟悉的工作、缺少变化的生活环境,使人产生枯燥乏味之感。其次,光阴消逝,想到以往岁月虚掷,加之对今后自己又能有多少作为、多少成就难有期望,思前想后,心情十分惆怅,难免会产生"灰色"心理病。"灰色"心理病如果得不到及时的治疗,不但会影响工作和生活,还会损害身体健康。

(二)中年人心理健康与康养心理服务

针对中年人常见的心理问题,在康养旅游过程中我们以生态心理学为基础提供生态疗愈心理服务。生态疗法是一种关注心理、精神健康与社会文化和自然之间关系的心理治疗方法。生态疗法的治疗师认为人类心理问题的根源是人与自然的关系相隔离,正是这种隔离导致了人们的很多心理问题,因此可以通过亲近自然来修复人与自然之间的关系,亲近自然可以舒缓人们的精神压力,从而达到心理治疗的目的。在康养旅游中,人们可以欣赏到壮美的自然风光,如冰川、火山、瀑布等。这些景观不仅会让人感到震撼,还能够带来一种宁静。康养旅游目的地大都环境空气质量很好,这也有助于减轻压力和焦虑。除了自然景观,康养旅游目的地还有许多温泉和SPA中心,这些地方被认为具有放松身心的作用。在这些地方,游客可以享受按摩、泡温泉、沐浴等。这些活动都有助于减轻身体和心理上的压力,使人们感到舒适和放松。针对中年群体的心理健康问题,在康养旅游中可以提供以下心理服务。

1. 园艺疗愈心理服务

园艺疗愈是通过专业人士,以植物和园艺活动作为媒介,实现某些身心疗愈目标的一种辅助疗法。其形式有许多种,如花园冥想、体验插花艺术,还有亲身体验种植等活动。有研究表明,园艺疗法在身心健康以及人际关系上起到了一定的恢复和促进作用,同时减少了抑郁情绪的出现和攻击行为的发生,对心理健康发展有很大的帮助。

2. 森林疗愈心理服务

森林疗愈也被称为森林浴,产生于20世纪中后期的欧洲,最先出现的形式是"森林医院"。"森林医院"里没有医生,没有病房,也不使用药品,医院设置在泉水叮咚、风景优美的森林中,病人每天定时在林间漫步,在泉边休息。森林疗愈是利用树木释放的芳香气味来杀灭病菌,达到疗愈疾病的一种天然疗法。森林疗愈在欧洲发展很成熟,我国近些年也开始学习和引进森林疗法,建立了以保健为主的森林浴场,如北京的红螺松林浴园、浙江天目山的森林康复医院、广东的鼎湖山"天然氧吧"等。

3. 自然疗愈心理服务

自然疗愈主要是利用自然物的特性来疗愈心理,具体有食物、气功、针灸、推拿治疗,也有绘画疗法、音乐疗法、舞蹈疗法、森林浴等形式。它充分利用自然本身具有疗愈作用的优势,融合了冒险疗愈和戏剧疗愈的技术,使人与自然进行对话从而达到心理疗愈的目的。自然疗愈重视人与自然的情感联结,让参与者通过冥想来感受当下自己的呼吸,以及自然界中的风,觉察当下自己与自然融为一体的感受。自然疗愈通过个人反思体验,以及疗愈师的引导,以讲故事、舞台剧以及利用自然物来搭建一个家等方式,使参与者放弃对一些观念的执着,从自然的角度来看待人的生命,根据自然的变化来感悟生命,从自然中找到答案。

4. 冒险疗愈心理服务

冒险疗愈是从拓展训练发展而来的,是在户外针对疗愈目标设置不同难度的挑战任务,参与者通过挑战任务达到心理疗愈的目的的疗愈方法,因此冒险疗愈的主要特点是活动设置充满挑战和乐趣。这也是冒险疗愈区别于传统心理疗愈的独特之处。传统的心理疗愈给人的直观感觉是充满痛苦的,是一场面对内心疾病的战争;而冒险疗愈充分调动人的身体感觉、心理感觉,并且是在荒野环境中将娱乐和疗愈结合在一起。这种方法类似于心理疗愈中的系统脱敏的观点:通过将参与者反感的刺激物与消遣相结合,来降低参与者的焦虑水平,从而达到心理疗愈的目的。冒险疗愈的提出是希望在这样一种尊重自然、注重与自然联结的健康生态观的前提下,以冒险活动为主要活动形式达到心理疗愈。

康养旅游心理服务把人放置在一种与自然互相疗愈、互惠疗愈的关系中。生态心理学认为人与自然之间有着亲密的关系,但是我们常常忽略了这种外在力量在心理治疗中的重要作用。生态疗愈师们认为,环境除了具有经济、观赏价值,更加重要的价值就是心理疗愈价值。

三、老年人康养旅游心理服务管理

老年期是人生历程中最后的、颇具特色的时期。人到老年,身心都有逐渐衰退的表现,概念学习、解决问题的能力都有所衰退,但由于老年人的知识经验比较丰富,其思维的广阔性、深刻性往往比青少年和中年人强,因此,老年人的思维成分和特性十分复杂。老年期是负性生活事件的多发阶段,随着生理功能的逐渐老化、各种疾病的出现、社会角色与地位的改变、社会交往的减少,以及丧偶、子女离家、好友病故等负性生活事件的发生,老年人经常会产生消极的情绪体验和反应。

(一)老年人常见的心理健康问题

1. 抑郁心理

抑郁是老人们常呈现的心理反应。据世界卫生组织统计,抑郁症老人占老年人口的7%~10%。随着各方面机能衰退,老年人身体状况大不如从前,觉得无力去克服困难,对未来缺少希望,从而引发抑郁。特别是有些老年人退休后心理上开始自我衰老,产生失落感,平时接触人少,与子女的感情交流也少,精神上容易出现空虚,久而久之变得抑郁。此外,在外界不利因素的刺激下老年人也易产生抑郁心理。

2. 焦虑心理

心烦意乱、情绪易激怒,怀疑自己的能力,紧张、恐惧,从而导致头晕、头痛、失眠等精神躯体和自主神经功能紊乱症状。

3. 恐惧心理

老年人的恐惧心理主要来源于疾病和死亡的威胁,由于病痛的折磨或受他人病痛的暗示,而产生恐惧心理,表现出对疾病的回避行为。有些老年人的这种恐惧并不完全是针对死亡,主要是对疾病的担心,担心患病后给子女带来负担,被人讨厌和冷落,得不到应有的照顾。有些老年人能把生死当作自然规律,从而以坦然的心态去面对死亡。但是也有一些老年人对死亡抱有惧怕、无奈、拒绝甚至"逃避"的态度。他们或者觉得自己的人生目标尚未实现,或者认为家里还有大问题没有解决,或者担心自己哪一天突然去世而无法在临终前交代好后事。

4. 疑病

疑病是老年人常见的心理障碍。顾名思义,疑病就是怀疑或断定自己患了某种严重的躯体疾病(如癌症、心脏病等)而忧心忡忡、苦恼焦虑。过度关注自己的身体是疑病者的共同特征。60岁以上老年人,有半数的人出现过疑病症状,这是由于老年人已从对外界事物的关心转向对自己身体的关心,加上这些关心可因某些主观感觉而加强,个性顽固、执拗的人更容易出现疑病症状,如常常出现头部不适、耳鸣、肠胃功能异常以及失眠等症状。他们即使稍有不适,也要向周围人诉说。他们有时会过分根据报刊、书籍上的一些医学常识对照自己的不适感,常为此心神不定、惶惶不安,甚至多次求医就诊。

5. 幻觉、妄想状态

幻觉属于心理知觉障碍,妄想属于心理思维障碍。二者是老年人较易出现的心理障碍疾患,以女性多见,这与老年人体内器官功能退化和心理变化有关。幻觉本是虚构的知觉,客观环境中并没有相应的刺激,但患者却能感觉到它的存在。幻觉以幻听、幻视多见,患者听到其他人听不见的声音,看到其他人看不到的事物。在幻听、幻视支配下,患者可能做出危险动作,或产生兴奋、恐惧感等。妄想是根本没有客观事实存在,而患者认为是实在的事,且坚信不疑。妄想的内容荒唐可笑,十分离奇,常见的有被害妄想、猜疑妄想、嫉妒妄想等,如怀疑别人要暗害自己、怀疑爱人有外遇等。产生妄想的人往往有性格缺陷,如敏感多疑、自尊心强。这与童年时期缺乏关爱、受过某种刺激、缺乏与人建立良好的人际关系等有关。

(二)老年人心理健康与康养心理服务

传统的针对老年人的心理疗愈手段往往以结果为导向,目的性强,通常用机械化训练模式和重复性训练方法,达到最终疗愈效果。而沉浸式疗愈,是利用与生活有直接关系的自然物质,如食物、空气、水、阳光等,以及有益于健康的精神因素,如希望、信仰等,来保持和恢复健康的一种科学疗愈法。一些单纯以康复为目的的活动,往往需要强大的信念支撑,人才能长期坚持。沉浸式疗愈引入"主题游戏"形式,既可以增加传统疗愈的趣味性,又能做到变被动疗愈为主动浸润。在康养旅游的景观场景设计中,添置能引导老人主动探索的疗愈空间,可以在不经意间完成"疗愈"过程。这就是沉浸式疗愈服务,其创造了一种沉浸式的主题疗愈空间,它更注重"过程",而非"唯结果论"。针对老年人可以提供以下沉浸式心理疗愈服务。

1. 音乐花园

音乐对人有着积极的影响。它能分散疼痛注意力,调节呼吸和心跳频率,改善抑郁、焦虑情绪等。同时,音乐疗法被广泛认为对认知障碍症的治疗有着积极的作用。传统的音乐疗法,大多是在室内通过聆听及一些简单的节奏训练来开展。而在康养旅游心理服务中,可以尝试在室外寻找一种简单且易上手的方式,即在"听觉花园"的基础上将奥尔夫音乐体系引入花园设计中,通过地面、设施、环境设计"三管齐下",让老人对音乐产生共鸣,也对自然产生共鸣。奥尔夫音乐体系是当今影响较广泛的三大音乐教育体系之一,它主张音乐不再仅仅是旋律和节奏,而是与诗歌、律动、舞蹈、戏剧表演甚至绘画、雕塑等视觉艺术相联系。从传统音乐疗法中拓展出奥尔夫音乐体系的方向,希望能在更多康养项目中得以实践。

2. 色彩花园

一般来说,"视觉花园"的概念主要强调通过视觉刺激来提高老年人对外界环境的感知力。而"色彩花园"更注重色系的应用。"色彩花园"的概念,是对"视觉花园"的一项衍生思考。不同的色彩(色系)对身体和情绪会产生不同的影响,在康养旅游心理服务中,正是以"色系"为单位,通过植被等景观设计手段,打造具备不同"疗效"的花园。例如,蓝色花园,适宜作为情绪急躁的老年人的疗愈场地,以能让人变得沉静、舒缓的蓝紫色为色彩元素,以求让老年人在其中变得平静、舒畅。

3. 气味工坊

与"色彩"的作用类似,"气味"对人的身体和情绪也会产生一定的影响。"气味工坊"概念,是对芳香疗法的一次实际应用。现代芳香疗法起源于20世纪20年代,一般指通过将气味芳香的药物制成适当的剂型(如植物精油等)来防治疾病的方法。在康养旅游心理服务中,"气味工坊"则主张从天然植物的层面来考虑它们对老年人身心的积极作用。有针对性地选择一些具有凝神静心功效的植物,通过不同的设计手法将其引入不同的景观花园场景中,气味环绕、微缩窥探、沉浸蔓延……可以考虑结合DIY的形式,组织老年人将植物制成精油,更进一步实现疗愈功效。

4. 方格花园

方格花园,是舒尔特方格训练的产物。舒尔特方格训练是一种公认的在注意力层面科学有效的训练方法,它有助于提高注意力、恢复记忆力。由于规则简单又富有游戏性,这种手段正被广泛用于记忆力的恢复训练。传统的记忆力恢复训练,通常在室内环境使用记忆板和一些相应的治疗手法来实现,而在康养旅游心理服务中,方格花园主张将方格训练主题的设计引入记忆花园的打造。比如,通过利用道路铺装上的不同材质变化营造游戏场景,既能刺激老人脚底感官穴位,更能在他们来回踱步的过程中帮助其开展记忆训练活动;同时,还可在花园里布置立体化的舒尔特方格训练板,以实物展示、影像资料等形式鼓励老人参与其中,在游戏过程中自然而然地完成心理疗愈服务。

5. 符号花园

符号是一种携带意义的感知。研究表明,通过某些特定符号的不断刺激,一定程度上有助于老年人再现脑海中的某些记忆。同时,利用符号来表达某些具有时代共鸣意义的内容,也有助于增加社区内老人与老人之间的话题和认同感。如何构建主题式探索空间?可以通过五个维度的概念来实现,分别是记忆、文化、地域、艺术、信念。例如,通过旧物刺激往昔记忆,激发热情,让老年人想起美好时光,进而积极地应对当下生活;植入有地域风格的元素,还原老人记忆中的家园;还原文化场景、艺术作品场景,激起老人们心中的文化情节,带领他们穿越时间、空间,引发共鸣,进而增加社交话题;信念符号更可以让老人找到一个虚拟的情感依托,让老人在面对生活的困难和疾病的痛苦时有更强大的积极情绪,以此减轻心理上的痛苦和孤独。

通过针对老年人提供沉浸式心理疗愈服务,能帮助老年人缓解心理健康压力,尊重他们的需求,看到他们内心隐藏的热情,帮助他们体验美好的生活。

项目小结

本项目详细介绍了心理健康的定义和标准、康养旅游心理服务的种类及特点,对不同年龄阶段的康养旅游心理服务进行了梳理,对未来康养旅游心理服务的发展趋势进行了研判预测。

项目训练

选择题

一、简答题

1. 简述心理健康的标准。
2. 简述康养旅游心理服务未来发展趋势。
3. 简述运动心理疗愈的内容。

二、能力训练

请以你所学的康养旅游心理服务管理知识,对身边的一位朋友进行心理健康水平评估。

项目十一
康养旅游客户关系管理

项目描述

通过康养旅游客户关系管理内容的学习,学生能够全面了解康养旅游客户关系管理的基本概念和内容,掌握建立良好客户关系和解决客户问题的技能,并能够降低客户投诉率。同时,学生将更加注重对客户的关注和尊重,培养团队协作和沟通能力,以适应康养旅游行业的快速发展和满足客户需求。

学习目标

知识目标

1. 掌握康养旅游客户关系管理的基本理念、策略和方法,包括客户信息管理、客户关怀、客户投诉处理和客户忠诚度提升等方面。
2. 了解康养旅游客户的需求和期望,掌握客户沟通的基本原理和方法,包括倾听、询问、回应和表达等。
3. 熟悉康养旅游客户投诉处理的基本流程、方法和技巧,包括如何分析问题原因、积极采取措施解决问题等。

能力目标

1. 具有运用康养旅游知识和理论进行客户关系管理的能力,包括客户信息收集与分析、制订客户关怀计划、处理客户投诉和提升客户忠诚度等。
2. 具有较强的康养旅游客户沟通能力和技巧,能够与不同类型客户进行有效的沟通和交流,具备一定的口头和书面表达能力、解决问题能力和组织协调能力等。
3. 具有运用康养旅游知识和理论解决客户投诉的能力,包括分析问题原因、积极采取措施解决问题等。
4. 具有较强的学习能力和适应能力,能够不断学习和适应康养旅游行业的变化和发展,不断提高自身素质和能力。

素养目标

1. 能对康养旅游客户给予关注和尊重,能够从客户的角度出发,提供个性化的、优质的服务。
2. 具有较强的团队合作意识和协作能力,能够与同事共同协作完成工作任务,共同推动康养旅游行业的发展。
3. 具有诚信、敬业、尽责的职业道德素质,能够遵守职业道德规范,为客户提供优质的服务。
4. 具有较强的学习能力和创新思维能力,能够不断探索和创新康养旅游服务模式,推动行业的创新和发展。

知识导图

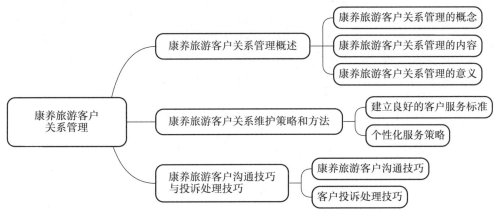

项目引入

淄博烧烤的火爆

2023年4月底,淄博烧烤火出了天际,淄博一瞬间变成了全国人尽皆知的撸串佳地。据网上报道,淄博五一期间的住宿预订量,比2019年上涨了800%!这个让人震惊的数字,足以说明淄博烧烤在网友心目中的吸引力。漂洋过海只为了慕名撸串,千山万水的跋涉也全然不顾,可想而知淄博烧烤的魅力和影响力了。

一边是全国各地网友思量着自己的烧烤撸串计划,另一边是淄博市政府与民众志成城的备战迎接服务。为了应对源源不断和蜂拥而至的客流量,他们在努力争取做到最周到、最细心、最暖心的撸串体验服务。

有谁能想到只不过是吃个烧烤,淄博竟然开通了专门的烧烤列车,还配备了高铁导向志愿者服务人员。市内还专门开通了足够量的去烧烤之地的公交线路。远道而来的朋友,拿着自己的高铁票,就能换回10多家景区的门票。除此之外,还有半价的青年驿站,专为学生量身定做,等等。

有谁想到,淄博烧烤火出天际的起因是淄博市政府与山东大学千名学生的再聚之约,是善良与真诚成就了淄博烧烤的闻名与爆火。山东大学的学生们因深深感动和感恩于疫情期间淄博市政府的关怀与照顾,约定在来年的春天,带着亲朋好友履行美好之约,淄博烧烤也就有了现在的魔力与魅力。

(资料来源:https://www.sohu.com/a/671630154_120099890。)

任务一 康养旅游客户关系管理概述

任务描述:
本任务对康养旅游客户关系管理的概念、内容和意义进行全面介绍。

任务目标:
了解康养旅游客户关系管理的概念、内容和意义,掌握其特点和分类,了解康养旅游与传统旅游的区别和联系。

一、康养旅游客户关系管理的概念

康养旅游客户关系管理是指通过收集、分析和利用康养旅游客户的信息,了解客户需求和期望,制定个性化的服务策略和方案,提高客户满意度、忠诚度和口碑,实现企业可持续发展目标的过程。它包括客户信息管理、客户关怀、客户投诉处理和客户忠诚度提升等多个方面。

康养旅游客户关系维护在企业发展中占据着举足轻重的地位,对于企业的长期稳定发展具有重要的意义。良好的客户关系维护,可以提高客户满意度和忠诚度,进而提升客户感知价值,降低客户流失率,提升企业品牌形象,提高市场竞争力和占有率,进一步扩大市场份额。

康养旅游客户通常对于服务的质量和体验感要求较高,因此企业需要根据客户需求提供个性化的服务,建立并维护好客户关系。通过深入了解客户需求,企业可以制定更加符合客户需求的旅游服务方案,让客户感受到企业的专业和关心,进而提高客户对企业的价值和贡献。

二、康养旅游客户关系管理的内容

(一)客户信息收集

康养旅游企业需要建立完善的客户信息收集系统,通过多种渠道获取客户的基本信息、偏好、需求、反馈等,为后续的客户分类、需求分析、关系建立等提供基础数据。

客户信息的收集应包括以下几个方面。

(1) 基本信息:如姓名、性别、年龄、联系方式等。
(2) 旅游偏好:如喜欢的旅游类型、目的地、活动等。
(3) 健康状况:如健康状况、饮食禁忌等。
(4) 消费行为:如购买习惯、消费能力等。
(5) 反馈意见:如对服务的评价、建议等。

(二)客户分类

根据客户信息,对客户进行分类。分类的依据可以是客户的消费行为、偏好、需求、价值等。例如,可以根据客户的消费能力和购买行为,将客户分为高价值客户、中价值客户和低价值客户。同时,可以根据客户的偏好和需求,将客户分为健康养生类客户、文化体验类客户等不同类型。

(三)客户需求分析

通过对客户信息的分析,了解客户的需求和偏好,以便提供个性化的服务和产品。例如,对于健康养生类的客户,他们可能更注重健康饮食、运动健身等方面;而对于文化体验类的客户,他们可能更注重旅游的文化内涵、体验感受等。通过对不同类型客户的需求进行分析,可以为企业提供更精准的市场定位和产品设计。

(四)客户关系建立

在了解客户需求的基础上,建立与客户的良好关系。通过与客户的沟通和互动,提供个性化的服务和产品,提高客户的满意度和忠诚度。例如,可以通过电话、邮件、短信等方式,主动与客户进行沟通,了解他们的需求和反馈,提供相应的解决方案和服务。

(五)客户满意度管理

通过收集客户的反馈意见,了解客户对服务和产品的满意度。针对不满意的情况,及时采取措施进行改进,提高客户满意度。例如,可以通过问卷调查、在线评价等方式,获取客户的反馈意见,对不满意的服务和产品进行改进或赔偿。

(六)客户忠诚度培养

通过提供优质的服务和产品,提高客户的忠诚度。通过会员制度、积分奖励等方式,增强客户黏性和提高回头率。例如,可以建立会员制度,为客户提供专属的优惠和福利,如积分兑换、会员专享活动等。

(七)客户推荐系统

通过建立客户推荐系统,鼓励满意的客户向亲朋好友推荐企业的产品和服务。这不仅可以增加企业的客户来源,还可以提高品牌知名度和口碑。例如,可以建立推荐奖励机制,鼓励客户推荐亲朋好友加入企业的会员体系或购买企业的产品和服务。

（八）客户关系评估

定期对客户关系进行评估，了解客户的流失情况和原因。针对流失的客户进行分析，采取相应的措施进行挽留或改进。例如，可以通过数据分析或流失调查等方式，了解流失客户的特征和原因。同时，也可以对现有的客户进行关系评估和分析，发现存在的问题和改进的空间。

三、康养旅游客户关系管理的意义

康养旅游客户关系管理在旅游行业中具有极其重要的意义。通过对客户关系进行科学有效的管理，康养旅游企业可以显著提高客户满意度和忠诚度，优化服务流程和提高服务效率，塑造良好的品牌形象和口碑，提高客户参与度和增强客户黏性，优化资源配置，并增强市场竞争力。

（一）提高客户满意度和忠诚度

康养旅游客户关系管理的首要意义在于提高客户满意度和忠诚度。在竞争激烈的康养旅游市场中，客户满意度是衡量企业竞争力的重要指标之一。通过了解客户需求、提供个性化服务和提升服务质量，企业能够提高客户满意度，进而提高客户的忠诚度。忠诚度高的客户更有可能长期选择企业的产品和服务，并为企业推荐新客户，从而为企业带来更多的收益。

（二）优化服务流程，提高服务效率

客户关系管理还能优化服务流程，提高服务效率。通过分析客户行为和需求，企业能够精简业务流程，提高服务效率，并为客户提供更优质的服务体验。例如，通过客户关系管理系统，企业可以快速了解客户的需求和问题，提供及时的解决方案，确保客户在康养旅游过程中获得满意的体验。这种优化不仅有助于提高客户满意度，还能降低企业运营成本，提高整体效益。

（三）塑造良好的品牌形象和口碑

品牌形象和口碑是康养旅游企业的核心价值，良好的客户关系管理有助于塑造良好的企业品牌形象和口碑。当客户对企业的服务和产品感到满意时，他们更有可能向亲朋好友推荐该企业的产品和服务。这种口碑营销是一种低成本且高效的市场推广方式，能够吸引更多潜在客户，进而扩大市场份额。同时，良好的品牌形象也能提高客户对企业的信任度和认可度，进一步扩大市场份额。

（四）提高客户参与度，增强客户黏性

良好的客户关系管理可以提高客户参与度，增强客户黏性。首先，通过定制化的服务和产品，企业能够满足客户的个性化需求，提高客户的参与度和满意度。其次，会

酒店案例分析 50 条

员制度和积分奖励等措施也能增强客户的黏性。这些措施能够激励客户更频繁地购买和参与企业的活动,进而为企业创造更多的收益。

(五)拓展市场渠道,优化资源整合

有效的客户关系管理有助于拓展市场渠道,优化资源整合。通过分析市场趋势和客户需求,企业能够识别潜在的市场机会,并制定有针对性的营销策略。同时,良好的客户关系管理能为企业提供更多的市场信息和合作伙伴资源,帮助企业在市场竞争中占据优势地位。资源的整合与拓展能够进一步丰富企业的产品和服务线,提高市场竞争力。

慎思笃行
Shensi Duxing

2021年3月29日下午3:30员工休息之余,餐厅的预订电话响了。通过电话内容酒店了解到当天一位86岁的洪江籍老红军过生日,其家人想在酒店订餐,为老红军过生日。了解到这个信息之后,预订部负责人迅速反应,组织餐厅的同事一起讨论,怎样给老红军过一个幸福而难忘的生日。店里有给客人提供拓"福"字的互动体验活动,大家动手拓了一个"福"字,用相框装裱起来。在客人用餐之余,酒店运营团队一起推着盛放着亲手做的"福"字、长寿面和精美果盘的推车,唱着生日歌,来到客人的用餐房间,为老红军送上生日祝福。老红军和家人非常激动,也非常感动,他说他们这一代是经历过枪林弹雨的一代,赶上了如今的好日子,如今年龄大了,每年儿女们都安排过生日,在洪江第一次感受到这样的生日,非常的惊喜和感动。酒店的用心和用情也得到了客人的认可,说老人家的生日以后每年都在这里办。

餐厅接到了一个预订电话,客人说自己的父亲刚刚退休,家里想给他举办一个荣休宴,庆祝自己的父亲光荣退休。服务员经过沟通,了解到老爷子工作了一辈子,勤恳踏实、勤俭持家,是家里的顶梁柱,非常喜欢自己的小孙子,没有什么其他的业余爱好。在征得客人同意后,服务员把老爷子最喜欢的一张和小孙子的合影照片给到了经理,结合老爷子的工作和家人对他的退休祝福,餐厅运营团队集体创作了藏头诗:"郭氏贤达业自然,湘乡大地丰资源。洪福洪江泽众生,好业终成俏夕阳。"在用餐之余,餐厅的工作人员一起带着定制的照片和赠送的精美果盘,为老人家敬酒祝贺,现场诵读了藏头诗。老人家非常地感动,动情地说:"生活了一辈子,还没有像现在这样被重视过,太感动了。"

知行合一
▼

任务二　康养旅游客户关系维护策略和方法

任务描述：
本任务详细介绍了康养旅游客户关系维护的策略和方法，包括建立良好的客户服务标准和提供个性化服务。

任务目标：
掌握康养旅游客户关系维护的核心策略和方法，提高服务质量和效率，实现企业和客户的共同发展。

一、建立良好的客户服务标准

在这个激烈竞争的时代，客户服务的质量成为企业成功的关键因素之一。如何建立良好的客户服务标准，不仅关乎企业的声誉和形象，更直接影响到客户满意度和企业业务发展。

（一）明确服务流程和标准

1. 初步接触

客户服务的第一步是客户接触。在这一阶段，企业应确保提供多种便捷的联系方式，如电话、电子邮件、在线聊天等，以便客户随时获取支持。同时，员工应保持良好的态度，迅速响应并解决客户的问题。

2. 问题诊断与解决

当客户遇到问题时，企业应提供专业的问题诊断和解决方案。客户服务团队需要了解问题的性质，评估其严重性，并采取适当的措施解决。在此过程中，团队应保持与客户的密切沟通，确保问题得到有效解决。

3. 跟踪与反馈

问题解决后，客户服务团队应对客户进行跟踪，了解问题是否得到彻底解决，以及客户是否满意。同时，企业应鼓励客户提供反馈意见，以便不断改进服务。

（二）设定客户服务标准方向

1. 卓越的服务态度

良好的客户服务态度是建立客户信任的关键。企业客户服务团队应始终保持友好、耐心和专业的态度,倾听客户的需求和问题,并给予积极的回应。

2. 高效的问题解决能力

客户服务的核心是高效地解决问题。企业应提高客户服务团队解决问题的能力和效率,确保客户的问题能够迅速得到解决。

3. 完善的跟进机制

为了确保客户问题的彻底解决,企业应建立完善的跟进机制。客户服务团队应对客户进行及时的跟进,了解问题解决的进度和效果,以便及时调整策略。

(三)制定客户服务策略

1. 培训与发展

为了提升客户服务团队的服务质量和效率,企业应定期为员工提供专业培训,帮助他们更好地理解企业的服务理念,提升沟通技巧和问题解决能力。同时,企业还应为员工提供职业发展路径,激励他们为客户提供更优质的服务。

2. 激励与评价

为了激发员工的服务热情和主动性,企业应建立完善的激励制度。通过对优秀员工进行表彰、奖励或提供晋升机会等方式,让员工感受到企业对客户服务工作的重视。同时,企业应定期对客户服务团队进行评估,了解团队的优势与不足,以便不断改进。

3. 持续改进

企业应根据客户的反馈和自身评估结果,不断优化客户服务流程和标准。通过解决现有问题、优化服务流程、引入新技术等方式,提高客户服务质量和效率。

建立良好的客户服务标准需要企业从服务流程、标准方向和策略三个方面入手。通过明确服务流程、设定合理的标准方向和制定有效的策略,企业可以为客户提供卓越的客户服务,从而在激烈的市场竞争中立于不败之地。

(四)提升服务人员的沟通和表达能力

1. 提升服务人员沟通和表达能力的重要性

(1)提升服务人员的沟通和表达能力有助于提高客户满意度。客户通过与服务人员的交流来了解产品或服务的信息,并据此做出决策。如果服务人员的表达清晰、准确,客户就能更好地理解产品或服务的特性,从而做出更明智的决策。同时,良好的沟通能力也能帮助服务人员更好地理解客户的需求,为客户提供更个性化的服务,进一步提高客户满意度。

(2)提升服务人员的沟通和表达能力有助于提高工作效率。清晰的表达和有效的沟通可以减少误解和麻烦,帮助企业与客户之间建立更紧密的合作关系。同时,良好的表达能力也能帮助服务人员更好地向上级或同事表达自己的想法和建议,从而促进团队协作,提高工作效率。

2.提升服务人员沟通和表达能力的途径

（1）提供专业培训。企业可以定期为服务人员提供沟通技巧和表达能力方面的专业培训。这些培训可以包括口头表达技巧、书面表达技巧、倾听技巧等方面，帮助服务人员全面提升自己的沟通和表达能力。

（2）鼓励主动沟通。企业应该鼓励服务人员主动与客户沟通，多了解客户的需求和意见。同时，企业也可以鼓励服务人员之间进行团队讨论和分享，让他们在相互交流中学习和成长。

（3）提供反馈与评估。企业应该定期对服务人员的沟通和表达能力进行评估，并为他们提供具体的反馈和建议。通过这种方式，服务人员可以了解自己在沟通和表达方面存在的不足之处，并及时进行改进。

（4）鼓励自主学习。除了企业提供培训，服务人员也应该自主学习相关知识，不断提高自己的沟通和表达能力。企业可以推荐相关的书籍、文章或在线课程，鼓励员工自我提升。

（5）建立良好的沟通氛围。企业应该努力营造一种开放、包容、积极的沟通氛围。只有在这样的氛围下，服务人员才能更愿意与客户沟通，更愿意表达自己的想法和建议。

二、个性化服务策略

（一）康养旅游客户的需求

1.身心健康需求

康养旅游客户最基本的需求是身心健康。身心健康的追求，是人类生活中的永恒主题。对于游客而言，这种需求体现为一种对和谐平衡状态的向往和追求。在康养旅游的过程中，游客期望能够摆脱都市的喧嚣和压力，让身体和心灵得到放松和恢复。他们希望通过旅游活动，缓解身体疲劳，改善心理健康，追求身心的平衡与和谐。

2.休闲放松需求

在康养旅游过程中，游客渴望远离喧嚣的城市，享受轻松的氛围，达到全身心的放松与休闲。

3.体验与学习需求

游客希望通过康养旅游获得新的知识和体验，例如了解传统中医养生知识、尝试瑜伽或冥想等健康生活方式等。

4.社交与情感需求

一些游客希望在康养旅游过程中结交新朋友，建立社交网络，寻找情感上的支持和共鸣。

(二)康养旅游的个性化服务策略

1. 个性化健康咨询服务

康养旅游服务提供商应提供个性化的健康咨询服务,根据游客的身体状况、健康需求以及偏好,制定有针对性的旅游方案。

个性化健康咨询服务不仅仅是一项咨询服务,它更是一种全面的、量身定制的健康指导。它应该包括针对每个人独特的身体状况,如他们的健康问题、体质特点、年龄、性别等因素,来为他们提供最佳的旅游建议和活动安排。这样的个性化健康咨询服务就好比是一幅"健康蓝图",这幅图是在充分了解游客的健康目标、生活方式和现有条件的基础上精心绘制的。在这幅蓝图上,每个游客都拥有一份属于自己的"健康套餐",包括最适合他们的活动、饮食和各种养生方法。通过这种服务,游客们的身体状况和精神状态都能得到显著改善,从而达到放松身心、提升生活质量的目的。同时,为了更有说服力地强调这一点,我们可以引用一句格言:"预防胜于治疗。"在康养旅游中,提前的健康咨询和规划远比事后的治疗要重要得多。这种服务不仅能让游客在旅游过程中得到充分的健康享受,还能帮助他们建立更健康的生活方式,从而长期地维护和提升他们的生活质量。

2. 多元化与定制化的活动安排

针对游客的体验和学习需求,康养旅游服务提供商应提供多元化与定制化的活动安排。举例来说,康养旅游服务提供商可以为游客安排瑜伽课程、冥想训练、温泉养生之旅等多元化活动,并确保每个游客都能根据自己的需求和健康状况参与其中。此外,服务提供商还可以组织个性化的短途旅行、健康讲座、音乐会等活动,以满足游客的不同需求和兴趣。通过这些多元化与定制化的活动安排,康养旅游服务提供商可以提供令人难忘的旅游体验,从而赢得游客的口碑和忠诚。

3. 创造社交平台

为了满足游客的社交需求,康养旅游服务提供商可以创建社交平台,鼓励游客之间的互动与交流。例如,康养旅游服务提供商可以组织丰富多样的户外短途旅行活动,为游客们提供结识新朋友、分享彼此经历和欢乐的机会。这些活动不仅可以锻炼游客的身体,还能让他们领略大自然的美丽与恬静。通过安排健康讲座和音乐会等集体活动,康养旅游服务提供商可以让游客们更深入地了解健康生活方式的魅力与音乐的美妙。此外,这些活动还可以为游客们带来难得的社交机会,让他们在轻松愉悦的氛围中结交志同道合的新朋友,分享彼此的快乐和感悟。"独乐乐不如众乐乐。"这句格言告诉我们,分享是一种美德,更是一种快乐。康养旅游服务提供商正是以这样的理念为指导,通过精心组织和安排一系列丰富多彩的活动,为游客们提供一个又一个难忘的康养旅游体验。

4. 提供贴心服务

为了确保游客在康养旅游过程中能真正放松身心,服务提供商应提供贴心的服务。例如,为游客安排专业的按摩师、私人导游等,以及在必要时提供24小时的紧急医疗服务。

5.建立客户档案与长期跟踪

为了更好地满足游客的需求并提高服务质量,康养旅游服务提供商应建立详细的客户档案,记录游客的喜好、需求以及反馈意见。通过长期跟踪,服务提供商可以更好地了解客户的需求变化,及时调整服务策略。

(三)建立客户档案,了解客户需求

1.建立客户档案的重要性

在康养旅游中,客户需求日益多样化和个性化。建立一套完善的客户档案,就如同握有打开每位客户内心之门的神秘钥匙,可以帮助旅游企业全知、全能地了解客户的需求、偏好和期望。这不仅仅是一次简单的了解,而是对每一位客户微妙心理的深入探索,是对他们独特个性的全方位解构。通过这把钥匙,企业能为客户打造出独一无二的旅游体验,既能满足客户的个性化需求,又能让他们感受到足够的舒适和满足。而这种深入的了解,不仅能优化客户的体验,更能积极推动企业自身的发展。通过深入了解客户的需求和期望,企业可以更好地调整自己的产品和服务,使之更符合市场的发展趋势。同时,这种个性化服务也能够提高客户的满意度和忠诚度,使客户无论何时何地,都能坚定地指向企业。客户档案的建立与维护正如一部生动的历史长卷,它记录着每一位客户的点点滴滴,也预示着他们的未来需求。只有通过不断地更新和维护,这部历史长卷才能保持鲜活和生动。利用客户档案提供定制化服务,能让客户在康养旅游中,找到属于自己的那一份独特的快乐和满足。

2.客户档案的建立与维护

(1)收集基本信息。建立康养旅游客户档案,首先需要收集客户的基本信息,包括姓名、年龄、性别、职业、健康状况等。这些信息有助于了解客户的身体状况和旅游需求,为推荐合适的旅游产品和项目提供依据。

(2)收集旅游偏好与需求。建立康养旅游客户档案的关键在于,除了记录基本信息,还要深入了解客户的旅游偏好和需求。客户的兴趣爱好,比如他们更偏爱户外活动、瑜伽冥想还是文化探索等,这些都需要企业详尽地掌握。这就好比园丁在种植花卉前,需要了解每种花卉的习性,才能使其茁壮成长。举例来说,如果一个客户在档案中注明他特别喜欢户外运动,企业就可以为他推荐更多户外活动的行程。若某位客户对瑜伽冥想情有独钟,企业就可以为他提供更多静心冥想的场所和机会。对于钟爱文化探索的客户,企业可以为他们精心安排深入体验当地文化的活动。

(四)定期回访客户

1.回访和跟踪有助于了解客户的需求和反馈

在康养旅游过程中,客户往往会遇到各种各样的问题,例如身体不适、饮食不习惯

等。如果企业没有及时了解客户的需求和反馈,这些问题可能会不断恶化,甚至引发投诉和纠纷。而如果企业定期对客户进行回访和跟踪,就可以及时了解客户的情况,针对客户的反馈,加强服务质量管理,改进旅游产品,从而提高客户的满意度和忠诚度。

2.回访和跟踪有助于提高旅游服务质量和客户满意度

在康养旅游过程中,服务质量和旅游体验是客户最关注的问题。如果企业没有重视客户的需求和反馈,就很难提供高质量的旅游服务。而如果企业定期对客户进行回访和跟踪,就可以了解客户对旅游服务质量和旅游体验的评价和建议,进而及时改进服务质量,提高客户的满意度和忠诚度。

3.回访和跟踪有助于提高康养旅游企业的品牌形象

在市场竞争激烈的今天,品牌形象是企业赢得市场份额的重要因素之一。如果企业定期对客户进行回访和跟踪,就可以及时解决客户提出的问题,提供更加优质的康养旅游服务,提高客户的满意度和忠诚度,从而提高康养旅游企业的品牌形象。

任务三 康养旅游客户沟通技巧与投诉处理技巧

任务描述:
本任务对康养旅游客户关系维护的沟通技巧和投诉处理技巧进行全面介绍。

任务目标:
掌握康养旅游客户沟通技巧和客户投诉处理技巧,能及时解决客户问题,提高客户满意度和忠诚度。

一、康养旅游客户沟通技巧

康养旅游客户沟通技巧是建立成功客户关系的关键。有效的客户关系管理,不仅有助于吸引和保留客户,还能提升企业的竞争力和保持持续增长。

(一)积极倾听客户诉求

康养旅游不仅仅是一次简单的出行,更是一种对身心健康的追求和享受。因此,对于企业而言,如何倾听客户诉求,维护并提升客户关系,是确保自身持续发展的重要一环。

1.客户沟通:了解客户需求

积极与客户进行沟通,了解他们的需求和期望。通过主动询问和倾听,企业可以深入了解客户对康养旅游产品的偏好、预算、时间安排以及服务需求等。同时，对客户的反馈意见和建议要及时响应，用真诚的态度去感知他们的需求，并在实际工作中持续改进。

2. 个性化服务：打造专属体验

在了解客户需求的基础上，提供个性化服务是提升客户关系的关键。根据客户的特殊需求，量身定制康养旅游方案，将每一个环节做到极致，让客户感受到贴心的关怀。同时，关注客户的个性化喜好，如安排客户喜欢的活动、住宿等，让客户在康养旅游过程中获得专属体验。

3. 专业团队：提供优质服务

为了确保客户获得满意的体验，企业需拥有一支专业的团队。团队成员需具备扎实的康养旅游知识、良好的沟通能力和服务意识。此外，定期为团队成员提供培训，提升员工的专业素质和服务水平，保证每一位客户都能得到优质的服务。

4. 投诉处理：重视客户反馈

当客户遇到问题或不满时，企业要积极处理投诉。以友好的态度倾听客户的不满和诉求，给予理解和关心。同时，对投诉进行及时、公正、合理的处理，积极改正问题，并主动向客户道歉和赔偿。通过重视客户反馈，企业可以赢得客户的信任与口碑。

5. 持续跟进：保持客户关怀

为了确保客户的满意度和忠诚度，企业需要在康养旅游过程中和结束后持续跟进对客户的关怀。通过定期向客户发送问候和关怀信息、推出优惠活动、赠送小礼品等方式，让客户感受到企业的关心和爱护。此外，还可以为忠实客户提供优惠折扣、积分兑换等福利，以提高客户的忠诚度。

6. 数据分析：提升服务水平

企业对收集到的客户数据进行深入分析，以更好地了解客户需求和市场趋势。通过分析客户反馈信息、投诉数据以及购买行为等数据，发现自身服务的不足之处，从而有针对性地提升服务水平。同时，结合市场动态和客户需求的变化，不断优化产品和服务，确保在日益激烈的市场竞争中立于不败之地。

（二）关注客户情感和需求

1. 客户情感的重要性

客户情感是指客户对康养旅游企业的态度、感受和情绪。当客户对康养旅游企业持有正面情感时，他们会对该企业更加信任和忠诚，愿意持续消费该企业的产品和服务。反之，如果客户对康养旅游企业持有负面情感，他们可能会对该企业产生不信任感和不满情绪，进而转向企业的竞争对手。

为了赢得客户的正面情感，康养旅游企业应当关注以下几个方面。

(1)了解客户需求:康养旅游企业应当深入了解客户需求,包括康养旅游的偏好、预算、时间安排等,并根据客户需求提供个性化的产品和服务。

(2)提高服务质量:康养旅游企业应当努力提高服务质量,确保客户在旅游过程中能够享受到高品质的服务,包括旅游行程安排、导游讲解、酒店住宿、餐饮服务等。

(3)关注客户反馈:康养旅游企业应当密切关注客户的反馈意见,及时收集和处理客户投诉,及时改进产品和服务,提升客户满意度。

2.客户需求的重要性

客户需求是指客户对康养旅游企业产品和服务的基本要求和期望。在康养旅游市场中,客户需求呈现出多样化、个性化的特点。因此,为了满足不同客户的需求,康养旅游企业需要深入分析市场和目标客户群体,以制定相应的产品和服务策略。

具体而言,康养旅游企业可以采取以下措施来满足客户需求。

(1)市场细分:康养旅游企业可以根据客户的年龄、性别、职业、健康状况等因素,将市场细分为不同的目标客户群体,并为每个目标客户群体提供有针对性的产品和服务。

(2)产品创新:康养旅游企业应当不断进行产品创新,以满足不同客户的需求。例如,可以推出专门针对老年人的养生旅游产品,或者针对白领人群的减压旅游产品。

(3)营销策略:针对不同的目标客户群体,康养旅游企业应当制定相应的营销策略。例如,可以通过社交媒体、网络平台等渠道进行宣传推广,或者与客户建立长期合作关系,通过提供优惠政策和积分奖励等方式来吸引客户。

(三)用清晰、简明的语言进行沟通

在康养旅游客户关系管理中,语言沟通技巧是非常重要的。尽管每个人可能都不是天生的演讲家,但是学习一些简单的沟通技巧,可以帮助康养旅游从业者更好地与客户进行交流,从而建立更紧密的关系。

首先,使用简单易懂的语言可以帮助从业者更好地与客户沟通。应避免使用太多专业术语或者过于复杂的表达方式,这样可以让客户更好地理解从业者的意思。同时,使用温暖和友好的语言有助于建立更好的关系,让客户感觉从业者像家人一样关心他们。其次,积极地倾听是非常重要的。从业者必须听取客户的需求和意见,让客户感受到企业是在真正关心他们的想法和感受。在与客户交流时,不要急于表达自己的观点或者做出反馈,先耐心听客户说话,然后根据客户的需求和建议做出适当的回应。再次,使用非语言沟通也是非常关键的。从业者可以通过微笑、握手或者眼神交流等方式来传递意思和情感。这些非语言沟通方式可以加强从业者与客户的联系,让客户感觉到被真正地关心。最后,要注意不要在沟通过程中让自己产生压力或者情绪化。从业者保持冷静的态度有助于更好地与客户沟通交流,同时也可以避免一些误解或者冲突。

康养旅游客户关系管理需要从业者掌握一些语言沟通技巧。在与客户沟通过程

中,注意使用简单易懂的语言,积极地倾听,使用非语言沟通和避免情绪化等,从业者可以更好地与客户交流,建立更紧密的关系。从业者只要不断地练习并提升自己的沟通能力,就一定能够更好地维护与客户的关系,赢得更多的客户。

二、客户投诉处理技巧

(一)康养旅游客户投诉处理的重要性

在康养旅游客户关系管理中,投诉处理占据了至关重要的地位。旅游行业的繁荣发展使得客户对服务质量和体验感的要求越来越高。当客户对服务或产品产生不满时,他们往往会选择投诉来解决问题。因此,有效处理投诉对于提高客户满意度、维护企业形象以及促进康养旅游业的可持续发展至关重要。

投诉处理的重要性主要体现在以下几个方面。

首先,对游客而言,投诉的及时处理可以迅速解决他们的困扰,提升他们的满意度和忠诚度。当游客对服务不满并提出投诉时,他们渴望得到的是理解和解决方案,而非简单的道歉和解释。快速、准确、专业的投诉处理,可以增强游客对康养旅游企业的信任,并可能转化为未来的忠实客户。

其次,投诉处理也是对康养旅游企业服务质量的及时反馈。投诉的内容可以反映出企业在服务提供、旅游安全、合同履行等方面的不足,为企业的改进提供了明确的方向和依据。企业可以根据投诉内容,发现自身在服务、管理等方面的短板,进而完善和提高服务质量。

再次,有效的投诉处理还能提升旅游行业的整体形象。游客的投诉得到公正、及时的解决,不仅能提高游客的满意度,还能增强社会公众对旅游行业的信任和尊重。一个积极、负责的行业形象,对于吸引更多的游客和市场资源,具有重要的战略意义。

最后,投诉处理是康养旅游企业持续发展的重要保障。对于企业而言,只有真正解决了游客的问题,才能实现长期的客户保留和口碑传播。通过优质、专业的投诉处理,企业可以建立和维护与客户的良好关系,实现客户的长期价值。

在康养旅游服务中,客户的投诉处理是衡量一个企业是否成熟、负责任的重要标志。只有认真对待并妥善处理客户的投诉,才能真正提升服务质量,实现康养旅游行业的健康发展。

(二)康养旅游客户投诉的原因

1. 服务质量"不匹配"

在康养旅游过程中,游客期待的是一场全程优质的服务体验,这包括导游的专业讲解、行程的合理安排以及旅游安全的有效保障等多个方面。如果这些基本服务未达到游客预期的水准,他们可能会心生不满进而投诉。

举例来说,如果一名导游在讲解时缺乏热情、对景点的背景知识了解不足,或者在行程安排上过于紧凑或过于松散,都会导致游客对服务质量产生不满,从而采取投诉行为。此外,如果旅游企业在旅游安全方面疏忽大意,例如没有提供必要的保险、对景区安全情况不了解或漠不关心,也会引发游客的担忧和不满,进而投诉。

2."无保障"的旅游安全

游客在康养旅游过程中,对旅游安全问题格外关注,例如旅游保险的覆盖是否全面、旅游行程中是否存在未知的安全隐患等。如果这些涉及旅游安全的问题不能得到及时、有效的处理,可能会引发游客的担忧,进而产生投诉。在康养旅游中,游客们对安全问题的关注往往与日俱增。他们不仅关心旅游保险是否全面覆盖,更在意行程中可能存在的未知安全隐患。毕竟,生命无价,安全问题无小事。

3."货不对板"的旅游体验

在康养旅游过程中,游客期待的是一种如诗如画的高品质旅游体验,其中包括了如宣传所述的美丽景点、温馨舒适的酒店住宿条件等。然而,如果这些直接影响到游客旅游体验的因素未能达到预期,游客可能会产生不满而投诉。

举例来说,一个游客期待的是一个绿意盎然、宁静宜人的度假胜地,却发现景点充满了喧嚣和混乱,住宿条件也远远低于宣传所说的标准,这种"货不对板"的旅游体验就可能引发游客的不满和投诉。俗话说:"希望越大,失望越大。""货不对板"的旅游体验往往使游客感到被欺骗或被忽视,他们有权利投诉,以表达自己的不满和寻求应有的补偿。

4.合同"漏洞"

在康养旅游过程中,游客与旅游企业签订的合同,往往规定了双方的权责与义务。如果旅游企业没有按照合同约定提供相应的服务,游客可能会觉得权益受到侵害,进而产生投诉行为。

5."美颜滤镜"之下的消费陷阱

一些康养旅游企业为吸引眼球,常常采用夸大宣传或误导消费的手段。然而,当游客们真正体验到与宣传大相径庭的服务质量,或发现消费项目中暗藏玄机时,往往会产生不满并投诉。正如古语所云:"一诺千金。"在商业活动中,诚信是企业的立足之本。若企业为了一时的利益而丧失诚信,不仅会伤害消费者对企业的信任,更有可能砸了自己的招牌。因此,康养旅游企业应遵循诚信经营的原则,真实宣传、合理收费,为游客提供货真价实的旅游体验。

(三)康养旅游客户投诉处理技巧

1.对客户投诉及时响应

(1)提供多渠道的投诉途径。康养旅游企业应该为客户提供多种投诉途径,如电话、电子邮件、在线客服等,以便客户选择最方便的方式进行投诉,确保投诉处理的及时性。企业应该设立专门的投诉处理团队,并确保他们能够迅速、有效地处理客户投诉。此外,企业要对投诉进行跟踪和反馈。企业应该对客户的投诉进行跟踪,了解客户的满意度,并在必要时进行改进。

(2)培养员工的投诉处理能力。企业员工应具备一定的投诉处理能力,以确保能够有效地处理客户投诉。①提供培训课程。企业可以为员工提供专门的培训课程,以帮助他们了解如何处理客户投诉,并提供相关的沟通技巧和工具。②建立有效的沟通机制。企业应该建立有效的内部沟通机制,以便员工能够迅速地获取客户的反馈信息并采取相应的措施。③鼓励员工主动解决问题。企业应该鼓励员工主动解决问题,并为客户提供解决方案,以提高客户的满意度和忠诚度。

(3)提供高效服务流程。①设立专门的客户服务团队。企业应该设立专门的客户服务团队,负责处理客户投诉、提供解决方案并监督客户服务质量。②优化客户服务流程。企业应该优化客户服务流程,确保客户在投诉过程中能够快速地找到解决方案,并提高处理效率。③定期评估客户服务质量。企业应该定期评估客户服务质量,了解客户对服务的评价,并在必要时进行改进。

2. 深入了解客户问题和需求

(1)仔细倾听客户。当客户投诉时,企业需要认真倾听客户的不满和问题。这不仅是尊重客户的表现,也有助于企业更好地了解客户的问题和需求。企业可以通过电话、邮件或现场接待等方式接收客户的投诉。无论采用哪种方式,企业都应该确保能够充分了解客户的问题和需求。

在听取客户投诉时,企业需要避免打断客户或过早地表达自己的看法。企业应该尽量让客户畅所欲言,以便充分了解其问题和需求。同时,企业还应该注意观察客户的情绪和态度,以便更好地判断客户的性格和需求。

(2)积极询问细节。企业了解了客户的问题后,需要积极询问细节,以便更全面地了解问题。例如,企业可以询问客户问题的具体情况、发生的时间和地点等。通过询问细节,企业可以更好地了解客户的问题和需求,从而更好地处理投诉。

(3)及时回复客户。在了解客户的问题和需求后,企业需要及时回复客户,并向客户提供解决方案。在回复客户时,企业需要避免使用模棱两可或含糊不清的表述方式。企业应该明确地向客户表达自己的看法和解决方案,以便客户更好地理解。同时,企业还应该考虑客户的反馈意见,并根据客户的反馈不断改进自己的服务和产品。通过及时回复客户并提供有效的解决方案,企业可以增强客户的信任并提高客户的忠诚度,从而更好地维护客户关系。

3. 建立投诉处理流程

为了更好地处理客户投诉,企业需要建立一套完善的投诉处理流程。首先,企业需要在服务流程中明确投诉渠道和联系方式,以便客户可以方便地向企业投诉。其次,企业需要指定专门的投诉处理人员来处理客户的投诉。这些人员需要具备专业的知识和技能,能够有效地解决客户的问题和需求。再次,企业还需要制定明确的投诉处理标准和流程,以便客户可以清楚地了解投诉的处理过程和结果。最后,企业需要跟踪客户的反馈意见,以便不断完善自己的服务流程和提高服务质量。

4.提供有效解决方案并跟进

对于每个独特的投诉,企业都应提供个性化的解决方案。客人对住宿设施不满,企业可向客人提供优惠券;对服务不满,企业应致歉并给予特色服务或退款。对于每个投诉,企业都应认真分析并采取合适的个性化解决方案。通过电话、邮件或调查问卷等方式积极跟进客户对投诉处理的满意度,对不满要重新审视策略,对满意的要加深认知和信赖。持续改进是投诉处理的最后一步,应从客户投诉中汲取教训,定期审视,以避免问题再次发生。同时,必须高度重视每个投诉并及时解决,以防止问题扩大。建立完善的投诉处理机制并培训工作人员,以提供及时、妥善的解决方案。在处理投诉的过程中,工作人员要保持谦虚、谨慎、勇于面对失败的态度,以赢得客户的信任和忠诚。

康养旅游客户关系管理在未来的发展中,将更加注重以下几个方面。

首先,利用先进的技术手段提高客户关系管理的效率和质量。例如,利用大数据和人工智能技术对客户数据进行深入分析,了解客户需求和行为,以提供更加精准的产品和服务。同时,借助智能化的客户管理系统,可以实现24小时的在线客户服务,提高客户服务的响应速度和质量。

其次,注重体验式服务,以提供个性化的服务为重点。未来的康养旅游市场将更加注重客户体验,通过提供个性化的旅游产品和服务,增强客户的参与感和体验感。同时,通过开展定制化的健康养生和康复活动,可以进一步提高客户的满意度和忠诚度。

再次,推进产业升级和创新发展。康养旅游产业未来将不断推进产品和服务创新,推出更加多样化的康养旅游产品和服务,以满足不同客户的需求。同时,通过加强企业合作和产业联动,实现资源共享和优势互补,提高整个产业的竞争力和发展水平。

最后,注重国际化发展。随着全球康养旅游市场的不断扩大和发展,康养旅游企业需要加强国际合作,以拓展市场、提升品牌形象、提高服务质量等方面的需求为出发点,积极参与国际合作与交流,拓展业务领域和市场空间。

知识活页

积极面对问题,提升服务品质

项目小结

本项目主要介绍在康养旅游客户关系管理工作中,通过对客户数据收集与分析,精准把握客户的需求与偏好,为个性化服务策略的制定提供有力支持。在服务过程中,注重个性化方案的打造,力求为每位客户提供独一无二、贴心周到的康养旅游体验。同时,通过多渠道沟通平台,保持与客户的紧密联系,及时解决客户问题,增强客户信任感。建立有效的反馈机制,积极倾听客户声音,持续优化服务流程,致力于提升客户满意度。在客户满意度提升的基础上,进一步培养客户忠诚度,通过优质的服务和贴心的关怀,让客户成为企业的忠实拥趸。康养旅游客户关系管理是一个系统工程,需要从多个方面入手,不断提升服务质量和客户体验,以实现客户满意度和忠诚度的持续提升。

项目训练

选择题

一、简答题

1. 请简述康养旅游客户关系的重要性及其对业务发展的影响。

2. 为什么说实施有效的客户关系管理策略对于提升康养旅游服务质量和客户满意度至关重要?

3. 在康养旅游业务中,如何建立良好的客户服务标准,以提升服务质量和客户满意度?

二、能力训练

以下是一个酒店投诉案例:

李先生预订了一家五星级酒店的客房并已入住。他支付了较高的费用并期望得到优质的服务。然而,在入住期间,他发现酒店存在以下问题:

(1) 房间不干净,卫生状况不佳,有异味;

(2) 床铺不舒适,无法保证良好的睡眠;

(3) 酒店服务人员态度冷漠,不主动解决问题;

(4) 酒店餐厅食物质量差,口味不理想。

李先生非常不满,于是他向酒店进行了投诉。他要求酒店方面给出合理的解决方案,并赔偿他的损失。

请问:针对李先生的投诉,酒店方面应该如何处理?

项目十二
康养旅游应急服务管理

 项目描述

本项目详细介绍了旅游安全和旅游风险的概念、旅游应急救援相关知识和一些康养旅游中比较常见的意外事故的预防和处理方法。

 学习目标

知识目标

1. 了解旅游安全和旅游风险的概念。
2. 掌握旅游安全事故类型。
3. 了解旅游应急救援的概念、目的、基本原则以及基本程序。
4. 掌握常见康养旅游意外事故的预防和处理方法。

能力目标

1. 能够准确识别旅游安全风险的类型并提出应对策略。
2. 能按照旅游应急救援的基本程序实施旅游应急救援。
3. 能有效地预防旅游意外事故的发生,并正确处理旅游实际带团过程中遇到的常见旅游意外事故。

素养目标

1. 具备旅游从业人员的旅游风险意识和处理意外事故时的心理素质。
2. 具备旅游从业人员应对旅游意外事故的救护技术,具备良好的职业技能和职业素养。

知识导图

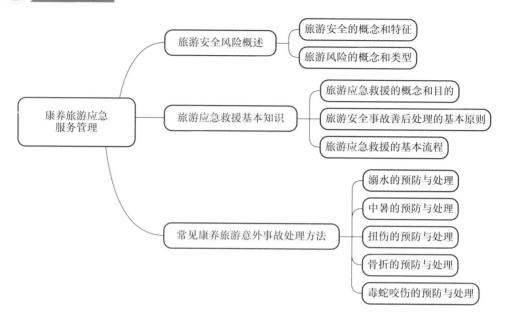

项目引入

韩国梨泰院踩踏事件

当地时间2022年10月29日晚,韩国首尔龙山区梨泰院发生大规模踩踏事故,造成154人死亡,82人受伤。当晚,梨泰院举行万圣节派对,附近聚集人数据推测约10万人,伤者大多数是前来参加派对的年轻人。《华盛顿邮报》称这起事故是21世纪发生的第九大踩踏事故。

"人们在陡峭的巷子里,像多米诺骨牌一样倒下了。"踩踏事故发生后,有目击者这样形容道。

警方相关人士说:"据推测,在坡路上方的人说要回去,将后面的人推搡,结果下方的人一直倒,导致发生踩踏。"

"感觉真的要被压死了,一边呼吸一边哭。"一位亲历者回忆说,"我以为我要死了,一边呜咽着喊'救救我吧',然后上面的人拉着我的手,把我拉上去了。"

此次韩国梨泰院踩踏事件的发生有多方面原因,主要原因是大量人群拥挤在陡峭、狭窄的小巷内,前方人员摔倒时,后方人员不知情,加之两侧人员涌入,造成物理性挤压效应传递,导致伤亡。此外,小巷的一侧是墙壁,交通不便,一旦有人摔倒,疏散与救援无法及时到位。除了以上客观原因,缺乏预防与自救意识和技能也是造成悲剧的重要因素。

(资料来源:澎湃新闻。)

任务一 旅游安全风险概述

任务描述：

旅游安全风险是旅游活动中不可避免的，如何正确认识和应对风险是旅游企业的必修课。本任务主要介绍旅游安全的概念、特征及常见的旅游风险类型。

任务目标：

了解旅游安全的概念，熟悉旅游安全的特征，掌握旅游风险的类型，能够正确应对各类旅游风险。

一、旅游安全的概念和特征

（一）旅游安全的概念

安全是指免受不可接受的损害风险的一种状态。无法承受的风险发生后，通常会造成人身或财产损失。旅游安全是指旅游者在旅游活动中自身以及旅游相关人员免遭损害的一种状态，主要指旅游活动中各个环节所呈现的一种安全状态，既不损害旅游者的人身安全，也不损害其财产安全，同时也不对旅游工作人员造成损害。其包括旅游景区的设施设备安全，交通工具以及与旅游相关的各种事物所呈现出来的安全状态。没有安全，将不会产生旅游活动。总体上说，旅游安全是指旅游系统中各相关主体免受无法承受的损害风险的一种状态。其中，旅游系统的相关主体有旅游活动中的人（旅游者、旅游从业者、当地居民等）、物（设施、设备）、环境等；损害风险是旅游活动各环节中的各种不安全因素。

（二）旅游安全的特征

1. 广泛性

与旅游活动相关联的方面比较多，旅游活动的开展都围绕着"食、住、行、游、购、娱"六要素，每一个要素都有可能存在安全隐患。除了旅游者自身，旅游安全还与旅游管理部门、旅游从业者、旅游地居民，以及医院、交通部门、公安部门等在内的各种社会机构联系。由此可见，旅游安全具有广泛性。

2. 隐蔽性

旅游安全的隐蔽性体现在两个方面。一是旅游管理制度尚不完善，目前通过资料或者网络查询显示的旅游安全事故并不全面,有些旅游企业对部分有损自身形象的事件会进行相应的隐瞒,以免造成更为严重的后果,因此旅游安全事故具有不透明性,导致旅游安全隐患可能得不到很好的改善。二是事故本身通常具有一定的隐蔽性,发生前预兆不明显,难以预测。如果突然爆发,后果往往难以及时控制。

3. 突发性

在旅游活动中很多安全问题的发生是不可预见的,大都是突然发生的,不能提前做好准备,如地震、海啸、龙卷风、雪崩、沙尘暴等自然灾害,这类突发性的事件最终会导致一场无法逃避的安全事故。此外,旅游活动中有许多社会性安全事故也具有突发性,如突发性疾病、设施设备故障等。

4. 特殊性

基于旅游业的特点,旅游安全事故异于其他安全事故。旅游是人们为了寻求精神和身体上的愉悦放松而进行的休闲活动,具体旅游目的多种多样,如度假、商务、探亲、学习等。旅游业主体的多样性和复杂性也注定了旅游安全事故会具有一定的特殊性。同时,旅游者在旅游过程中大多缺少危机风险防范意识,因此旅游安全问题无论是事故的性质还是发生的原因均与其他事故存在或多或少的差异。

5. 扩散性

近年来旅游业自身飞速发展的同时,也带动了旅游目的地许多相关产业的发展,如交通业、通信产业、酒店业等。旅游安全问题刚开始发生时,影响到的主体也许只是一部分,但因与旅游业相关联的产业众多,随着时间的推移,负面影响的辐射范围会逐渐扩大。此外,旅游业本身的特点在某些时候也会导致安全事故体现出扩散性,例如旅游业属于人口密集型产业,当发生一些事故灾难时,除了灾难本身的破坏性,很可能会引发踩踏事故。

6. 破坏性

无论哪一类型的旅游安全事故,都会给旅游业各个主体带来不同程度的损害,如对旅游者的人身安全和财产安全造成损害,对公众造成一定的心理障碍,社会秩序被扰乱,对旅游企业自身的企业形象也会造成破坏。

二、旅游风险的概念和类型

(一)旅游风险的概念

"风险"(risk)一词经常出现在我们的视野中,不同行业对风险有着不同的诠释。就日常生活而言,风险通常意味着可能会出现问题,代表着做某件事不具备百分之百的安全性,强调了损失的不确定性。国外学术界对风险的定义各不相同:一是可能性和概率类定义,风险是由未知或已知的事件概率分布来描述的,或者由某种选择导致可能发生的事件的可能范围;二是期望损失类定义,风险是指预期出现的财产损失、伤亡人数和对经济活动的破坏。国内对风险的定义有狭义和广义之分：狭义的风险主要是指事件发生的概率,而广义的风险还考虑风险事件导致的后果。

全球旅游业飞速发展,旅游过程中自然也会出现许多安全问题,可能是在旅行途中,也可能是在旅游目的地。结合风险相关定义,旅游风险可以被定义为"旅游者在旅途中或在旅游目的地遭受各种不幸或者发生负面结果的可能性"。

(二)旅游风险的类型

旅游产业涉及的相关产业广泛,季节导向明显,因此旅游风险非常容易受到外界环境因素的影响,如政治、经济、文化、自然、社会等方面。旅游风险大体上可以分为安全性风险、社会经济风险、经营性风险和其他风险。

1.安全性风险

安全性风险可分为自然界和社会两个层面。从自然界层面来说,安全性风险包括自然灾害、生物危害和自然因素现象。自然灾害的特点是影响范围广、危害大,人为难以控制,具体包括地震、火山爆发、泥石流、滑坡、台风、暴雨、暴风雪等。生物危害则是自然界的动植物给旅游者造成的伤害,例如野生动物失控伤人,误食误碰有毒的植物导致中毒或者其他疾病。自然因素现象包括极端气温、高原反应、生物钟无法适应新环境等。

从社会层面来说,安全性风险有意外事故、公共卫生事件和社会安全事件。意外事故主要包括三个方面。一是交通事故,旅游交通是旅游业的重要组成部分,在旅行途中,搭乘不同的交通工具是无可避免的,而伴随着旅行这一目的,人流量相比于日常生活中要高出许多,一旦发生旅游交通事故,人员伤亡也更严重。二是火灾和爆炸,此类型的意外事故多发生在人群聚集地如旅游地周边酒店、宾馆等地,同时,植被覆盖率高的山区和气候干旱的地区也易发生火灾。三是娱乐设施事故,一般指承载旅游者的现代机械设施发生故障引起事故,例如缆车、索道、空中转椅等。为了满足旅游者的多样化需求,娱乐设施刺激类项目越来越多,部分大型设施如果不加强日常安全管理,可能存在严重威胁人身安全的隐患,万一发生意外事故,后果将会特别严重甚至危及生命,如高空坠落、碾压、触电、摔伤等。

公共卫生事件可以概括为对公众健康和生命安全可能造成危害的突发性事件,具体包括传染病、食物中毒、疾病等。传染病公共卫生事件如"非典"和新冠疫情,也有一些地方性传染病需要格外注意,如热带地区易感染的登革热、疟疾等。食物中毒是指由于经营者没有严格监管好食品卫生,或食品品质本身不合格,导致旅游者食用后出现呕吐、腹泻、休克等身体不适症状,出现以上情况时应第一时间送去就医。疾病出现的原因有主观的,也有客观的,如外界环境因素或者旅游者自身身体素质都可能导致疾病发生,旅途中常出现的疾病有胃肠功能紊乱、水土不服、上火等。

因社会环境系统的不协调而导致旅游系统受损的事件被称为社会安全事件,包括人群事故、设施损坏、治安犯罪等。人群事故中较常见的如踩踏事故,因旅游业的季节导向性,在旺季时期,一旦旅游目的地的旅游者人数超过当地承载接纳能力,就可能引发人群事故,造成大规模人员伤亡和财产损失;如果处理不当,甚至会影响政府相关部门的公信力。设施设备是支持众多旅游活动正常开展的保障,旅游者的增多可能会对设施造成损坏,同时工作人员维护不到位也可能造成设施出现故障,这都可能引发安全事故。治安犯罪触及法律层面,严重威胁了旅游者的人身安全和财产安全。旅游活动中出现的犯罪活动种类众多,如诈骗、偷窃、抢劫、性犯罪等。治安犯罪的后果不仅对旅游者自身影响重大,还会造成不良的社会性影响,旅游企业、旅游者及相关部门应当予以重视。

2. 社会经济风险

社会经济风险是外界社会经济形势变化带来的旅游产业风险。在经济危机的大环境下,人们的收入水平会普遍下降,基础生活需求都不能被满足的情况下,人们对第三产业的旅游业的需求肯定会受到严重影响。人们出行欲望降低,消费能力受限,旅游目的地的人流量减少,可能出现的结果就是旅游业生产总值大幅下降,旅游从业人员大量失业。旅游业相关联的产业众多,势必会牵连到一系列产业的发展,最终可能会影响到当地社会的整体经济发展。疫情期间,旅游业的发展以肉眼可见的速度不断衰退,旅游目的地没有客源,包括旅游业在内的相关产业如交通业,都受到了较大打击。

3. 经营性风险

经营性风险是指旅游企业自身在经营过程中因管理、投融资不当或者竞争过程中的不当竞争而导致的风险。经营性风险往往是企业管理者的安全意识薄弱,在管理过程中没有采取合适的方法引起的。例如管理者对旅游安全的投资意识不强,对员工安全管理的培训不足,企业危机管理机制不完善等,以上这些情形都是旅游企业经营管理过程中存在的潜在性风险。旅游企业如果因自身经营管理疏忽造成不良后果,将直接影响到旅游者的体验。

4. 其他风险

旅游风险种类繁多,很难进行统一分类,分析问题的角度不同以及主客体的不同都是影响分类的因素,因此除了以上列举的三大类旅游风险,还有一些其他难以严谨归类的风险类型,如财务风险、绩效风险、时间风险和隐私风险等。

任务二 旅游应急救援基本知识

任务描述：
本任务对旅游应急救援基本知识进行了较为全面的介绍，包括旅游应急救援的概念和目的、旅游安全事故善后处理的基本原则、旅游应急救援的基本程序。

任务目标：
了解旅游应急救援的概念和目的，掌握旅游安全事故善后处理的基本原则，熟悉旅游应急救援的基本程序，通过本任务的学习能对旅游应急救援基本知识有一个清晰的认识。

一、旅游应急救援的概念和目的

（一）旅游应急救援的概念

旅游应急救援是指在发生旅游意外事故时，对旅游者提供的紧急救护和援助。旅游应急救援是旅游安全管理工作的重要组成部分。

（二）旅游应急救援的目的

旅游应急救援的目的在于一旦发生旅游安全事故，采取一切可能的手段，尽最大的努力减少人员伤亡和财物的损失，把由于意外事故所造成的人员伤亡、财产损失和不利影响降到最小程度，保护旅游者的基本权利和利益，维护旅游业的声誉。

二、旅游安全事故善后处理的基本原则

旅游安全事故的善后处理工作，应遵循以保护旅游者的基本权利和利益为第一的原则。在具体的工作中，应遵循以下原则。

（1）依法办事。依据我国的现行法律、规定、条例和制度办事，避免引起麻烦和扩大事端。

（2）尊重当事人的意愿。在不违反我国现行法律、法规的前提下，为了不激化矛盾，要尽可能地尊重当事人及其家属的意愿。

（3）尽早对外报道。尽早对外宣布，增加透明度；应注意同一口径对外，防止多头对外，造成麻烦。

（4）尊重当事人本人及其所在国家和地区的风俗习惯。海外旅游者来自不同的国家和地区，分属不同的民族，具有不同的宗教信仰，应事先了解这方面的有关情况，在善后处理工作的有关事项中，尽量满足当事人的有关要求。

三、旅游应急救援的基本流程

（一）报告

（1）报告对象。导游人员除向当地消防、公安、交通等有关部门报告，同时要向当地旅游管理部门报告。当地旅游管理部门根据事件具体情况要以最有效的方式、最快的速度逐级向上级主管部门报告。在有组织接待的旅游团队发生重大安全事故后，接待旅行社除了要向当地消防、公安、交通、旅游等有关部门及时报告，同时还要向组团旅行社报告。

（2）报告内容。事故发生的时间、地点，伤亡人员的姓名、性别、年龄、国籍，事故原因，善后处理，当事人的重要反映，投保和理赔情况等。

（3）注意保持同有关方面联系。

（二）急救

（1）事故发生后，有关单位应立即赶赴现场。

（2）有火情的，要配合消防部门灭火。

（3）有人员伤亡的，应及时与当地医疗急救机构联系，组织医护人员进行抢救。

（三）重伤员的转运

（1）重伤员经现场急救后，要及时转送到有合适医疗条件的医院进行进一步的检查和治疗。

（2）当受伤人员为境外旅游者时，应伤员所在国家驻华使领馆要求，在办妥有关手续的前提下，可派医护人员协助将伤员转送境外。

（四）保护现场

在公安人员未进入事故现场前，有关单位要做好事故发生现场的保护工作。如因现场抢救工作需要移动物件时，应做出标记，尽量保护事故现场的客观完整。

（五）伤亡人员的确认

伤亡事故发生后，有关单位在及时组织急救的同时，要尽快检查伤亡人员的团队名称、国籍、护照号码、姓名、性别、年龄以及在国内外的保险情况，并做好书面记录。

（六）通知外国使领馆及伤亡者家属、组团社

事故发生后，若有人员伤亡并经确认后，有关单位应立即通知伤亡者家属。如果事故中有海外旅游者伤亡的，有关单位应迅速通过外事部门，通知伤亡者所属国家驻华使领馆。海外旅游团队中有伤亡的，组（接）团社应迅速通知有关海外组团社。通知内容应简单明了，死因尚需调查确认的，可先告知死亡事实，同时报告死亡原因正在调查中。

（七）慰问伤员及伤亡者家属

发生伤亡事故后，当地有关部门以及接团社、组团社要派人到医院慰问伤员及其家属。如果伤亡者为境外游客，其家属入境并抵达所在城市住地后，当地有关部门以及接团社、组团社要到其住地表示慰问。

（八）家属的接待

旅行社或有关接待主管部门要做好伤亡人员家属的接待工作，提供必要的食宿和交通条件，要了解家属对餐饮等的习俗和要求，做好妥善安排。

（九）尸体处理

（1）尸体的保存：防腐、冷冻处理。

（2）尸体的解剖。为查明死因需要解剖尸体时，应按我国刑法处理，并通知死者家属到场；如果死因已查明，必须有死者家属或其所在国家驻华使领馆有关官员签字的书面请求。

（3）尸体的火化。要有书面请求并签字，骨灰盒交给签字者带回或运送出境。已经严重腐烂不宜转移运输的尸体或因患检疫传染病而死亡的尸体，必须就近火化。如果死者为境外游客，应尊重死者家属的意见，可在当地火化，也可同意将尸体运送出境。

（十）骨灰和尸体运送

（1）骨灰运输。①包装：骨灰应装在封妥的罐内或盒内，外面用木箱套装。②证明：托运人必须提供医院或法医出具的"死亡证明书"及丧葬部门出具的"火化证明书"，各一式两份，一份留始发站，一份附在货运单后，随骨灰盒带往目的站。③出境：骨灰盒自带出境时，也必须提供上述两种证明书。

（2）尸体运输。①包装：尸体首先必须做防腐处理，然后装入厚塑料袋中密封，放入金属箱内，箱内应放置木屑和木炭等吸湿物。连接处用锌焊牢，以防气味或液体外溢。金属箱外再套装木棺，木棺两侧需装有便于装卸的把手。②证明："死亡证明书"或"死亡鉴定书"（有特殊情况时，也可用当地公证部门出具的"死亡公证书"）；"尸体防腐证明书"；对于需要运送出境的尸体还必须提供由防疫部门出具的"棺柩出境许可证明书"。

（十一）追悼会和祭祀活动

（1）在尸体火化或运送前，可由旅行社、事故发生地的旅游管理部门或当地政府的有关部门举行简单的追悼仪式，有关单位可送花圈。

（2）发生群死群伤的重大恶性事故，应在死者家属到来之前，为死者整容，并布置好灵堂，以便家属为死者举行祭祀活动。如果死者家属要求举行宗教祭祀仪式，可尊重其习俗的要求，安排简单的仪式。

(十二)死者遗物的清点和处理

(1) 清点。重大旅游事故发生后,在对伤员者实施善后处理工作的同时,要注意保护现场,清点现场物品,并登记造册,列出清单,清点人要在清单上一一签字。

(2) 移交。①遗物要移交死者家属或死者所在国家驻华使领馆人员,接收遗物者应在收据上签收,并注明接收的时间、地点、在场人员等。②如果死者有遗嘱,应将遗嘱拍照或复制留存,原件交死者家属或所在国家驻华使领馆人员。

(十三)理赔

(1) 凡在国内保险公司投保的,按保险条款的规定,由有关保险公司做出赔偿。
(2) 空难事件,按《国内航空运输承运人赔偿责任限额规定》赔偿。
(3) 铁路运输意外事故,按《铁路旅客运输损害赔偿规定》赔偿。
(4) 由于旅游保险是强制性保险,凡没有参加投保的,有关赔偿问题必须按照由组团社与伤亡者或其家属或其所在国家驻华使领馆人员协商的结果来处理。如果伤亡者为境外团队游客,由国内组(接)团社与有关境外旅行社协商解决。

(十四)总结

对于重大旅游安全事故,在事故善后事宜处理工作基本结束后,有关单位应进行书面总结,报地方旅游管理部门及文化和旅游部。

总结内容包括事故原因、善后处理、经验教训以及防范和改进措施等。

任务三　常见康养旅游意外事故处理方法

任务描述:

本任务对常见康养旅游意外事故的救护技术进行了较为全面的介绍,包括溺水、中暑、扭伤、骨折、毒蛇咬伤的预防和处理。

任务目标:

掌握常见康养旅游意外事故的预防与处理方法,通过本任务的学习能有效地预防康养旅游中意外事故的发生,并能正确处理旅游实际带团过程中遇到的常见旅游意外事故。

一、溺水的预防与处理

（一）溺水的预防

（1）在河、湖边游览时，应提醒游客尤其是小孩、老人，不要太靠边行走，以免滑落水中。

（2）在乘船、坐竹筏或漂流时，要提醒游客格外注意安全。

（3）在游泳、潜水时，提醒游客按规定操作，不要到非游泳区游泳；对有心血管疾病的游客，应极力劝阻其参与潜水活动。

（4）提醒游客随时注意天气变化，及时上岸。

（二）溺水的处理

（1）立刻组织抢救上岸。

（2）上岸后，采取必要救助措施帮助游客缓解窒息状况，如掏出口鼻杂物、排（吐）出进入腹腔脏水。

（3）情况危急的，一边就地进行人工呼吸和心脏按压，一边拨打120救助。

（4）事后写出事故报告。

二、中暑的预防与处理

（一）中暑的预防

（1）夏季中午气温高时，不宜带客人在太阳底下长时间游览，对老人和儿童尤其多注意。

（2）提醒游客随身携带防暑物品，尽量穿白色衣服。

（3）提醒游客随身携带一些防暑药品，如仁丹、清凉油、万金油、风油精、十滴水、薄荷锭、藿香正气水等。

（4）旅游途中的住所、临时休息场所的环境，要有通风、降温的设施。

（二）中暑的处理

（1）迅速把游客转移到阴凉、通风的地方静卧。

（2）松解衣裤扣和鞋带，最好把鞋、袜脱掉，敞开其衣服，加快散热。

（3）马上给中暑的游客补充水分，让其喝些盐水或清凉饮料。

（4）让游客自己服用一些药物，如藿香正气水、仁丹等。

（5）如果中暑者已经昏迷，导游人员先让中暑者侧卧、头后仰，保证呼吸道畅通，避免窒息致死；用拇指掐其人中穴（鼻唇沟上三分之一处）、十宣穴（十只手指尖端的中央，距指甲约1厘米处；其中中指此处最为敏感，又名中冲穴）；或采用淋冷水、扇风等物理降温的办法，刺激其苏醒。

三、扭伤的预防与处理

（一）扭伤的预防

（1）安排行程不要太紧，避免游客为了赶路发生扭伤的事情。

（2）在爬山或开展其他活动时，经常提醒游客要注意脚下安全。

（3）在开展游览活动前，导游人员应提醒游客自带一些外用的跌打药酒和活络油等。

（二）扭伤的处理

（1）将患肢轻轻抬高，促进静脉回流，改善局部血液循环，减轻淤肿。

（2）伤后应尽快进行局部冷敷，促使血管收缩，减轻出血，减少新陈代谢产物对神经末梢的刺激和压迫；冰敷每小时15分钟。

（3）受伤24小时后内出血已经完全停止时可改用热敷，加速局部血液循环，利于消肿止痛、组织修复、代谢产物和淤血的吸收。

四、骨折的预防与处理

（一）骨折的预防

（1）常见的骨折有两类：闭合性骨折，即没有伤口的骨折；开放性骨折，即皮肤上有伤口、肌肉断裂，甚至断骨从伤口暴露出来的骨折。

（2）旅途中易引发闭合性骨折，因此应避免剧烈对抗性活动，运动前要做好热身，同时做好防护，以避免跌落、摔伤导致骨折。儿童从事危险游戏时要有大人看护。

（二）骨折的处理

（1）止血。常用方法：①手压法，用手指、手掌、拳在伤口靠近心脏一侧压迫血管止血；②加压包扎法，在创伤处放厚敷料，用绷带加压包扎；③止血带法，用弹性止血带绑在伤口近心脏的大血管上止血。

（2）包扎。包扎前清洗伤口，包扎时动作要轻柔，松紧要适度，绷带的结口不要在创伤处。

（3）上夹板。就地取材，固定两端关节，避免转动骨折肢体。

五、毒蛇咬伤的预防与处理

（一）毒蛇咬伤的预防

（1）取少量的雄黄烧烟，熏衣服、裤子、鞋袜。蛇嗅觉灵敏，喜腥味而恶芳香味，身上带有芳香浓郁气味的药物可以驱蛇。

（2）用登山杖、木棍不断打击地面、草丛、树干，所谓打草惊蛇，利于虫蛇回避。蛇对于从地面传来的震动很敏感,但听觉十分迟钝,故大声说话对驱蛇无效。

(3)提醒游客穿长筒靴或高帮鞋、长裤,绷紧裤脚,进入丛林时,头戴斗笠或草帽。

(二)毒蛇咬伤的处理

在旅途中如果不幸有游客被毒蛇咬伤,导游人员应该马上进行紧急处理,处理得越快越早,伤口损伤就越小。

(1)导游人员要让伤者冷静下来,千万不要走动。被毒蛇咬伤后,如果跑动或有其他剧烈动作,血液循环就会加快,蛇毒扩散吸收也同时加快。

(2)一般被毒蛇咬伤,10~20分钟后症状才会逐渐呈现。首先,找一根布带或长鞋带在伤口靠近心脏上端5~10厘米处扎紧,缓解毒素扩散;每隔10分钟左右,放松2~3分钟,以防肢体坏死,同时用冷水反复冲洗伤口表面。然后以牙痕为中心,用消过毒的小刀将伤口的皮肤切成十字形,用力挤压,拔火罐,或在伤口上覆盖4~5层纱布,用嘴隔纱布用力吸吮,尽量将伤口内的毒液吸出。同时,尽早服用解蛇毒药片,将解蛇毒药粉涂抹在伤口周围,尽量减缓伤者的行动。

(3)经过初步处理后,应迅速将伤者送到附近的医院治疗。

项目小结

本项目梳理了旅游安全的概念、特征及常见旅游风险类型,对常见康养旅游意外救护技术进行了较为全面的介绍,包括溺水、中暑、扭伤、骨折、毒蛇咬伤的预防和处理。通过本项目的学习,学生能有效地预防康养旅游中意外事故的发生,并能正确处理旅游实际带团过程中遇到的常见旅游意外事故。

项目训练

一、简答题

1. 旅游安全具备哪些特征?
2. 旅游应急救援的基本流程中第一步报告内容主要包含哪些?
3. 简述旅游安全事故善后处理的基本原则。

二、能力训练

在带团过程中,如遇炎热天气,游客中暑如何处理?

选择题

参 考 文 献

[1] 吴伏华.旅游风险控制和合规化建设[J].科教导刊-电子版（上旬），2022（1）：266-267.

[2] 邹莹.基于扎根理论的游客感知旅游风险研究——以人民网旅游3·15投诉平台为例[J].太原城市职业技术学院学报，2021（4）：52-56.

[3] 朱建华，张捷，刘法建，等.自然观光地旅游者的风险感知变化及差异分析——以九寨沟自然风景区为例[J].长江流域资源与环境，2013，22（6）：793-800.

[4] Tsaur S H, Tzeng G H, Wangk C.Evaluating Tourist Risks from Fuzzy Perspectives [J].Annals of Tourism Research，1997，24（4）：796-812.

[5] 郭宜凡.浅析旅游安全风险与对策[J].人力资源管理，2017（9）：397-398.

[6] 祝红文，梁悦秋.旅游安全基础知识[M].北京：旅游教育出版社，2021.

[7] 全国导游人员资格考试教材编写组.政策与法律法规[M].北京：旅游教育出版社，2022.

[8] 全国导游人员资格考试教材编写组.导游业务[M].北京：旅游教育出版社，2022.

[9] 北京大学城市与环境学院旅游研究与规划中心.旅游规划与设计31——旅游风险与旅游安全[M].北京：中国建筑工业出版社，2019.

[10] 王雁.导游实务[M].北京：高等教育出版社，2015.

[11] 周俊.常用烹饪方法对营养素的作用与影响[J].食品安全导刊，2023（6）：116-118.

[12] 卜从哲，何苏娇.河北省康养旅游市场现状问题与发展[J].现代企业，2018（3）：21-22.

[13] 祝英湘.烹饪方法对食物营养成分的影响及保护对策分析[J].现代食品，2022，28（21）：88-90.

[14] 赵晓鸿.康养休闲旅游服务基础[M].北京：旅游教育出版社，2021.

[15] 石媚山，郭贵荣.康养旅游餐饮服务[M].北京：旅游教育出版社，2023.

[16] 陈昕.康养旅游研究[M].北京：社会科学文献出版社，2022.

[17] 赵慧，隋荣庆.康养旅游文化消费研究[M].济南：山东人民出版社，2018.
[18] 高环成.产业融合背景下的康养旅游研究[M].北京：中国纺织出版社，2023.
[19] 雷巍娥.森林康养概论[M].北京：中国林业出版社，2016.
[20] 张明莉.康养产业服务质量与供应链优化[M].北京：经济科学出版社，2022.
[21] 王玲.康养旅游策划[M].杭州：浙江大学出版社，2020.
[22] 吴剑坤，张国英.本草纲目对症药膳速查全书[M].南京：江苏科学技术出版社，2014.
[23] 吴越强.康养旅游住宿服务[M].北京：旅游教育出版社，2021.
[24] 秦学，李秀斌，顾晓燕.休闲经营管理[M].北京：中国科学技术出版社，2010.
[25] 祝红文，梁悦秋.旅游安全基础知识[M].北京：旅游教育出版社，2021.
[26] 雷鸣，薛欣，陈维.康养服务理论与实践[M].北京：旅游教育出版社，2020.
[27] 张智慧，谢玮，闫晓燕.康乐服务与管理[M].北京：北京理工大学出版社，2013.
[28] 汝勇健.客房服务与管理实务[M].南京：东南大学出版社，2017.
[29] 钱旖雯.国内康养旅游研究综述[J].西部旅游，2021（3）：12-13.
[30] 穆林.信息化的酒店管理[M].北京：中国轻工业出版社，2013.
[31] 胡质健.收益管理[M].北京：旅游教育出版社，2016.

教学支持说明

为了改善教学效果，提高教材的使用效率，满足高校授课教师的教学需求，本套教材备有与纸质教材配套的教学课件和拓展资源（案例库、习题库等）。

为保证本教学课件及相关教学资料仅为教材使用者所得，我们将向使用本套教材的高校授课教师赠送教学课件或者相关教学资料，烦请授课教师通过加入旅游专家俱乐部QQ群或关注公众号等方式与我们联系，获取"电子资源申请表"文档并认真准确填写后发给我们，我们的联系方式如下：

地址：湖北省武汉市东湖新技术开发区华工科技园华工园六路

邮编：430223

旅游专家俱乐部QQ群号：758712998

旅游专家俱乐部QQ群二维码：

群名称：旅游专家俱乐部5群
群　号：758712998

扫码关注
柚书公众号

电子资源申请表

填表时间：_____年___月___日

1. 以下内容请教师按实际情况写，★为必填项。
2. 根据个人情况如实填写，相关内容可以酌情调整提交。

★姓名		★性别	□男 □女	出生年月		★职务	
						★职称	□教授 □副教授 □讲师 □助教

★学校		★院/系	
★教研室		★专业	
★办公电话		家庭电话		★移动电话	
★E-mail（请填写清晰）				★QQ号/微信号	
★联系地址				★邮编	

★现在主授课程情况	学生人数	教材所属出版社	教材满意度
课程一			□满意 □一般 □不满意
课程二			□满意 □一般 □不满意
课程三			□满意 □一般 □不满意
其 他			□满意 □一般 □不满意

教 材 出 版 信 息		
方向一		□准备写 □写作中 □已成稿 □已出版待修订 □有讲义
方向二		□准备写 □写作中 □已成稿 □已出版待修订 □有讲义
方向三		□准备写 □写作中 □已成稿 □已出版待修订 □有讲义

请教师认真填写表格下列内容，提供索取课件配套教材的相关信息，我社根据每位教师填表信息的完整性、授课情况与索取课件的相关性，以及教材使用的情况赠送教材的配套课件及相关教学资源。

ISBN（书号）	书名	作者	索取课件简要说明	学生人数（如选作教材）
			□教学 □参考	
			□教学 □参考	

★您对与课件配套的纸质教材的意见和建议，希望提供哪些配套教学资源：